제 2 판

사회복지조사연구방법론

임병우 · 손용진 공저

Research Methods for Social Welfare

청목출판사

머 리 말

인류 역사의 발전은 불확실성에 대한 예측에서부터 시작하였다. 혼돈과 무질서 속에서 일련의 규칙과 원인규명에 대한 노력은 인류발전의 원동력이 되어 왔다. 사회복지학의 과학적 학문으로의 출발은 수혜대상자들에 대한 체계적이고 조직적인 개입에서 찾을 수 있다. 초기 사회사업가들의 노력은 인간행동과 욕구파악에 대한 이해 부족으로 적절한 도움을 제공하는 데 많은 시행착오가 있었다. 그러나 자본주의 사회에서 빈곤과 불평등의 완화를 위한 문제해결 방법이라는 커다란 패러다임은 변하지 않았다. 사회복지학이 학문으로서 정착하게 된 배경에는 과학적이고 체계적인 접근방식을 통한 사회조사의 검증도구를 도입했기 때문이다.

사회복지조사론은 사회복지를 규명함에 있어서 조사라는 과학적 검증절차 방식을 시도하는 분야이다. 사회복지 실천현장에서 효과적이고 전문적인 개입의 중요성은 재정결핍으로 인한 효율성의 강조와 함께 더욱 과학적 접근이 요구되고 있다. 사회복지현장에 종사하는 사람들은 아동, 노인, 장애인들의 면밀한 욕구조사를 토대로 하여 체계적인 개입방안을 하여야 한다. 최근 사회복지시설의 평가를 하는 데 있어서 과학적 결론을 도출하기 위해 사회조사 수행 방법의 다양화가 시도되고 있다. 1급 사회복지사 자격시험에 사회복지조사론이 필수과목으로 선정된 것은 현장실무자나 예비사회복지사들이 복지관련 시설이나 정책결정을 위해 연구조사의 지식과 기술을 갖추어야 하기 때문일 것이다.

사회복지조사론을 가르치면서 학생들에게 항상 듣는 얘기가 어렵다는 것이다. 사회복지현상을 규명하는 데 있어서 서양인의 생각패턴에 근거하여 논리를 전개하고 검증방식을 취하고 있기 때문일 것이다. 사회복지조사의 토착화를 위해 조금이라도 보탬이 되고자 노력하였다. 이 책은 반드시 알아야 할 내용은 수록하되 전문용어를 가급적 풀어쓰고 충분한 예를 들어 설명하고자 하였다. 사회복지조사와 관련된 기본적인 개념은 과학적 탐구를 하기 위한 도구와 연장이다. 이러한 도구들을 바탕으로 하여 여러 조사유형을 소개하였고 욕구조사와 프로그램평가를 통해 접목이 되도록 집필하였다.

제1부는 일반적 지식과 과학적 지식을 구분해서 설명했고, 과학적 지식의 구성요소를 살펴보고, 사회복지조사연구의 기초와 과정을 담고 있다. 제2부는 사회복지조사연구의 설계를 위해 연구주제 및 가설설정 방법, 조사설계의 개념과 유형, 표본조사의 개념과 표집 유형을 다루었다. 제3부는 사회복지조사연구의 측정과 척도, 측정도구작성, 타당도와 신뢰도, 사회복지 욕구조사와 프로그램평가조사를 설명하였다. 제4부는 사회복지조사연구의 자료수집 및 보고서 작성에 도움이 되기 위해 양적자료와 질적자료수집의 유형과 과정, 보고서 및 학위논문 작성법을 기술하였다.

아무쪼록 본서를 통해 사회복지조사를 알고자 하는 실무자와 학생들에게 조금이라도 쉽게 접근되었으면 하는 바램이다. 본서를 출간하는 데 여러 가지 도움을 아끼지 않은 청목출판사 유성렬 사장님과 최명성 부장님께 감사의 말을 전하고 싶다.

2007년 8월
저자 일동

차 례

제1부

사회복지조사연구의 성격

제1장

일반 지식과 과학적 지식

제1절 지 식

1. 지식의 개념

인간은 생활하면서 다양한 현상 또는 문제에 직면하게 된다. 이러한 현상의 파악 또는 문제 해결을 위하여 눈에 보이는 현상학적인 상태뿐만 아니라 논리적인 사고에 근거한 해석적인 원인과 해결방안 등에 대한 지식을 필요로 한다.

지식은 항상 우리의 생활과 같이 한다고 할 수 있다. 지식을 국어사전에서는 '무엇인가에 대하여 아는 상태'라고 단순하게 정의하고 있다. 이것은 정신이 어떤 대상을 아는 작용과 이러한 작용에 의하여 알려진 내용의 인지를 의미한다. 좀더 구체적으로 지식(知識)은 첫째, 사물에 관한 명료한 의식과 그것에 대한 판단. 둘째, 배우거나 연구하여 알고 있는 내용 또는 범위. 셋째, 철학에서, '인식으로 얻어져 객관적으로 확증된 성과' 등을 이르는 말이라고 표현할 수 있다. 그러나 지식에 대한 개념적 정의를 시도하는 학자마다 또는 적용하고자 하는 환경에 따라 다르게 정의되고 있다. 가장 광범위하게 알려진 지식의 개념적 정의는 광의로는 사물에 관한 개개의 단편적인 실제적·경험적 인식을 뜻하고, 엄밀한 뜻으로는 원리적·통일적으로 조직되어 객관적 타당성을 요구할 수 있는 판단의 체계이다.

지식의 범위는 상식수준의 단순지식에서 고도의 과학적 지식까지 다양하다. 상식(common sense)이란 단순한 경험들이 사회적으로 축척되어 일반적 공통성을 띠게 된 지식을 말한다. 때문에 상식은 애매한 경우가 많으며, 짧은 시간 내에 쉽게 생성과 소멸을 경험하게 된다. 반면에 지식(knowledge)은 상식에 비하여 명석하고 확정적이라고 알려져 있으나, 지식과 상식을 명확하게 구별하는 것은 쉬운 일이 아니다. 왜냐하면 상식이 순화(純化)되어 지식으로 발전하기도 하고, 반대로 일반적 지식 또는 고도(高度)의 과학적 지식이 상식화되는 경우도 있기 때문이다.

〈표 1-1〉 상식과 지식의 차이

분류 지표	상식	지식
지역성/역사성	영향받음	영향을 적게 받음
체계성	비체계적	체계적
학술성	학문 이전 지식	학문적 지식
검증정도	원인 근거에 대한 비판/검증 안됨	일정의 원인 근거에 대한 비판 결과

우리의 생활에서 지식(知識, knowledge)은 지혜(智慧, wisdom)로부터 구별되기도 한다. 일반적으로 지혜와는 다르게 과학적 지식의 최종 산물로 대표되는 소위 이론이 아무리 집적(集積)되어도 인간이 삶을 어떻게 살아갈 것인가에 관해서는 해답을 주지는 못한다고 알려져 왔다. 그러나 앞에서 언급되었듯이 광범위하게 지식이 세상에서 인간에게

알려져 있는 일체가 객관적 타당성을 요구할 수 있는 판단의 체계라고 한다면 그 속에는 상식도 지혜도 종교의 가르침도 포함되어 있다고 볼 수 있다.

지식을 얻는 방법은 자신의 경험이나 다른 사람을 통해서 간접적으로 혹은 과학적 탐구에 의해서 얻을 수가 있다. 지식은 우리가 어떠한 사실 또는 현상을 사실이라고 믿는 데서 시작된다. 이러한 믿음은 다수의 사람들이 사실이라고 믿는 합의 때문일 수도 있고 또는 자신이 직접 경험하여 믿게 되는 경우도 있다. 때문에 지식은 경험과 합의에 의하여 다양한 경로를 통하여 습득된다. 그렇지만 이러한 지식의 습득은 반드시 과학적인 방법이라고 볼 수 없다.

2. 지식의 습득

지식의 습득은 과학적 또는 비과학적인 방법으로 다양한 경로를 통하여 이루어진다. 개인적으로 누구인가에 의한 가르침, 책, 그리고 대중매체 등의 일상생활 속에서의 습득, 또는 개인적인 경험 등을 통하여 지식을 습득하게 된다. 즉, 지식 습득은 크게 이미 형성된 지식을 습득하는 간접경험에 의한 것과 직관에의 하여 새로운 지식을 습득하는 직접경험에 의한 것으로 나누어진다.

1) 직접경험에 의한 지식습득

인간은 언제 어디서든지 감각을 통한 경험에 의하여 지식을 습득하게 된다. 즉, 인간은 개인적으로 보거나, 듣거나, 만지거나 하는 등 직접적인 경험을 통하여 나름대로의 지식을 습득하게 된다. 그러나 이러한 방법에 의한 지식의 습득은 다양한 오류에 의하여 왜곡된 지식을 습득하게 될 가능성이 크다고 할 수 있다. 대표적인 예로 직접 경험한 지식은 직관에 의하여 습득하는 지식으로 개인의 편견이 작용할 우려가 있다. 즉, 직접경험에 의한 지식은 주관성과 상대성에서 오는 오류를 범할 가능성이 매우 크다고 할 수 있다. 그러나 이러한 직접경험에 의한 지식의 습득은 간접적인 경험에 의한 지식습득에 앞서 이루어지는 경험적 지식습득의 활동라고 할 수 있다.

2) 간접경험(합의적)에 의한 지식습득

어떠한 지식이든지 모두 직접경험에 의해서만 습득되어져야 한다고는 할 수 없다. 이것은 현대사회에는 많은 문자나 기호(메시지) 같은 수단으로 지식의 축적이 가능하고 지식은 대단히 넓은 범위/분야에 걸쳐 존재함으로, 간접경험을 통한 지식의 습득은 오늘날 매우 중요하다고 할 수 있다.

간접경험에 의한 지식은 합의에 의하여 전해지는 지식으로 전통과 권위라는 두 개의 경로로 전달된다.

첫째, 전통에 의한 지식의 전달은 한 시대 한 사회의 인간들이 합의된 사실을 받아들이고 전달함으로써 지속적으로 전달된다. 즉, 전통에 의한 지식은 반복되거나 일정기간 축척되어 일전한 지식을 형성한 경우이다. 전통에 의한 지식은 시대가 지남에 따라 과학의 발달 등에 따라 변하는 경우가 있다. 일반적인 전통에 의한 지식 습득의 예는 민간요법에 의한 질병의 치료 등이 될 수 있다. 학술적 측면에서 전통에 의한 지식습득의 대표적인 예는 우리가 대학에서 배우는 교재에 실려 있는 지식의 학습을 통하여 습득되는 것이라고 할 수 있다.

둘째, 권위에 의한 지식전달은 권위가 있는 다양한 전문가 또는 전문조직에 의하여 형성 및 전달되는 지식으로 지식의 유용성이 권위에 의하여 결정된다. 이러한 권위는 사회적으로 인정되는 지식을 만들어 낼 수 있으며 이러한 지식은 비판 없이 받아들여지는 경향이 있다. 권위에 의한 지식은 빠른 시간 내에 많은 전문적 지식을 제공한다는 장점이 있으나 비판 없이 무조건적으로 받아들이는 것은 문제가 있다고 할 수 있다. 또한 똑같은 현상/사건에 대하여 권위 있는 전문가들의 견해가 다를 수도 있다. 예를 들어 대학교재에 포함되어 있는 지식의 학습을 통하여 얻는 지식이 전통에 의한 지식습득이라면 대학에서 교수의 강의를 통하여 습득되는 지식은 권위에 의한 지식습득이라고 할 수 있을 것이다.

3) 합리성에 의한 지식습득

경험적 지식보다는 논리적 타당성과 같은 인간의 정신적 통찰에 의하여 습득하는 지식을 말하며, 신뢰성과 타당성이 매우 높게 인정된다. 그러나 인간의 경험적 합리성은 본시 불완전하기 때문에 종종 현실세계에서 적용되기 어려운 경우도 많다. 이것은 합리성에 의한 지식의 습득은 인간이 소유한 본질적인 이성을 근거로 논리적으로 추론하기 때문에 현실적인 경험과 무관하게 이루어지기 때문이다. 그러나 인간 개개인의 이성적 능력에 따라 논리적 추론의 결과가 달라질 수 있다는 한계를 가지게 된다. 예를 들어 일반적으로 "I.Q(지능)가 높은 학생은 학업성취도인 성적이 좋다"라는 것을 합리적으로 생각할 수 있다. 그러나 실제 I.Q가 높음에도 성적이 좋지 않은 경우를 종종 발견할 수가 있는데 이처럼 합리적인 사고가 반드시 맞지 않을 수도 있다.

4) 믿음/신념에 의한 지식습득

믿음/신념은 어떠한 사상, 명제 등을 적절한 그리고 진실된 것으로 수용하는 심리적인 태도로 믿음/신념에 의한 지식은 관습에 의한 인간 내면의 반응, 감정에 의하여 얻어진 지식을 의미한다. 즉, 개인이 경험하는 어떤 대상에 대한 인지, 평가, 그리고 행동 등에 대한 종합적이고 지속적인 경향을 '태도'라는 개념으로 규정하는데, 믿음/신념은 그 인지적인 측면을 형성한다고 할 수 있다.

이러한 믿음/신념에 의한 지식의 습득은 다소간에 서로 관련을 가지고 전체로서의 체계를 이루나, 그 구조에서는 개인차가 있게 된다. 즉, 학력이 높아지거나 나이가 많아지거나 또는 경험이 많아질수록 믿음/신념에 의한 지식은 가치를 상실하는 경우가 발생한다. 또한 믿음/신념에 의한 지식습득은 객관적 현실을 과장하거나 왜곡 또는 일탈(逸脫)을 초래할 수 있는데, 예로써 미신, 편견, 고정관념 등을 들 수 있다.

믿음/신념에 의하여 습득된 지식은 경험 또는 합리성에 의한 지식보다 오래 기억된다. 예를 들면 어린이들은 논리적인 사고를 하기 전까지 습득된 신념에 의하여 착한 행위를 하면 크리스마스이브에는 산타크로스가 양말에 선물 놓고 간다라고 믿고 있다.

5) 통합적인 지식습득

(1) 경험과 합리성의 통합에 의한 지식습득

인간의 외면적 경험과 내면적 통찰의 결합에 의한 지식습득이나 경험적으로 우리는 어제도 오늘도 태양은 떠오른다는 것을 알고 있다(경험성). 또한 우리는 합리적인 사고를 통하여 내일도 태양은 떠오를 것이다라는 것을 알고 있다(합리성). 때문에 우리의 경험과 합리적 사고를 통하여 태양은 앞으로 계속 떠오를 것이라고 예측할 수 있다(경험+합리성).

(2) 경험과 신념의 통합에 의한 지식습득

경험과 신념의 기능이 함께 작용하여 지식을 습득하는 과정으로써 경험의 반복에 의하여 생성되는 신념이 지속되어 형성되는 지식이다.

예를 들어 경험에 의하여 진실하지 않다고 인정(경험)되는 사람의 이야기는 더 믿지 않는다(신념). 이솝우화의 "양치기 소년" 이야기는 대표적인 예이다.

(3) 합리성과 신념의 통합에 의한 지식습득

인간의 논리적 통찰에 의한 합리성과 신념이 통합되어 얻어지는 지식이다. 어떤 사건 또는 사물에 대하여 인간이 할 수 있는 경험의 한계에 의하여 논리적 통찰에 의한 합리성이 성립 및 유지되지 않을 때 전통적으로 유지되어 오는 신념에 기인되는 지식을 말한다. 대표적인 예로 초자연적인 신에 대한 믿음을 들 수 있다.

3. 지식 습득의 오류

인간이 공유하는 같은 지식이라 할지라도 습득하는 방법과 절차 또는 습득하는 사람에 따라 다를 수 있다. 즉, 직접 또는 간접적인 경험에 의하여 습득되는 지식은 습득의 과정에서 다양한 요인들에 의하여 오류를 범하게 될 가능성이 존재한다. 지식습득 과정에서 일반적인 오류는 다음과 같다.

(1) 부정확한 관찰

관찰은 일반적으로 사물 또는 현상의 실태를 객관적으로 파악하기 위하여 주의깊게 살펴보는 것을 의미한다. 과학적 관점에서의 관찰은 관찰대상·시기·방법 등을 사전에 명확히 해두는 것이 필요한데, 이러한 점에서 무의식적 관찰과 구별된다.

인간은 일상생활을 영위하면서 자신의 관점에서 무의식적으로 관찰하여 사물을 이해하기 때문에 지식습득의 오류를 흔히 경험하게 된다. 예를 들어 오늘 마지막으로 만난 사람을 기억하고, 그 사람의 머리 스타일, 신발의 종류, 바지의 색깔을 생각해 보기로 하자. 여러분이 의도적으로 관찰을 하지 않았다면, 무심코 관찰하였기 때문에 여러분의 관찰이 부정확하여 사실과 다르게 기억할 수도 있을 것이다.

부정확한 관찰의 오류를 피하기 위해서는 사전계획이나 측정도구 또는 기기를 사용한 관찰을 생각해 볼 수 있다. 따라서 객관적 사실과 관찰자의 해석을 혼동하지 않도록 하는 일과 관찰의 결과를 일반화함에 있어서는 충분한 자료를 얻어서 다른 관찰자와 협의를 거친 후 결정하는 일 등을 매우 중요시한다.

(2) 과도한 일반화

일반화된 지식은 객관성이 담보되며, 예측할 수 있고, 그리고 규칙적이다. 즉, 일반화된 지식의 기초는 어떠한 현상/대상에 대하여 다수의 경험이 인정되는 지식의 유사성이라고 할 수 있다. 때로는 소수의 경험에 의한 지식을 다수에게 확대 적용하여 일반화했을 때 오류가 발생하게 되며, 이것을 과도한 일반화 오류라고 말한다. 즉, 소수의 사례에서 얻은 한정된 경험을 가지고 그 집단이나 유사한 집단에 대하여 일반적인 사실로 받아들일 때 범하는 오류이다. 예를 들어 공공부조의 수혜자 일부가 성격적, 도덕적 결함을 가진 사실을 경험했을 때, 모든 대상자들이 그럴 것이라고 과도하게 일반화하는 것을 의미한다. 또 다른 예를 들면 언어를 습득하는 단계에 있는 어린이들은 앉을 수 있는 것이면 무엇이나 '의자'라고 부른다든지 모든 여자를 '이모'라고 부르기도 한다.

조사연구를 통한 지식습득 과정에서 과도한 일반화의 오류를 피하기 위하여 연구자들은 관찰을 위한 샘플의 크기를 확보하고 비슷한 도구로 반복하여 관찰한다.

(3) 선별적 관찰

부정확한 관찰에서 언급되었듯이 관찰은 일반적으로 사물 또는 현상의 실태를 객관적으로 파악하기 위하여 주의깊게 살펴보는 것을 의미한다. 그러나 사람이 어떤 사물이나 대상에 대하여 선입관을 갖고 있을 때, 특정 사건이나 상황이 발생하였을 경우 자신의 생각에 일치하는 것에 주의를 기울이고, 일치하지 않는 것은 무시하는 경향을 말한다. 예를 들어 많은 애정을 가진 사회복지사라 할지라도 클라이언트에 대하여 순간적으로 부정적인 견해를 갖게 된다면, 클라이언트의 부정적인 행동에만 선별적으로 관찰하여 이들이 가진 문제해결 능력을 과소평가할 수가 있을 것이다. 다른 예를 들자면, 유태인으로 생각되는 가게 주인에게 한 번 속은 적이 있다면, 다른 모든 유태인의 부정직한 행동에 특별히 관심을 갖고 정직한 유태인들의 행동을 무시하는 경우이다.

조사연구에서 선별적 관찰의 오류를 범하지 않기 위하여 연구자는 관찰의 수와 유형을 미리 정한다.

(4) 꾸며진 지식

자신이 어떤 대상에 대하여 일반화된 결론을 갖고 있을 때, 그렇게 기대하는 방향으로 행동을 하지 않을 경우 이를 부정하기 위하여 지식을 꾸며내는 경우에 생기는 오류이다. 즉, 자신에게 일반화된 지식을 수정하기 위한 노력보다는 정당성을 유지하기 위하여 그럴 듯한 이유를 생각해 내는 경우이다. 자신의 고정관념과 일치하지 않을 때 그럴듯한 이유를 생각하는 것처럼, 과학적 탐구에 관여하는 과학자도 자신의 연구결과가 기대한 방식으로 나타나지 않았을 때 비과학적인 설명을 꾸며내는 오류에 빠질 수도 있다. 대표적인 예는 중국이 고려역사에 대하여 꾸며진 지식의 개발에 의한 고구려사 왜곡을 들 수 있다.

꾸며진 지식/정보는 환경적 요인이 아닌 연구자의 지식습득에 관한 가치관의 문제임으로 관찰에 대하여 객관적이고 비판적인 견해를 유지하는 등의 자기수정의 의지가 매우 중요하다.

(5) 사후 발생적(소급) 가설

사물에 대한 과학적인 탐구의 한 가지 방법으로써 사전에 가설을 설정하고 관찰을 하여 사실 규명을 하게 된다. 즉, 어떠한 사실관계에 대한 규명은 그 관계에 대한 가설의 설정과 적절한 테스트를 통하여 가설의 진위를 결정하는 것이 과학적인 한 가지 방법인 것이다. 그러나 우리는 자신이 의도한 대로 결과가 나오지 않았다고 해서 테스트 후 가설을 설정하는 경우가 종종 있다. 예를 들어 손자녀에 대한 조부모의 아동양육태도에 대하여 프로그램을 몇 주간에 걸쳐 실시한 후, 개입결과 아동양육태도를 조사하였더니, 사전에 설정한 긍정적인 태도변화가 나타나지 않았다. 이럴 경우 연구자가 설정한 가설의 범위를 넘어서 다른 여러 가지 이유에 의하여 이러한 결과가 도출되었음을 지나치게 일반화하려 한다면, 관찰에 의한 추론과정이 아닐 것이다.

(6) 비논리적인 사유

자신의 생각이나 믿음에 의거하여 사물을 이해하고 관찰하여 비논리적 추론에 빠지는 경우를 말한다. 과학적인 방법으로 해석하기 위하여 논리적인 체계를 사용하기 않을 경우 생기는 오류이며, 일관된 규칙이나 정형화된 패턴을 발견하려는 인간의 마음에서 비롯된 것이기는 하나 주관적 사유체계에 의존할 경우 종종 비논리적인 판단을 하게 된다.

도박자 오류(gambler's fallacy)는 일상적 추론에서의 비논리적 추론에 대한 좋은 예가 된다. 만약 좋은 운인데 나쁜 결과가 계속 있어 왔다면, 우리는 앞으로 그 반대의 결과가 일어날 것이라고 믿는 경우이다. 포커게임에서 나쁜 운은 승리의 전조라고 잘못 생각하여 더 많은 돈을 잃을 수도 있다. 혹은 주중에 계속 좋은 날씨는 주말에 확실히 비가 올 징조라고 여겨 걱정을 하는 경우이다.

비논리적인 사유에 의한 지식습득의 오류를 줄이기 위하여 연구자는 항상 논리적인 체계에 의한 접근을 시도하여야 한다.

(7) 자아개입

자신의 생각과 상충되는 결과가 발생했을 때 자신이 부적절하게 개입하게 되어 정확한 사실 규명과 이해에 엄청난 장애를 초래하는 경우이다. 따라서 일치되는 결론과 목적 달성을 위하여 지나치게 자아가 개입하게 되는 경우를 말한다. 과학적 탐구에 있어서 일반화나 객관화가 담보되어야 지식으로 인정된다는 점을 고려한다면 주관적인 자아의 개입은 치명적이라고 할 수 있다. 예를 들어 사회복지사가 평가연구(evaluation research)를 실시하였는데 프로그램의 효과를 증명하지 못했다면, 자아가 개입될 유혹에 빠지게 될 수도 있다. 프로그램을 평가할 때 엄격한 방법을 적용하기보다는 명백한 결함에도 불구하고 프로그램의 가치를 입증하려고 노력하는 오류를 범하는 경우이다.

(8) 탐구의 성급한 종결

지나친 일반화, 선별적 관찰, 꾸며낸 정보, 비논리적 추론 등은 모두 어떤 사실에 대하여 충분한 검증을 하지 않고 성급하게 결론을 맺으려 하는 오류와 관련이 깊다. 어떠한 사실에 대한 탐구 시 그 탐구를 중간에 종결하고 결론을 도출하는 경우를 말한다. 인간이 지식을 탐구해 온 역사를 보면, 우리가 아는 것은 계속적으로 변해 왔다는 것을 알 수 있다. 예를 들어 사회복지사가 자신이 판단하여 효과적이라고 믿는 실천개입만을 고려하여 클라이언트에게 도움이 될 수도 있는 다른 개입 방안에 대해 증명하기를 거부하려 할 때 성급한 종료의 오류를 범할 수 있다.

(9) 신비화

우리가 가지고 있는 지식이나 상식으로 이해하지 못하는 사실에 직면할 때, 이해할 수 없는 원인이 궁극적으로 실재한다고 생각하여 초자연적이거나 신비적인 원인에 돌리는 행위를 말한다. 세상을 아무리 지적으로 성실하게 이해하려 해도 여전히 이해 못하는 상황과 사건이 존재하기 마련이다. 실천현장에서 똑같은 개입을 했는데도 어떤 대상자는 효과가 있었고 어떤 대상자는 효과가 없었는지 아무런 이유를 찾기가 어려운 경우에 직면할 수도 있다. 이 때 어떤 현상은 궁극적으로 인간의 이해를 넘어선 것으로 생각하는 오류에 빠질 수가 있다.

제2절 과 학

1. 과학의 개념

우리가 흔히 사용하는 용어 '과학'은 사용하는 사람에 따라 다른 의미로 사용하는 경우가 많아서 과학이란 정확하게 이것이라는 합의를 끌어내기가 쉽지 않다.

과학의 개념은 20세기 중반 이후 논의되기 시작하였으나 학자간의 일치된 견해가 없다. 나크마스와 나크마스(Nachmias & Nachmias, 1981)는 학자들의 정의들을 정리하여 'Prestigeous understanding, body of true knowledge, an investigation of empirical phenomena'라고 요약/정의하고 있다. 과학은 어떠한 현상에 내재한 진리, 본질, 본성, 법칙을 객관적인 방법으로 발견/규명하고 이러한 결과가 보편성을 확보하기 위한 체계적인 방법이라고 할 수 있다. 즉, 과학이란 지금까지 아무도 반증(反證)을 하지 못한 확고한 경험적 사실을 근거로 한 보편성과 객관성이 인정되는 지식의 체계이어야 한다는 것이 필수조건이다. 따라서 이러한 측면에서 신학・철학과 같은 학문을 과학으로 규정 하는 데에는 한계가 있다. 그러나 보편성이 인정되는 형식 논리학이나 수학은 넓은 의미의 과학에 포함된다고 할 수 있다. 따라서 우리는 일반적으로 과학방법론상 이 경험과학을 과학이라고 한다. 경험과학은 일반적으로 자연과학과 사회과학으로 나누어진다.

결국 과학이란, 그 현상에 대하여 보편성을 띤 객관적인 과학적 결과가 무엇인가 뿐만 아니라 그 결과를 산출할 수 있는 과학적 방법을 의미하기도 한다. 일반적으로 과학적 방법이란, 어떠한 현상을 체계적이고 객관적으로 관찰하여 그 현상의 속성 또는 인과관계를 기술, 설명, 예측하는 것이라고 할 수 있다. 켈링거(Kerlinger)는 과학적 방법은 연구 대상이 되는 현상들 간의 관계를 체계적 가설을 설정하고 통제된 관찰을 통하여 실증적이고 비판적으로 검증하는 것이라고 주장한다.

2. 과학의 기능

우리는 과학에 대하여 일반적으로 몇 가지의 고정관념을 가지고 있다. 첫째, 과학을 공학 또는 테크놀러지와 동일시하여 자연과학에 한정한다. 둘째, 과학은 현실과는 담을 쌓고 복잡한 이론과 관련 하여 실험실에서 진행된다. 셋째, 과학자는 하얀 가운을 입고 실험 도구를 가지고 일을 한다. 이것은 연구의 대상이 물질 또는 자연현상이면 과학이고 그렇지 않으면 과학이 아니다 라는 관점이다. 이러한 과학에 대한 고정관념은 발견을 중시하는 과학의 동적인 측면의 강조에 의하여 기인한 것이라고 볼 수 있을 것이다.

반면에 정적인 측면에서의 과학은 체계화된 정보를 제공하는 모든 활동을 포함하곤 한다. 즉, 연구의 대상에 의하여 과학이냐 아니냐가 결정되는 것이 아니라, 연구의 대상이 사회현상이든 자연현상이든 연구의 방법이 과학적이면 과학이라는 관점이다. 예를 들어 점성술은 자연현상에 대한 탐구이지만 과학적인 방법이 아니기 때문에 과학으로 취급하지 않는다. 이러한 관점에서 과학은 관찰된 현상을 설명하는 방법을 포함한다고 볼 수 있다.

과학의 본질적인 기능은 사물이나 현상의 관계성을 경험적으로 규명하는 데 있다 할 수 있으며, 과학의 일반적 기능은 동적인 측면과 정적인 측면을 통합하여 두 가지로 분류할 수 있다. 첫째, 무엇인가 개선하기 위하여 발견하고 지식을 향상시키는 것이다. 둘째, 경험적인 사건이나 대상의 행동을 망라하는 일반적인 법칙을 세우는 것이며, 이로 인하여 기존의 사건에 관한 지식들을 연결할 수 있으며, 잠재적인 사건들에 대한 예측이 가능하게 한다.

즉 전자는 과학이 대상으로 하는 연구대상에 의한 분류이고 후자는 연구대상을 처리하는 방법에 의한 분류이다.

3. 과학적 방법

과학적 방법이란, 연구의 대상이 사회과학이든 자연과학이든 관계없이 체계적인 관찰과 논리의 구성을 통하여 객관화되고 일반화가 가능한 지식을 산출할 수 있는 방법을 의미한다. 즉, 과학적 방법의 핵심은 관찰(경험)과 논리라고 할 수 있다. 그 논리적 과정은 어떠한 현상을 설명하는 이론을 기초로 가설이 설정될 수 있으며, 이러한 가설은 관찰(경험)에 의하여 일반화되어 다시 이론으로 발전할 수 있다. 이러한 논리적 구조는 반복되어질 수 있으며 그 논리는 관찰에 의하여 검증받게 된다. 바꾸어 말하면, 과학적 방법은 논리와 관찰(경험)의 일치성을 검증하는 방법이다. 그러나 우리는 과학적 방법을 적용함에 있어서 구성된 논리를 기초로 하여 관찰을 할 것인지(연역법), 아니면 관찰을 통하여 논리를 구성할 것(귀납법)인지를 고민하게 된다(2장에서 자세히 다룸).

이와 같은 과학적인 방법을 사용하기 위한 전제조건을 나크마스와 나크마스(Nachmias & Nachmias)에 의하여 제시된 것은 다음과 같다.

첫째, 어떠한 현상이든 그것을 일으키는 원인이 있다. 현재 우리가 경험하는 것은 어떠한 현상에 대한 결과를 경험하게 된다. 이러한 결과를 일으킨 원인이 존재하기 때문에 인과관계에 대한 규명이 가능하다.

둘째, 어떠한 현상이든 규칙적인 질서가 있다. 어떠한 현상에 대한 인과관계는 우연에 의한 것이 아니라 일정한 구조 속에서 일정한 규칙과 질서가 존재하게 된다.

셋째, 인간은 어떠한 현상에 대하여 경험에 의하여 알 수 있다. 인간은 어떠한 현상에 대하여 논리적 뿐만 아니라 경험적 탐구의 능력이 있으며 이러한 탐구에 의한 결과를 비판적으로 받아들일 수 있다.

4. 대상에 따른 과학의 분류

과학의 대상은 어떠한 현상이든지 관찰이 가능하면 포함된다고 할 수 있다. 그러나 미신, 공상, 허구 등과 같이 현실세계에서 관찰이 불가능한 경우 과학의 대상에 포함되지 않는다.

과학은 이분법적으로 자연과 물리현상 등을 다루는 자연과학과 사회현상, 즉 인간의 행위, 제도 등을 다루는 사회과학으로 나누어진다. 사회과학에는 심리학, 사회학, 경영학, 정치학, 민족학, 역사학 등이 포함되며 인간과 관련된 현상을 연구하는 학문분야이기 때문에 자연과학과는 달리 연구상황을 완전하게 통제할 수 없는 한계를 극복하기 위하여 방법론을 강조하게 된다. 좀더 구체적으로 사회복지학은 사회과학을 응용한 응용사회과학으로 분류된다.

1) 사회과학

(1) 사회과학의 개념

자연과학은 자연현상을 일으키는 자연의 법칙을 발견하고 증명하는 지식체계이다. 반면에 사회과학은 인간의 믿음, 행동, 상호작용, 제도 등 인간과 관련된 사회현상을 합리적 추론과 분석을 기초로 설명, 예측하기 위한 사회법칙을 찾아내는 지식체계라고 할 수 있다. 즉, 사회현상과 관련된 사회적 법칙을 발견하여 인간에 대한 가치의 극대화를 실현하기 위한 학문이다. 이러한 사회과학도 자연과학과 같이 과학이라는 큰 범주에서 과학적인 인식 또는 연구방법을 활용하여 왔다. 그러나 사회과학에서의 과학적 연구방법은 자연과학에서 과학주의(scientism)로 통용되는 엄격한 연구방법과는 동일하지는 않다. 사회과학에서 엄격한 과학적 방법을 적용할 수 없는 이유는 다음과 같다. 첫째, 사회과학의 연구대상인 사회현상이나 인간의 행태는 불규칙하고 대상에 따라 상대적인 요인이 많이 존재한다. 둘째, 도덕 또는 윤리와 같은 가치문제를 측정도구를 사용하여 객관화하기 힘들다는 것이다. 그러나 사회과학이 과학으로 인정되는 근거로 과학의 본질적인 요소인 체계적으로 수립된 이론, 체계적인 자료수집, 체계적인 자료분석 방법을 사용하여 규칙을 발견하고 논리와 이론을 연결한다는 것이다.

일반적으로 사회과학과 자연과학의 차이는 연구대상, 접근방법, 통제정도와 분석기법, 연구결과의 객관성 등이 언급된다. 구체적인 차이점을 제시하면 다음과 같다.

〈표 1-2〉 사회과학과 자연과학

분류지표	사회과학의 특징	자연과학의 특징
사회/문화적요인	사회/문화적 요인의 영향받음	사회/문화적 요인의 영향 없음
사고 범위	인간의 행동 내에서 사고	사고의 범위제한이 없음
연구대상	사회현상	자연현상
접근방법	내 외적현상	외적현상/현상간의 관계
현상의 규칙성	규칙적임	매우 규칙적임
연구자의 가치개입	가치가 개입됨	가치가 개입 안됨
통제 정도	어느 정도 통제 가능	완벽하게 통제 가능
분석 기법	다양함/중요치 않음	매우 다양함/중요함
연구결과의 객관성	객관성/일반화의 한계	객관성/일반화가 담보됨
결론	결론이 명확하지 않음	결론이 명확함

(2) 사회과학의 목표

사회과학의 기본목표는 과학의 최종 산물이라고 할 수 있는 이론의 형성과 이론의 검증에 있다. 반면에 사회과학의 2차 목표는 사회현상에 대한 이해, 설명, 예측, 통제, 그리고 일반화 등에 있다. 그러나 사회과학의 비판론자들은 기본목표와 2차 목표를 달성할 수 있는가에 의문을 제기하기도 한다. 즉, 인간의 행태에 대한 연구를 통하여 사회과학의 기본목표와 2차 목표를 달성할 수 있는가 하는 의문이다. 왜냐하면 개개의 인간과 인간집단의 행태는 항상 일정한 질서와 규칙적으로 나타나지 않기 때문이다.

본서에서는 사회과학의 2차 목표인 어떠한 현상에 대한 이해, 설명, 그리고 예측에 대하여 간략하게 진술하기로 한다.

첫째, 사회현상에 대한 이해이다.

어떠한 사회현상에 대한 이해는 관찰자마다 다를 수가 있지만 이해를 위한 과학적인 방법이 적용된다면 일반화와 객관화를 통하여 사회과학의 기본목표인 이론의 형성과 검증에 접근할 수 있다.

둘째, 사회현상에 대한 설명이다.

사회과학의 목표 중의 하나는 어떠한 현상에 대한 의문 "왜 또는 무엇 때문에"라는 의문을 설명할 수 있는 것이다. 이러한 의문 "왜 또는 무엇 때문에"는 어떠한 현상에 대한 인과관계의 검증과 분석을 통하여 설명이 가능하게 된다. 예를 들면 "경제적 불안은 외부의 경제적 지원을 초래하게 된다"라는 일반적인 법칙에 근거하여 "한국은 경제적 불안 때문에 IMF의 지원을 경험했다"라는 설명이 가능하다.

셋째, 사회현상에 대한 예측이다.

어떠한 사회현상에 대한 인과관계에 대한 지식을 소유하고 있다면, 유사한 사회현상의 인과관계를 예측할 수 있다. 예를 들어 노인의 재취업 프로그램이 성공적으로 정착되면 노인의 소득보장에 큰 도움이 된다는 것이 일반적 법칙이라면, 노인의 재취업 프로그램이 성공적이면 노인의 소비지출은 늘어날 것이라는 예측이 가능하다.

(3) 사회과학의 특성

사회과학 연구를 위한 방법론자들은 사회현상의 과학적인 방법에 의한 접근의 가능성을 증명하기 위하여 여러 가지 과학적 특성을 제시하고 있다. 그 특성들은 다음과 같다.

첫째, 사회현상은 객관성을 포함한다.

자연과학과 같이 완벽한 객관성은 아니지만 사회과학은 실증적일 만큼의 객관성을 확보할 수 있다. 즉 일정한 규칙이 있는 대다수의 사회현상들은 어느 정도의 객관적인 성격을 띠게 된다. 사회현상은 일정한 규칙과 질서가 있고 이러한 규칙과 질서를 일으키는 원인이 있다고 가정하여 연구자는 인과관계에 대하여 연구하게 된다. 이렇게 어떠한 현상이 우연이 아닌 어떠한 원인에 의하여 출현하게 됨을 규명하게 되면 그 결과는 객관성을 담보하게 된다.

둘째, 사회현상의 일반화 가능성이다.

일반적인 사회현상은 시간적, 문화적, 지리적인 차이는 있을 수 있지만 어느 정도의 규칙성이 확보되며 이것의 일반화가 가능하다는 것이다. 또한 사회현상의 전체성이라고도 표현할 수 있다. 사회과학은 일반적으로 합의된 절차와 방법에 의하여 연구가 진행된다. 따라서 어떠한 동일 연구자 또는 다른 연구자에 의하여 어떠한 현상에 대하여 시간과 장소를 달리하려 연구가 진행되어도 유사한 결과를 산출이 가능하다.

셋째, 사회현상의 실증가능성이다.

어떠한 사회 현상을 증명함에 있어서 자연과학과 같이 변수들을 엄격하게 통제는 할 수는 없지만 나름대로 실증을 통하여 꾸준히 이론들을 발전시켜 왔다. 일반적인 사회현상은 가치판단에 의하여 평가되어지기 때문에 실증이 요구되어진다. 이렇게 실증된 가치는 어느 정도의 위계질서를 갖게 된다. 즉, 사회과학은 관찰(경험)을 근간으로 하며 철학 또는 관념과는 차이가 있다. 물론 사회과학에서도 이론 또는 논리가 핵심적인 요소이기는 하지만 이러한 것들이 현실 세계에서 실증이 가능할 때 그 가치를 인정받게 된다. 인간이 관찰 또는 검증할 수 없는 사회현상은 사회과학이라고 할 수 없다.

5. 사회과학과 과학철학

사회과학의 궁극적인 목적은 과학적 방법을 적용하여 사회현상과 관련된 과학적 지식을 정립하는데 있다. 이러한 과학적 지식의 수용이 가능하도록 하는 것이 과학철학이다. 즉, 과학철학은 사회과학에 대한 지식의 검증과 논리적인 토대를 제공한다. 때문에 과학철학은 객관성과 논리성을 기본 요소로 하고 있다. 과학철학은 1960년대 이후 활발하게 논의 및 발전되기 시작했으며 이것은 기존의 과학적 방법과 이론에 대한 반성적 흐름으로 인식되어졌다.

과학철학은 경험에 의한 지식의 객관성을 추구하는 절대론적 입장(실증-경험-반증)과 주관적 개입을 인정하는 상대론적 입장(과학혁명-인식론-상대주의) 측면에서 살펴볼 수 있다. 절대론적 입장은 표준과학의 관점인 실증주의 철학에 기초하여 관찰을 통한 지식의 객관성 확보를 추구하고, 상대론적 입장은 해석학적 관점으로 지식의 주관성이 인정되어 구조적인 측면이 강조되어진다.

1) 절대론적 입장

(1) 논리적 실증주의(logical positivism)

논리적 실증주의는 유한한 관찰로만은 완전한 진리를 규명할 수 없다는 실증주의의 한계를 극복하기 위하여 출발하였다. 즉 진리의 입증이 아닌 진리의 확인으로의 전환을 의미한다.

논리적 실증주의의 과학적 접근은 초월적 사고인 형이상학적인 접근을 부정하고 경험적으로 검증이 가능한 사실만을 인정한다. 그러므로 현실경험 세계에서 검증을 가능하게 하는 귀납법을 중용하게 된다. 검증된 결론을 잠정적인 것으로 인정하고 지속적인 관찰 과정을 거쳐 보편적이고 완전한 결론으로 발전시킨다.

〈그림 1-1〉 논리적 실증주의 접근

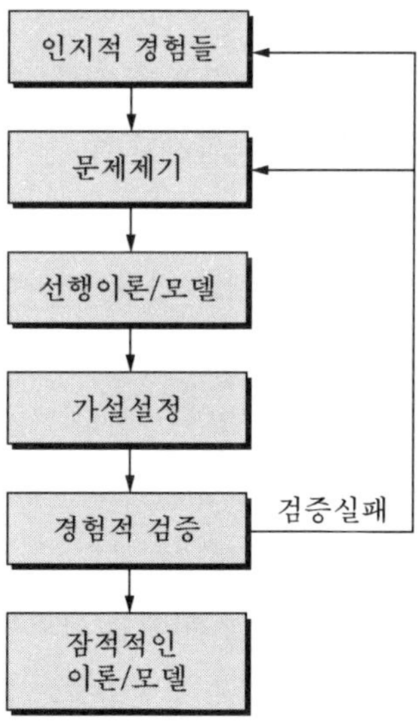

논리적 실증주의는 경험을 바탕으로 형성된 이론을 기반으로 가설을 설정하여 추가적인 관찰이 이루어짐으로써 이론이 점차로 확인(confirmation)되어 간다고 보고 있다. 따라서 진행되는 관찰이 최종적인 결론에 도달하기보다는 확률론에 근거하여 확인하는 과정을 거치게 된다.

1920년대 비엔나/베를린 대학 중심으로 형성되어 형이상학적 논쟁을 대체할 과학적인 방법을 추구한 논리적 실증주의는 어떠한 사실을 경험적인 사실에 한정시키려는 경향으로 여러 가지 도전에 직면하게 된다.

첫째, 한정된 경험적인 관찰과 증명만으로 일반화에는 한계가 있다. 관찰되지 않은 사실에 대하여 간과한다는 사실이다.

둘째, 관찰을 근거로 접근하기 때문에 연구자의 주관이 개입될 수 있다. 한정된 경험적인 관찰을 통한 측정의 오류와 해석의 오류에 대하여 간과한다는 사실이다.

셋째, 관찰 결과의 해석 기준이 기존의 이론이기 때문에 경험적 범위에 한정할 수밖에 없다.

넷째, 경험을 근거로 하는 결론을 다시 경험으로 검증하는 것은 모순일 수밖에 없다.

(2) 논리적 경험주의(logical emprricism)

논리적 경험주의는 관찰에 의한 실증 과정을 통하여 진리가 규명된다는 실증주의의 한계를 극복하기 위한 대안으로 출현하였다. 논리적 경험주의자들은 실증이 완벽한 진리의 설정이 가능하다면 일반적인 문장으로 결코 증명할 수 없다고 본다. 논리적 경험주의자들은 관찰은 단지 논리의 출발점에 불과하고 일반적인 실증들은 연속적인 경험의 축척으로 진리로 발달할 수 있다고 본다. 사회현상은 관찰에서 시작하는 귀납적인 논리를 사용하여 점진적으로 확증이 증가한다. 때문에 통계검증을 통하여 이론이 검증된다.

그러나 논리적 경험주의는 어떠한 사회현상에 통계적인 방법이 병행되기는 하지만 소수의 관찰로 일반화하는 데는 한계가 있다. 관찰은 관찰자의 주관이 개입되어 오차발생과 관찰이 이론에 의존할 수밖에 없는 한계가 있다.

(3) 반증주의(falsificationism)

칼 포퍼(K. R. Popper, 1961)는 귀납법을 근간으로 하는 경험주의의 한계극복을 위한 대안으로 연역법에 근거를 둔 반증주의(falsification)를 제안하였다. 포퍼는 그의 저서 『과학적 발견의 논리』(the logic of scientific discovery)에서 과학과 비과학의 판단 기준은 반증의 가능성(falsifiability)에 있다고 주장하였다.

〈그림 1-2〉 반증과정

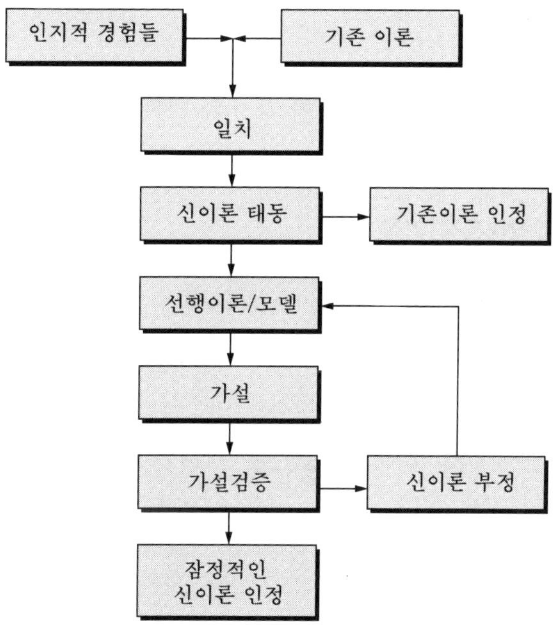

과학적 지식의 발전은 기존 이론에 대한 선입견을 배제하고 과학적 지식을 부정하는 데서 출발하며 반증의 유무에 따라 과학적 지식으로 인정받을 수 있다. 따라서 가설의 검증은 엄격한 논리적인 연역적 검증을 통한 반증에 의하여 이루어져야 한다. 즉, 과학적 지식의 발전은 기존의 이론과 상충된 현상을 관찰하는 데서 출발하여 추측과 검증의 과정으로 진행하여 반증에 의하여 나타난 이론은 문제해결의 임시적 해결책으로 간주한다. 이러한 검증과정에서 반증에 반하여 남게 되는 과학적 지식이 채택되게 된다.

다른 과학철학과 마찬가지로 반증주의 역시 여러 한계를 극복해야 하는 문제를 안고 있다.

첫째, 검증이 기존의 과학적 지식을 기반으로 하기 때문에 반증하는 것이 쉽지 않으며 기존 과학적 지식을 임시적으로 수정함으로 반증은 더욱 어렵다.

둘째, 과학적 지식은 역사적으로 경험에 의하여 발달해 왔기 때문에 어떤 과학적 지식에 대한 기존의 지지 세력으로 한 번의 반증으로 부정이 어렵다.

셋째, 실증의 검증과정의 오류로 과학적 지식이 완전히 부정될 수 있다.

2) 상대론적 입장

(1) 과학혁명론(scientific revolution)

정상과학은 기존에 현성된 패러다임을 기반으로 연구가 이루어짐으로써 과학이 점진적으로 발전이 이루어진다고 본다. 그러나 기존의 패러다임에서 벗어나지 못할 경우 새로운 것을 찾는데 실패하여 과학의 발전이 저해된다는 주장도 있다. 때문에 과학혁명론 에서는 과학의 발전은 변칙, 무작위적인 발견 등에 의하여 새로운 패러다임이 출현한다고 보고 있다.

반증주의 관점에서 이론은 개별적 관찰들 간의 관계에 집중하는 한계를 극복하기 위한 대안으로 과학을 이론의 집합체인 구조로 파악해야 한다는 주장이 과학적 혁명론의 패러다임이다. 간단히 말해 패러다임이란, 우리가 어떠한 현상에 대한 인식을 형성하는 기본적인 구조 또는 틀을 의미한다. 좀더 구체적으로 패러다임은 동시대의 학자들이 가지고 있는 공통적인 신념체계라고 이해하면 된다. 즉, 이론, 원형, 모델이라는 의미가 함축되어 있다고 할 수 있다. 예를 들면 뉴턴의 만류 인력의 법칙 또는 진화론과 같이 동시대에 많은 학자들에게 연구의 기반을 형성하여 주었으며 패러다임이 깨지지 않는 이상 만류인력의 법칙 또는 진화론을 기반으로 많은 연구들이 이루어지고 지식들이 축척될 것이다.

토마스 쿤(Tomas Kuhn,1962)의 대표적인 저서『과학혁명의 구조』(the structure of scientific revolution)에서 사회의 세계관을 구성하며 몇 개의 특정이론으로 구성된 기존의 패러다임에 익숙해지면 새로운 인식체계를 추구할 수 없다는 반증주의자들과 견해를 같이 하지만 이러한 문제점 해결을 위한 대안으로 기존인식 체계에 대한 반증이 아닌 과학적 혁명을 주장하였다. 과학적 지식의 발전은 점진적인 축척에 의하여 이루어지는 것이 아니라 혁명과 같은 급격한 변화에 의하여 이루어지는 것으로 보고 있다. 즉, 기존의 패러다임에 치명적인 오류의 내재가 발견되어 위기에 봉착하게 되고 새로운 패러다임으로 이동하게 된다는 것이다.

패러다임에 의한 상대론적 입장은 학문분야에서 공통적으로 받아들여지는 가치체계로 볼 수 있으나 다른 패러다임을 가진 사람은 다른 세계관을 갖기 때문에 패러다임 간의 비교가 불가능하며 여러 개의 경쟁적 패러다임이 공존하고 과학자의 신념에 의하여 과학적 지식이 선택됨을 설명하기에는 한계가 있다. 새로운 지식의 창출은 다음과 같은 흐름으로 파악할 수 있다고 본다. 즉, 기존 패러다임→위기→신패러다임→갈등→수용→정상과학→위기→신패러다임→갈등순으로 지식이 창출된다..

(2) 기타 과학철학

상대론적 입장에서 과학적 혁명론 이외에 라우단(Laudan)의 연구전통, 라카토스(Lacatos)의 도구적 합리주의, 페이어러밴드(Feyerabend)의 인식론적 혼란 등이 있다(채서일, 1993: 박성복 외 3인: 2003).

라우단은 연구전통(research tradition)이라는 개념을 통하여 이론은 참 또는 거짓이 중요한 것이 아니라 중요한 경험적 문제에 대한 설명이 가능한지 아닌지가 중요하다고 주장한다. 기존에 소유한 관념을 깨기 위한 경험적 문제를 설명이 가능한지 아닌지가 중요하다는 것이다.

즉, 어떠한 현상에 대하여 사람들이 갖고 있던 관념이 깨어질 때 여러 가지 경험적인 문제들이 발생하며 이론은 이것을 설명할 수 있어야 한다.

라카토스(Lacatos)의 도구적 합리주의는 이론이 결과의 참 또는 거짓을 판단한 것보다는 기능적 유용성에 의하여 판단된다고 주장한다. 기능적 유용성이란 어떠한 역사적 단계에서 특정의 방법이 좀더 경쟁우위적인 과학적 지식으로 인정되는 것을 의미하며 경쟁적 우위를 유지한다는 것은 얼마나 발전(progressive)인가에 달려 있다고 주장한다. 여기서 발전적이라는 것은 첫째, 좀더 넓은 영역에서의 현상에 대한 설명, 예측이 가능하고 둘째, 새롭게 발생하는 현상에 대한 설명과 예측이 가능한 것을 의미한다.

페이어러밴드(Feyerabend)는 연구자들은 연구의 과정에서 부분적으로 새로운 평가 기준을 발견하게 되고 과거의 평가기준을 대체할 때까지 인식론적인 혼란을 경험하게 된다고 주장한다. 연구자들은 기존의 기준에 맞게 연구를 하려고 노력한다. 그러나 시간이 지남에 따라 다른 연구 기준들이 제시되고 연구자는 새로운 기준에 적응 능력을 보여준다. 그러나 이러한 과정에서 연구자는 연구 기준에 대한 혼란을 겪게 된다.

현상에 대한 인식을 위하여 연구의 무기준이 가장 좋은 방법이라고 전제하고 세세한 방법론에의 집착은 과학의 발전을 저해한다고 주장한다. 이와 같이 페이어러밴드는 전형적인 상대주의 입장을 견지하고 있다.

제3절 과학적 지식

1. 과학적 지식의 개념

과학적 지식이란, 과학적인 방법으로 어떠한 현상 속에 내재한 인과관계를 규명하여 일반화시킨 지식을 의미한다. 변인에 대한 단순한 지식이 아니라 그 변인들이 어떻게 서로 관계되었느냐 하는 관계형태를 경험적으로 검증된 지식이다. 우리는 이러한 것을 과학적 지식이라고 하며 과학적 지식의 최종 산물은 이론이라고 할 수 있다.

〈표 1-3〉 과학적 지식과 비과학적 지식의 차이

분류지표	과학적 지식	비과학적 지식
개념/변수	명확한 개념적 정의와 조작적 정의	애매한 개념적 정의
가설	검증 가능	검증 불가능
접근태도	비판적/회의적	무비판적/수용적
관찰	경험적/분석적	직관적/전체적
측정도구	정확하고 정밀함	부정확하고 정밀하지 못함
분석	체계적이고 통계적임	비체계적이고 비통계적임
결과	신뢰성/객관성 담보	신뢰성/객관성 담보 안됨

사회과학에 대한 과학적 지식은 사회현상간의 추정된 관계에 대한 이론과 가설에 따라 추진되는 체계적이고 통제된 경험적이며 비판적인 조사연구로 축적된 지식을 말한다. 좀더 구체적으로 설명하면 다음과 같다.

첫째, 과학적 지식이 체계적이고 통제된 조사연구의 결과라고 하면 하나의 현상을 설명할 수 있는 많은 대안 중 가장 잘 설명할 수 있는 하나를 제외한 나머지는 모두 체계적으로 배제한 조사연구의 결과이다.

둘째, 과학적 지식이 경험적이고 비판적인 조사연구가 되기 위해서 조사연구자가 잠정적으로 진술한 가설을 경험적으로 검증이 가능해야 한다. 또한 조사연구 결과의 오류를 범하고 과장되게 일반화되기 쉽기 때문에 비판적으로 접근한 조사연구의 결과이다.

2. 과학적 지식의 특성

사회현상에 대한 인과법칙을 발견하기 위한 과학적 지식은 논리성, 재생 가능성, 경험가능성, 객관성 등의 특성을 갖고 있다.

1) 논리성

과학적 지식은 논리성을 전제로 한다. 논리성은 어떠한 현상의 원인과 결과에 대한 시간적 우선성과 공변성이 뒷받침되어져야 한다.

시간적 우선성이란 원인의 변화가 결과의 변화보다 먼저 일어나야 하며, 공변성이란 원인이 변하면 결과가 변해야 함을 의미한다.

예를 들어 '경제상황이 악화되면 신용불량자의 수가 늘어난다'라는 진술에서 경제상황의 악화가 신용불량자의 증가보다 시간적으로 앞서게 됨으로 경제상황의 악화가 원인이 되고 신용불량자의 증가가 결과임을 알 수 있다. 또한 경제상황의 악화 정도에 따라 신용불량자 수의 증감에 대한 변화가 일어난다면 원인이 변함에 따라 결과가 변하는 공변성 때문이라고 볼 수 있다.

2) 재생 가능성

과학적 지식은 과학적 방법을 통해 도출되기 때문에 재생 가능성의 특징을 갖고 있다. 재생 가능성은 어떠한 현상을 같은 방법으로 연구하여 같은 결과를 얻어낼 수 있는 가능성을 의미한다.

재생 가능성은 표준화된 방법을 도입했을 때 동일한 결과나 결론을 얻을 수 있는 가능성을 말한다. 어느 정도 재생 가능한가에 대한 정도를 파악하기 위해 크게 입증 가능성과 산출 가능성으로 나눌 수 있다. 즉, 유사한 연구절차나 과정을 사용하여 현상의 인과관계에 대한 규명을 입증 가능성이라 하며, 유사한 결과가 어느 정도 도출되었는가는 산출 가능성의 판단기준이 된다. 이것은 과학과 예술을 구분하는 근거가 되기도 한다.

재생 가능성은 연구과정과 결과의 객관성간에 밀접한 관계가 있다. 과학적 지식은 신뢰성을 확보하기 위하여 어떠한 현상에 대하여 여러 번 여러 사람에 의하여 반복적으로 검증이 이루어져야 한다. 그러나 동일한 현상에 대한 연구에서도 그 현상과 관련된 개념들을 측정하기 위한 개념화와 조작화 과정이 다를 경우 다른 결과가 나타난다. 예를 들어 노인의 부양부담을 연구할 때 한 연구자는 와상노인 부양자를 다른 연구자는 일반 노인 부양자를 대상으로 한다면 같은 주제의 연구임에도 불구하고 다른 결과를 도출할 수밖에 없다.

3) 경험 가능성

과학적 지식은 신뢰할 수 있는 객관적인 근거를 요구하기 때문에 경험적으로 검증이 가능해야 한다. 경험적이란 어떠한 현상에 대한 직.간접적인 인식 및 지각을 의미하며, 경험적 검증이란 인식 또는 지각과 관련된 자료의 수집/분석하는 것을 말한다. 즉, 과학적 지식은 우리의 감각기관에 의하여 인식 또는 지각될 수 있어야 하나 감각기관을 얼마나 신뢰할 수 있는가 하는 것은 의문으로 남아 있다.

4) 객관성

인간의 행위와 관련된 현상에 대하여 연구하는 사회과학은 하나의 현상에 대하여 다수의 사람들이 공통적으로 인지하여 결과가 동일하게 하는 객관성의 산출은 쉬운 일이 아니다. 그러나 과학적 지식은 어떠한 현상에 대한 개별적인 결과보다는 보다 광범위하게 적용될 수 있는 객관적인 지식을 요구하게 된다. 그러나 과학적 지식의 객관성은 과학기술의 발전과 밀접한 관련 있다.

3. 과학적 지식의 목적

1) 기술

과학적 지식의 1차적인 목적은 어떠한 현상에 대하여 단순한 속성이나 특성을 기술하기 위한 목적이다. 여기서 말하는 '기술'의 의미는 나타난 현상을 있는 그대로 관찰 및 서술하는 것을 말한다. 기술은 어떠한 상태를 묘사 혹은 어떠한 과정을 있는 그대로 표현하는 활동을 포함한다.

첫째, 상태의 기술은 어떠한 현상에 관계되는 변인을 찾아내어 상태를 기술하는 것을 말한다. 즉 어떠한 변인의 값을 구체적으로 명기하는 것을 의미한다. 예를 들어 어떠한 사람을 기술할 때, 학력은 대졸, 키는 178cm, 나이는 25세 등으로 명기하는 것을 말한다.

둘째, 과정에 대한 기술은 두 개 이상의 변인들의 인과관계를 명기하는 것을 말한다. 즉 변인 간의 인과 관계에 대하여 기술함으로써 그 현상을 이해하는 데 있다.

예를 들어 "복지의식은 학력이 높아질수록 높아진다"와 같이 독립변인이 변하면 종속변인이 변한다는 식의 표현이다.

2) 설명

나타난 현상이 1차적으로 기술이 종결되면 기술된 현상에 대한 설명이 요구되어진다. 예를 들어 "사회복지사의 능력이 사회복지 서비스의 질에 영향을 준다"라고 기술이 끝나면 그 이유를 밝히게 되는데 이것을 밝히는 것을 설명이라고 한다.

설명은 어떠한 현상이 일어나게 된 원인에 대한 진술에 초점이 맞추어지게 된다. 예를 들어 이혼율이 증가하는가?라는 질문을 직・간접적인 경험 또는 선행연구를 통하여 대답하려는 목적으로 구축되는 과학적 지식의 목적이다.

따라서 기술적 목적이 일반적으로 두 변인간의 인과관계의 진술이라면 설명목적은 세 변수 이상의 인과관계에 대한 진술인 경우가 많다. 왜냐하면 설명을 하기 위해서는 많은 변수가 필요하기 때문이다.

3) 예측

예측이란, 어떠한 현상의 인과관계의 과학적인 근거로 미래에 나타날 수 있는 현상을 진술하는 가설이다. 예측은 앞에서 진술한 기술과 설명이 가능한 현상의 경우에만 가능하다. 때문에 예측이란 어떠한 현상을 대상으로 독립변인을 어떻게 변화시키면 종속변인이 어떻게 변할 것이라는 것을 과학적인 근거에 의하여 진술하는 것이다.

4) 통제

어떠한 현상에 있어서 부정적인 면과 긍정적인 면이 부각되었을 때 부정적인 면을 통제하고 긍정적인 면을 강화하여 사회의 안정과 발전에 기여할 수 있다. 통제는 예측의 단계를 넘어서 주어진 연구문제를 해결하고 연구결과를 실용화하는 것이다. 예를 들어 최근 급격한 이혼율의 증가 현상은 청소년문제, 노인문제, 빈곤문제 등의 사회문제를 파생시킬 수 있다. 예측을 목적으로 하는 과학적 지식의 구축은 이혼을 방지할 수 있는 변수들을 통제하여 이혼율을 줄일 수 있고 이혼 후 파생될 문제를 예측하여 사회적 안전망을 위한 제도를 구축할 수 있다.

이와 같이 과학적 지식의 목적은 기술, 설명, 예측, 그리고 통제를 위한 것이며 이러한 목적들은 기술에서 통제까지 위계질서를 구축 및 유지하게 된다.

연 습 문 제

1. 지식을 개념적으로 정의하시오.

2. 지식과 상식의 차이를 설명하시오

3. 지식습득 과정에 대하여 설명하시오.

4. 지식습득의 오류들에 대하여 설명하시오.

5. 과학의 개념과 기능을 설명하시오.

6. 사회과학과 자연과학의 차이를 설명하시오.

7. 과학철학의 절대론과 상대론적 입장의 차이를 설명하시오.

8. 과학적 지식의 개념을 설명하시오.

9. 과학적 지식과 비과학적 지식을 비교/설명하시오.

10. 과학적 지식의 특성에 대하여 설명하시오.

11. 과학적 지식의 목적에 대하여 설명하시오.

12. 지식을 수준별로 분류하고 차이를 설명하시오.

제2장

과학적 지식의 구성요소

제 1 절 사실과 개념

1. 사실(fact)

사실은 감각에 의하여 받아들여지며 어떠한 현상 또는 사건을 설명하여 준다. 예를 들어 어떠한 사람이 웃고 있다면 웃는 것 자체를 말한다. 그러나 관찰자는 그 사람이 기분 좋아 웃고 있다고 확장해서 해석할 것이다. 전자는 사실이고 후자는 현상을 설명하는 것이다.

사실은 개념에 의하여 우리가 인지할 수 있도록 표현되며 일반화와 객관화가 이루어진다. 사실은 이론을 구성할 수 있는 초석이 된다. 사실은 현존하는 이론을 부정하거나 재구성하기도 한다. 과학적 방법에 의하여 구성되고 검증된 이론이 새로이 출현한 사실을 설명하지 못하거나 설명력이 약할 때 그 이론은 부정되거나 재구성되어져야 한다. 반면에 새로운 사실은 기존의 이론의 타당성을 높게 하여 이론의 증거능력을 명확하게 해 주기도 한다.

2. 개념(concept)

1) 개념의 정의

인간은 어떠한 현상 또는 실체에 대한 속성의 인지를 통합하여 추상적으로 형상화하게 된다. 즉, 경험세계에서 인간은 특정의 현상 또는 실체를 관찰과 묘사를 통하여 좀더 체계적으로 설명하고 예측하게 된다. 이러한 과정에서 관찰과 묘사된 현상과 실체에 대하여 공통된 관념/생각을 공유하게 되는 데 이것을 개념이라고 한다. 예를 들어 참나무, 사과나무, 소나무 등의 구체적으로 공통된 속성들을 하나로 묶어서 '나무'라는 추상적인 언어로 표기하게 된다.

개념은 이론의 구성 요소로서 학자들마다 다르게 정의하고 있다. 켈링거(Kerlinger)는 특정한 여러 현상을 일반화시키는 것이라 정의하였고, 필립스(Philips)는 현상을 설명, 예측하기 위한 명제나 이론의 전개의 바탕이 되는 추상적 표현이라고 한 반면에 셀티즈(Selltiz)는 관찰된 사실에 대한 추상적 표현이라고 정의하였다.

이러한 정의들을 요약하여 재구성하면 개념이란, 경험적으로 인지할 수 있는 어떤 대상이나 현상에 대한 공통적인 특성을 일반화하기 위하여 약속된 언어로 추상적으로 표현하는 것이라고 할 수 있다.

예를 들어 지능은 하나의 개념인데 학습을 수행함에 있어서 이해 또는 논리적인 사고력과 관련된 인간의 지적 능력을 관찰하여 하나의 단어로 표현해 놓은 것이다.

사회복지 분야에서 접하게 되는 일반적인 개념의 예는 사회복지, 노인복지, 사회적 지위, 수입, 역할, 사회문제, 인간행동 등 다양하다.

2) 개념화

이러한 개념들은 추상적이기 때문에 경험적으로 직접적인 관찰 또는 측정이 불가능한 경우가 많다. 때문에 일반적인 개념의 형성을 위하여 추상적인 형상을 구체화하는 개념화 과정이 필요하다. 개념화에 의하여 얻어진 결과가 개념이다. 즉, 개념을 좀더 명확하게 구체적으로 나타내는 것을 개념화한다고 말한다.

개념화를 통하여 사실이 개념이라는 이름으로 현실 세계에 표현되게 된다. 개념화는 어떠한 사실의 특성을 조사, 관찰, 분류하여 본질적인 공통의 속성에 따라 유형화시킴으로써 이루어지며 그 사실에 대하여 설명과 예측이 가능하게 해준다. 때문에 개념화 과정에서 사실을 명확하고 정밀하게 표현하는 것이 중요하다.

특히 학술용어로 사용되는 용어의 개념화는 일부 학자들만이 이해하고 사용할 수 있는 수준이어서는 안 되며, 그 분야에서 활동하는 전문가들이 동의할 수 있는 수준이어야 한다. 즉, 새롭게 시도되는 개념화는 그 개념이 일정의 공동체에서 동의를 얻어낼 수 있을 정도의 보편성을 담보할 수 있어야 한다.

3) 개념구성의 요건

개념의 기능이 적절하게 작용되기 위하여 다음과 같은 구성요건을 갖추어야 할 필요성이 있다.

첫째, 개념을 표현하는 용어, 언어, 기호, 상징들이 일반적 합의를 도출하기 위하여 적절하고 정확한 통일성과 일관성이 유지되어야 한다. 어떠한 현상 또는 실체를 나타내는 개념은 통일성과 일관성이 유지되어 누구에게나 동일한 의미로 사용되어져야 한다. 예를 들어 공동체라는 용어를 보고 동네 마을을 상기하는 사람이 있는가 하면 혹자는 EU 공동체를 연상한다면 의사소통에 문제가 될 것이다.

둘째, 개념의 표현은 영역/대상에 대한 시·공간 범위의 명확한 규정을 통하여 추상성을 줄여야 한다. 개념이 추상적일수록 인지, 판단, 의사소통 기능이 발휘될 수 없기 때문이다. 즉, 추상성이 낮아지면 질수록 보다 구체적이고 현실성이 확보되어 인지 또는 측정이 쉬워지게 된다. 예를 들어 공동체라는 개념에 어떤 사람은 경제적 의미를, 어떤 사람은 연대감의 의미가 담길 것이냐에 대한 의견이 다를 수 있다.

셋째, 지식으로서의 개념은 경험/관찰할 수 있는 명확한 대상이어야 한다.

4) 개념의 형태와 기능

개념의 조작화 가능 여부에 따른 형태는 현상개념(phenomenal concept)과 구성개념(constructive concept)으로 구분한다. 현상개념이란 관념적으로 표현될 수 있으나 수량화 또는 조작화가 불가능한 개념을 말한다. 예를 들어 본능이라는 개념이 대표적이다. 구성개념은 측정하여 수량적 값을 부여하거나 조작화를 할 수 있도록 학자들이 만들어 놓은 과학적 개념을 일컫는다.

속성의 유무에 따른 개념형태로 남·여와 같은 성별의 구분이 대표적이다. 이것은 척도 수준에서 명명척도를 구성할 때 사용된다. 비교를 나타내는 개념으로 서열, 또는 대소를 표현하는 형태가 대표적이다. 예를 들어 키가 크다, 작다 등이 있으며 서열척도를 구성할 때 사용된다. 다음으로 수량적 비교 개념으로 서열뿐만이 아니라 구체적인 수량을 첨부하여 비교하게 된다. 예를 들어 70km 〉 50km와 같이 표현하는 개념이다.

개념의 기능은 여러 가지로 이해될 수 있으나 메인츠(Mayntz, 1976) 등은 일반적 기능에 대하여 네 가지를 언급하였다.

첫째, 인지적 기능으로 관찰의 결과를 서열화/순서화하고 조직화하는 기능이다. 즉, 추상적인 것에서 구체적인 것까지 이해할 수 있도록 조직화하는 기능이다.

둘째, 평가적 기능으로 자각하는 것에 대한 중요성 또는 의의에 대한 판단적 기능이다. 즉, 연구 대상을 측정이 가능하도록 하는 기능이다.

셋째, 실용적 기능으로 개념규정의 결과에 의하여 우리의 행위를 좌우하는 기능이다. 즉, 연구의 출발점 또는 방향을 제시하는 기능이다.

넷째, 의사소통 기능으로 개념을 통하여 우리는 서로의 뜻을 교환할 수 있다. 용어나 기호로 표시되어 지식축적과 확장을 하는 기능으로 연역적 결과를 가져온다.

이러한 개념의 기능 중 사회복지조사연구에 조사에서 인지적 기능을 통하여 연구주제를 구성하고, 평가적 기능은 연구의 주제선정, 목적설정, 가설설정, 연구결과의 해석 등을 하며, 의사소통기능으로 연구 결과를 공유하게 된다.

제 2 절 변인(variable)

1. 변인의 개념

수학에서는 변인을 변수라고 하며 방정식에 적용이 된다. 예를 들어 $y = ax + b$라는 방정식에서 y와 x는 변수가 된다. 어떠한 학자는 변수라고 그대로 사용하나 응용사회과학인 사회복지 분야에서는 변인이라는 용어를 주로 사용한다.

변인은 "어떤 사물/현상을 특징짓는 속성들의 상호배타적인 집합", "두 가지 또는 둘 이상의 값을 경험적으로 분류할 수 있는 개념" 등으로 다양하게 정의된다. 좀더 구체적으로 변인은 한 개념이 여러 개의 값을 지니는 것으로 두 개 이상의 종류로 실증적 검증과정에서 논리적인 집합체인 개념이 측정 가능하도록 숫자나 기호가 부여된 것이다. 즉, 개념은 추상적인 것이고 변인은 그에 대한 조작화인 셈이다. 그러나 변인이란 개념의 경험적 상대역으로, 변인과 개념은 종종 구분되지 않으나, 모든 개념들이 변인은 아니지만, 모든 변인들은 개념이다. 왜냐하면 어떠한 사실의 속성과 일정한 기준에 따라 여러 가지 값을 부여할 수 없는 개념은 변수가 될 수 없기 때문이다.

개념의 범주가 조작화되지 않았거나 단 한 가지인 경우는 변인이 될 수 없고, 상수로 취급한다. 예를 들어 사회복지는 변인이 아닌 개념으로 취급하지만 사회복지의 분야 또는 사회복지 수준은 변인으로 취급된다. 사회복지 분야는 노인복지, 장애인복지, 아동복지 등으로, 사회복지 수준은 상, 중, 하의 범주로 분류되어 하나의 변인으로 간주된다. 사회복지는 개념으로 측정이나 계량화가 불가능하고 단지 일반적인 성격만을 나타나고 있다. 그러나 사회복지 수준은 사회복지의 속성과 계량화를 가능하게 하기 때문에 하나의 변인으로 간주된다.

2. 변인의 종류

변인의 종류는 역할과 속성에 따라 분류된다. 역할에 따른 분류는 원인적 변인은 다른 변인에 영향을 주는 독립변인과 독립변인의 영향을 받아 변화하는 결과를 예측할 수 있는 종속변인으로 분류할 수 있다. 또한 매개변인은 독립과 종속변인의 중간에서 두 변인 간의 관계에 영향을 미치는 제3의 변인을 말한다. 변인이 가지는 단위의 한계성을 나타내는 속성에 따른 분류에서 크기나 양에 따라 분류되는 연속변인과 종류나 특질에 따라 분류되는 불연속변인으로 구분된다.

1) 독립변인과 종속변인

독립변인은 종속변인을 예측할 수 있는 선행조건 변인이 된다. 독립변인은 일정하게 전제된 원인을 의미함으로 원인변인이라고도 한다. 때문에 독립변인은 종속변인의 변화를 설명하는 역할을 하게 된다. 예를 들어 사회복지사의 능력이 사회복지 서비스의 질에 영향을 주는가라는 가설을 설정했을 때, 사회복지사의 능력 유·무는 독립변인에 해당된다.

실험연구에서는 어떠한 실험조건이나 처치에 의하여 어떠한 대상에 어떠한 영향을 주는가에 관심이 있는데 어떠한 실험조건이나 처치가 독립변인에 해당된다. 그러나 실험에 영향을 주는 모든 변인을 고려할 수 없음으로 연구의 목적과 관계가 있는 변인만을 취하게 된다. 이렇게 연구의 목적에 맞게 변인의 수를 조절함으로써 연구의 효율성을 높일 수 있다.

종속변인이란 독립변인의 영향을 받아 변화하는 변인을 말한다. 독립변인이 원인이라면 종속변인은 결과라고 할 수 있다. 종속변인은 연구자가 설명하려고 하는 결과변인이다. 예컨대 사회복지사 능력이 사회복지 서비스의 질에 영향을 주는가라는 가설을 생각할 때, 서비스의 질적 수준이 종속변인에 해당된다.

실험연구에서는 어떠한 실험조건 또는 처치에 영향을 받은 결과가 종속변인이 된다.

〈표 2-1〉 독립변인과 종속변인의 비교

독 립 변 인	종 속 변 인
종속변인이 원인	독립변인의 결과
선행조건	후속결과
수학 방정식에서 x	수학 방정식에서 y
연구자에 의하여 조작	독립변인의 변화에 따라 변화
다른 변인의 예측 근거	다른 변인의 예측 대상

2) 매개변인과 통제변인

오늘날 휴먼 서비스를 연구하는 많은 학자들은 독립과 종속변인의 단순관계에 의한 상관정도의 파악으로 인간행동을 결론내는 것은 한계가 있다고 보고 있다. 왜냐하면 동일한 자극에 의한 반응도 개인차의 존재에 의하여 다양하기 때문이다. 독립변인과 종속변인 사이에 외적 행동에 영향을 미치는 내적/심리적 변인들이 존재한다고 보고 있다. 유기체 내부의 변인으로 대체적으로 직접적으로 관찰할 수 없는 생물체 내부의 요인에 의하여 형성되는 변인을 매개변인이라고 말한다. 예를 들어 사회복지사의 능력이 사회복지서비스의 질을 담보할 수 있는지를 알아보고자 할 때, 자원의 활용정도도 사회복지 서비스의 질에 영향을 주는 제3의 변인으로 간주된다면 사회복지사의 능력과 자원의 활용 정도를 동시에 사회복지서비스의 질의 영향에 상호작용을 한다면 자원의 활용정도는 매개변인이 된다.

시간적 진행으로 매개변인의 위치는 독립변인보다는 늦게 작용하고 종속변인보다는 빠르게 작용하여 영향을 주게 된다.

통제변인은 종속변인에 영향을 주는 독립변인이라고 할 수 있으나 연구자에 의하여 고려되지 않은 독립변수이다. 통제변인은 연구에서 채택된 독립변인의 변화에 따른 종속변인의 변화가 참 또는 거짓의 판단을 가능하게 한다. 시간적 진행상으로 통제변인은 독립변인과 같은 시간선상에 위치하게 된다.

3) 질적변인과 양적변인

변인은 상호배타적인 속성들의 집합이며 다른 말로 표현하면 특정한 값들의 집합이라고 할 수 있다. 그런데 이러한 값들을 두 가지 방법으로 나타낼 수 있다. 변인들의 값을 속성의 유무에 따라 있다 또는 없다로 표현되는 질적변인과 변인들의 값을 특정한 수치로 나타내는 양적변인으로 표현할 수 있다. 예를 들어 지능을 나타낼 때 높다 또는 낮다로 표현한다면 질적변인이고 I.Q 110, 120, 130으로 나타낸다면 양적변인에 해당된다.

4) 연속변인과 비연속변인

앞에서 언급한 양적변인은 다시 연속변인과 비연속변인으로 구분할 수 있으며 변인의 단위가 한계적이냐의 여부에 따라 한계적이지 않은 경우 연속변인이 되고, 한계적인 경우에 비연속변인이라고 한다.

비연속변인은 빈도로 표출이 가능하며 여기서 빈도란 유목(category)에 속한 개체의 수를 말한다. 개체는 그 자체가 독립성이 있기 때문에 개체와 개체는 반드시 불연속적이다. 예를 들어 대학의 학년이라는 유목에는 1, 2, 3, 4학년이 상호배타적으로 존재하며 1, 2학년 또는 4, 3학년은 존재할 수 없다. 또 다른 예로 성별의 경우 남 또는 여 등이 있다. 이러한 변인을 비연속변인이라고 칭한다.

연속변인은 비연속변인과 다르게 변인의 속성이 수량화가 가능하다. 예를 들어 신장은 180cm로 표현이 가능하다. 그러나 여기서 180cm란 175.5~185.5 사이를 의미한다. 이것은 180cm를 중심으로 1cm 안에 무수히 많은 간격으로 연속적으로 이어진 변인이라는 것을 의미한다.

그러나 어떠한 변인은 취급하는 상태에 따라 연속 또는 비연속변인으로 분류되기도 한다.

제 3 절 가설

1. 가설의 개념

일반적으로 가설은 어떠한 현상을 설명하거나 어떠한 이론을 구체적으로 증명하기 위하여 사용되는 아직 증명되지 않은 이론이라고 할 수 있다. 좀더 구체적으로 가설은 이론의 어떠한 현상을 예측하거나 내용을 검증하기 위하여 이론으로부터 도출된 관찰이 가능한 2개 이상의 변인들 간의 관계에 대한 잠정적인 결론의 진술이다. 그러나 학자들 간에 약간씩 다른 견해를 표출하고 있으며 일부 학자의 견해를 소개하면 '연구문제에 대한 최선의 예측'(Christman), '연구문제에 대한 잠정적인 결론'(Nachmias), '경험적 검증을 위하여 만들어진 명제'(Phillips), "연구문제에서 제기한 현상과 관련된 두 개 이상의 변수들 간의 관계에 대한 가정적인 진술"(Kerlinger) 등이 있다.

가설에 대한 정의들에서 공통적으로 두 변수간의 관계에 대한 진술인 동시에 경험적으로 검증이 가능해야 한다. 예를 들면 청년실업이 증가할수록 청년 자살률은 증가한다. 청년실업의 정도와 자살률이라는 2개의 변수들 간의 관계에 대한 잠정적 결론이며 이 가설은 경험적으로 검증이 가능하다.

가설 이외에도 변수들 간의 관계에 대한 진술은 법칙, 공리, 명제 등이 있으나 가설과는 개념적으로 약간의 차이가 있다.

1) 명제

명제는 논리적 상호관계를 바탕으로 결론이 도출된 개념들 간의 관계를 말한다. 명제는 "만약 A이면 반드시 B이다"라든지 "A는 B이다"와 같이 단정적인 관계를 일컫는다. 때문에 명제는 반듯이 참 또는 거짓이라는 두 가지 형태로 표현되어져야 한다.

예를 들어 "H_2O는 물이다." 또는 "만약에 극약을 치사량 이상을 먹으면 사람은 반듯이 죽는다." 단순하게 명제는 검증된 가설이라고 할 수 있다.

명제의 진위판정을 위한 접근방법은 세 가지가 있다.

첫째, 논리적인 접근(logical approach)이다. 명제를 구성하는 개념들의 논리적인 관계를 분석하여 진위를 판별하게 된다.

둘째, 경험적 접근이다. 주어진 명제에 나타난 변수들의 관찰을 통하여 변수들 간의 관계 규명을 통하여 진위를 판별한다.

셋째, 앞에 언급한 두 가지 방법을 적용하여 진위를 판별하는 방법이다. 즉, 논리적인 방법을 사용하고 검증하며 경험적인 방법을 사용하여 확인하는 접근이다.

이러한 방법을 통하여 참으로 판명된 명제는 이론 또는 이론의 구성요소로 간주될 수 있다.

2) 공리

공리는 변수간의 관계에 대한 검증 없이 참으로 인정되는 것을 말한다. 다른 말로 표현하면 직접적으로 검증이 불가능하며 검증할 필요가 없다. 왜냐하면 검증 없이 자명한 진리로 인정되며 다른 명제를 증명하는 데 전제가 되는 원리이기 때문이다. 예를 들어 공리는 "정직은 최선의 정책이다"와 같이 진리로 인정되는 사실이며, 공리로 인정되면 명제보다 높은 경험적 근거를 갖게 된다.

3) 법칙

법칙은 둘 이상의 변인들 간에 관련이 되어 있고 일반화가 가능한 보편적인 진술을 의미한다. 다시 말해 법칙은 일정 사실들을 일반화한 것이다. 때문에 모든 법칙이 이론은 될 수 없으나 일반적인 법칙은 이론 또는 이론의 구성요소가 될 수 있다. 법칙은 명제의 일종이지만 어떠한 사실/현상과 관련된 변인들 간의 관계가 일정한 규칙성을 포함하고 있다는 진술이라는 점이 다르다. 법칙은 공리보다 강력한 경험적 근거를 갖게 되어 보다 강력한 객관성을 갖게 된다.

2. 가설의 평가기준

가설의 평가기준은 다음과 같다.

첫째, 가설은 경험적으로 검증이 가능하여 진위를 가질 수 있어야 한다.

둘째, 가설에 포함된 개념이 계량화가 가능하여 변수로 만들 수 있어야 한다.

셋째, 가설을 구성하는 두 개 이상의 변수간의 관계가 간단하고 명료해야 한다.

넷째, 가설이 동의 반복적이지 말아야 한다.

가설은 검증이 가능하지만 법칙, 공리, 명제는 검증이 불가능하다.

제4절 이론

1. 이론의 개념

어떠한 현상을 설명하고 예측하기 위한 목적으로 구성된 일련의 진술을 말한다. 이론은 경험사회에서 반복적으로 실증된 하나의 추상적 구성체를 의미한다. 이러한 추상적 세계를 나타내는 이론이 조사연구를 통하여 현실 경험세계와 연결되게 된다.

이론의 개념적 정의는 학자마다 매우 다양하게 진술하고 있다. 브레이스웨이트(Braithwaite)는 "이론이란 연역적 체계를 형성하고 있는 가설들의 집합이다"라고 정의하고 있다. 즉 이론의 구성요소가 가설이며 가설이 조사연구를 통하여 경험적으로 검증되면 이론이라고 할 수 있다. 블랙과 챔피온(Black & Champion)은 "변인들 간의 인과관계를 명시하는 체계적인 명제들의 집합"이라고 주장한다. 이들 학자들의 주장을 좀더 체계적으로 정리한 켈린저(Kerlinger)는 "이론이란 주어진 현상을 설명하고 예측할 목적으로 그 현상과 관련된 변인들 간의 관계를 명시하고 그 현상을 체계적으로 인식할 수 있게 하는 개념들과 정의들로 구성된 명제들의 집합"이라고 규정하고 있다.

이러한 이론의 개념을 좀더 구체적으로 진술하면 다음과 같다.

첫째, 이론은 상호관련이 있는 변인들로 이루어지고 상호관련성을 명백히 하는 일련의 구성체이다. 즉, 이론은 명백한 상호관련성이 있는 변인들에 의하여 기술되어지는 현상에 대한 체계적인 관점이다. 예를 들어 자기행동의 결점을 인지하였을 때 그것을 극복하기 위하여 노력함으로써 행동의 변화를 초래할 수 있다는 자아심리이론에서는 "자기

행동의 결점인지", "극복을 위한 노력", "행동의 변화"가 주요 변인가 될 수 있다.

둘째, 이론은 추상적인 서술이다. 이론은 어떠한 현상을 구체화시켜 일반화된 서술 형태이기 때문에 추상성이 높을수록 보다 폭넓은 범위에 적용될 수 있다.

셋째, 변인 간의 관련성 정도와 어떻게 관련되었는가가 체계화되어 현상을 구체적으로 설명하고 예측이 가능하게 한다. 이론의 생명력은 반듯이 어떠한 현상을 설명하는 것뿐만 아니라 예측할 수 있는 정도에 의하여 결정된다. 예를 들어 노인종합사회복지관에서 제공되는 프로그램에 참여하는 노인들의 탈락을 설명하는 이론이 있다 하자. 탈락의 원인에 대한 변인은 성취동기, 동료관계, 가족지원, 프로그램 흥미 등이 있다면 이 네 개의 변인과 탈락간의 구체화된 관계 또는 네 개 변인의 조합으로 설명된다. 연구자들은 일련의 변인을 사용하여 탈락의 현상에 대하여 탐구, 설명 그리고 예측이 가능해진다.

2. 이론의 특성

앞에서 설명했듯이 이론은 경험적으로 적용이 가능하고 어느 정도 일정한 규칙적인 일관성이 담보되어야 한다. 좀더 구체적으로 진술하면 다음과 같다.

첫째, 이론은 단순한 믿음이나 철학이 아니다. 무엇이 실제로 존재하는가에 대한 설명, 즉, 무엇이, 언제, 왜 존재한다는 것의 설명이 이루어져야 한다.

둘째, 이론은 사회적으로 일정한 규칙성이 인정되어야 한다. 사회생활에서 지속적으로 나타나는 논리적이고 정형화된 유형을 설명할 수 있어야 한다.

셋째, 이론은 개인 자체에 대한 관심이 아니라 집합체에 대한 설명이다. 이론은 개인이 아니라 사회적 유형과 그 규칙에 관심을 두게 되며,

사람들 자체가 관심이 아니고 그 사람이 활동하는 집합체 시스템에 궁극적인 관심을 갖게 된다.

넷째, 이론은 변수간의 관계에 대한 설명이다. 조사 연구자들은 클라이언트보다 그들에게 영향을 주는 변수에 관심을 갖고 조사연구를 실행하게 된다.

3. 이론의 역할

과학적 지식의 최종산물인 이론은 경험과 논리가 일치하는 것으로 검증된 높은 수준의 지식이다. 즉, 이론은 추상성이 높음에도 불구하고 현실 세계 가장 잘 부합되는 논리적인 구성체이다. 때문에 이론은 지식의 축적과 전수뿐만 아니라 복잡한 현상을 단순화하고 체계화까지 다양한 역할을 수행한다. 구체적인 이론의 역할들은 다음과 같다.

첫째, 이론은 과학적 조사연구의 토대가 된다고 할 수 있다.

조사연구의 범위를 한정하고 방향제시를 한다. 조사연구자는 이론을 통하여 조사연구하고자 하는 현상 또는 사건에 대한 분석의 근거가 되는 요인과 요인들을 조합한 유형을 제시한다. 또한 조사연구자는 이론을 통하여 요인들의 관계 또는 유형들의 특징을 인식하게 되고 이들을 통하여 조사연구의 새로운 사실을 예측하게 하여 가설을 세울 수 있게 한다. 이론은 가설의 설정뿐만 아니라 가설을 검증하는 데 사용하는 절차, 즉, 표본추출, 자료수집, 자료분석 등의 방법에 직·간접적인 영향을 주게 된다.

둘째, 이론은 조사연구하려는 현상에 대한 개념적 준거 틀을 제공한다.

이론은 조사연구하고자 하는 현상 또는 사건에 대한 주요 개념들의 도출이 가능하게 하며, 이들 개념들 간의 관계를 설명이 가능하게 한다. 때문에 이론은 조사연구자에게 조사 연구하고자 하는 현상 또는 사건과 관련된 개념들의 관련 정도를 제시하여 조사연구에 포함될 개념과 포함되지 않을 개념들을 구분하게 하는 준거 틀을 제공한다.

셋째, 이론은 조사연구의 결과를 판단하는 근거를 제시한다.

이론은 과학적 지식을 간단명료하게 표현해 주고 불확실한 가설에 대한 판단 근거가 된다. 조사연구자는 이러저러한 한계로 어떠한 현상에 대하여 여러 번의 반복적 연구가 불가능한 경우가 대부분이다. 그러나 다수의 학자와 반복적인 연구에 의하여 구축된 이론은 한 연구자에 의하여 이루어진 단편적인 연구의 결과를 판단할 수 있게 한다.

이론이 이러한 역할을 수행하기 위하여 이론이 갖추어야 할 조건은 다음과 같다.

첫째, 현상 또는 사건의 본질에 대한 해답을 제공할 수 있어야 한다.

둘째, 사회현상과 인간의 행태를 설명 가능하고 적용될 수 있어야 한다.

셋째, 간결하고 분명히 정의된 개념으로 이론이 구성되어야 한다.

넷째, 좋은 이론은 수정 가능하고 진위의 판단이 가능해야 한다.

다섯째, 좋은 이론은 정책적인 지침과 함의를 많이 제공할 수 있어 현실화가 가능해야 한다.

4. 이론의 형성

1) 이론형성의 성격

이론은 체계화된 규칙들로 이루어진 현상에 대한 사실관계에 대한 설명이다. 사회과학에서 이론은 경험적으로 검증이 가능한 현상 이면에 어떠한 사실관계에 대한 구체적인 표현이다.

이러한 이론을 형성하기 위하여 우리는 몇 가지 방법론에 대하여 생각해 볼 필요가 있다.

첫째, 이론형성에서 요구하는 경험에 근거한 현상에 대한 사실관계(규칙)를 어떻게 발견할 것인가? 하는 것이다. 일반적으로 이러한 방법적인 접근은 귀납법, 연역법, 그리고 혼합적인 방법이 적용된다.

둘째, 위의 방법으로 발견된 사실관계들을 어떻게 이론으로 구체화하느냐 하는 것이다. 이론의 구체화를 위한 접근 방법에는 법칙형 접근, 공리형 접근, 그리고 원인 과정형 접근으로 분류된다.

2) 이론형성을 위한 접근

이론은 논리적 추론 과정에 의하여 구축되며, 논리적 추론에는 추론의 방법과 절차에 따라 연역적 논리와 귀납적 논리가 있다.

(1) 연역적 논리체계

연역적 논리란 일반적인 사실의 논리적 추론에서 특수한 사실에 대한 결론을 추론하는 방법이다. 즉 전체에 대한 사실을 통하여 특수한 부분에 대한 사실을 추론하는 실증주의 체계이다. 연역적인 논리는 일반적 사실에 대한 설명(과학적 지식), 그 사실의 조작화 그리고 관찰 경험을 통하는 세 번의 추론 과정을 거치게 되어 삼단논법이라 칭하게 된다. 예를 들면 다음과 같다.

☞ 논리, 이론, 일반화된 설명… 모든 사람은 죽는다.
☞ 조작화 … 소크라테스는 사람.
☞ 관찰 경험 … 소크라테스는 죽는다.

위의 예에서 볼 수 있듯이 연역적 논리체계는 기존의 과학적 지식을 통하여 경험이 가능한 가설을 설정하여 실증적으로 검증하게 된다. 설정된 가설이 기존의 과학적 지식과 일치하게 될 때 하나의 과학적 지식으로 발전하게 된다. 즉, 과학적 지식 → 가설 → 관찰/경험 → 과학적 지식(가설채택)의 과정을 거치게 된다.

위의 내용들을 요약하면 연역적 방법은 과학적 지식의 최종산물인 기존의 이론을 기반으로 하여 변수간의 관계의 논리적 추론을 통하여 가설을 설정한다. 설정된 가설이 현실세계에서 어떻게 나타나는지 경험적으로 관찰한다. 설정된 가설이 경험적 관찰과 일치하면 그 이론은 간접적으로 검증되는 것이다. 그러나 설정된 가설이 경험세계와 일치하지 않으면 가설의 근간이 된 이론은 수정이 되거나 재검정 과정을 거치게 된다. 때문에 이론은 연역적 방법에 의하여 개발되거나 수정되어진다고 할 수 있다.

(2) 귀납적 논리체계

귀납적 논리체계는 특수한 사실에서 일반적 사실로 접근하는 과학적 추론 방법이다. 즉 경험적 사실에서 일반적인 공통적 사실을 발견하고 그 사실을 과학적 방법으로 증명함으로써 과학적 지식으로 구축하는 논리적 추론과정이다. 구체적인 사실들을 관찰하여 일반화된 논리를 개발하는 방법이다. 예를 들어 관심이 되는 어떠한 현상에 대한 이론이 존재하지 않을 경우 변수들의 관계를 통한 어떠한 논리도 도입할 수 없다. 이 때 유사한 현상들의 반복되는 관찰을 통하여 공통된 특성이 도출되고 이것은 이론으로 발전할 수 있게 되는 귀납법을 채택하게 된다. 예를 들면 다음과 같다.

☞ 관찰 … A도 죽는다.
☞ 관찰 … B도 죽는다.
☞ 관찰 … 소크라테스도 죽는다.
☞ 이론 … 모든 사람은 죽는다.

어떠한 사실에 대한 일반화는 여러 번의 유사한 사실에 대한 관찰을 통하여 공통적인 특성/사실을 발견하고 검증과정을 거쳐 일반화하는 과정이다. 즉, 사실의 관찰 → 관찰 → 공통적 특성/사실 발견 → 일반화 과정을 거치게 된다.

〈그림 2-1〉 귀납법과 연역법

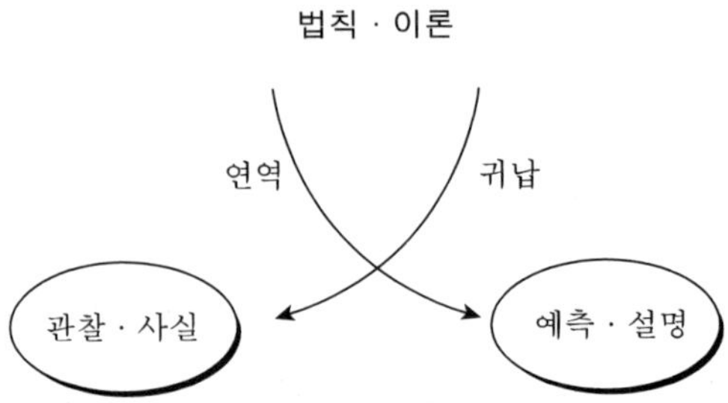

(3) 연역적/귀납적 논리체계의 통합

과학적 지식의 축척과 구축은 오랜 시간을 두고 이루어지는 역사적인 과정이라고 할 수 있다. 이러한 과정에서 논리적으로 연역과 귀납적 접근이 구별되지만, 어느 방법으로 먼저 시작하느냐의 문제이지 실제 과학적 지식이 축척되는 과정은 연역과 귀납의 순환과정이라고 할 수 있다. 그 순환과정은 연역적 방법-귀납적 방법-연역적 방법-귀납적 방법의 반복 또는 귀납적 방법-연역적 방법-귀납적 방법-연역적 방법의 반복이다. 이것은 연구자가 연구목적에 따라 선 과학적 지식(이론) 후 조사 또는 선 조사 후 과학적 지식(이론)을 택할 것인지 결정에 따라 달라질 수 있다.

연역적 논리체계는 기존의 과학적 지식에서 가설을 도출/검증하는 양적연구의 접근이 시도되어 새로운 과학적 지식을 구축하는 데는 한계가 있는 반면에 귀납적 논리체계는 사실들 간에 내재한 공통 특성을 규명하는 질적연구의 접근이 시도되어 탐색연구의 특성을 지니고 있어 가설을 제시하는 특성이 있다. 때문에 연역과 귀납적 논리체계는 상호보완적 체계라고 볼 수 있다.

일반적으로 논리적 실증주의자들은 지식탐구를 위한 모델로서 개념들의 관계에 대한 논리적 명제를 찾고 수집된 자료 통해 검증하는 연역법을 선호하고 논리적 실증주의에 반대 견해들, 즉, 자연주의적 구성주의자들은 귀납법을 선호한다.

〈그림 2-2〉 연역법과 귀납법의 통합 논리체계

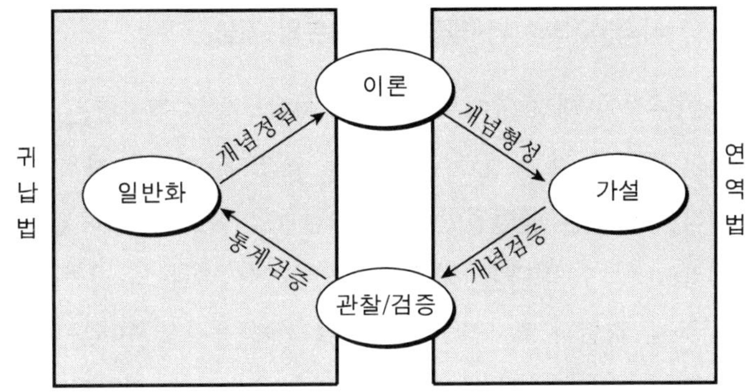

3) 이론의 구체화를 위한 접근

(1) 법칙형 접근

귀납적인 접근을 통하여 현상에 대한 설명과 예측을 시도하게 된다.

(2) 공리형 접근

연역적인 논리에 의한 접근방법으로 상호 연관된 공리와 명제의 관계성의 논리를 통한 접근이다.

(3) 원인 과정형 접근

한 개 이상의 독립변인이 한 개 이상의 종속변인에 영향을 주는 확률적인 관계의 설명을 시도하는 접근이다.

5. 이론과 사회복지조사연구와의 관계

1) 사회복지조사연구에 대한 이론의 기능

이론적인 배경 없이 사회복지조사연구를 수행한다는 것은 기초 공사 없이 빌딩을 짓는 것과 같다고 할 수 있다. 이론은 사회복지조사연구의 시작을 알리는 출발점인 동시에 결과의 옳고 그름을 판단하는 종착점이라고 할 수 있다. 사회복지조사연구에서 이론의 기능은 다음과 같다.

첫째, 경험적 조사연구를 행하기 전에 측정할 수 있는 사실을 구체적으로 제시하여 주어 조사연구의 틀을 제시하고, 과학적 조사연구과정에 대한 논리를 제공하며, 그 결과를 평가하는 기준이 된다.

둘째, 조사연구의 배경을 제공하여 조사의 시작을 알리는 출발점이 되게 하고, 조사연구를 통하여 일반화될 수 있는 내용을 예측할 수 있게 한다.

셋째, 조사연구결과를 검증 또는 비교할 수 있고 논리적으로 통합할 수 있게 하고, 가설검증의 전략적 근거를 제공한다.

2) 이론에 대한 사회복지조사연구의 기능

사회복지조사연구는 이론을 바탕으로 시작하지만 이것은 일방적인 관계가 아니라 상호작용을 주고받는 관계이다. 즉, 이론이 사회복지조사연구에 기여하지만 마찬가지로 사회복지조사연구도 이론의 발달에 기여한다. 그 이유는 다음과 같다.

첫째, 사회복지조사연구의 과정에서 우연하게 발견된 결과가 새로운 이론의 개발로 이어지는 경우가 있다.

둘째, 사회복지조사연구 결과는 기존이론의 확장, 정교화, 또는 재구성의 기회를 제공한다.

셋째, 새로운 사회복지조사연구 방법은 기존 이론의 새로운 관점을 제공하기도 한다.

연 습 문 제

1. 개념을 개념적으로 정의하시오.

2. 개념의 형태와 기능을 설명하시오.

3. 변인의 개념을 설명하시오.

4. 독립변인과 종속변인의 차이를 설명하시오.

5. 가설의 개념을 설명하시오.

6. 명제, 공리, 법칙, 그리고 가설의 차이점을 설명하시오.

7. 이론의 개념을 설명하시오.

8. 이론의 역할을 설명하시오.

9. 연역법과 귀납법을 예를 들어 설명하시오.

제3장

사회복지조사연구의 기초

제 1 절 사회복지조사연구의 개념

1. 사회복지조사연구의 정의

사회복지조사연구는 우리가 알고자 하는 사회복지와 관련된 현상 또는 사건의 경험적 증거를 찾고 확인하는 구체적인 방법이다. 즉, 인간간 또는 인간과 환경 간에서 발생하는 다양하고 복잡한 사회복지와 관련된 현상 또는 사건의 관계를 객관적으로 정확하게 파악하여 현상 속에 내재한 규칙들을 규명하는 과학적 방법이다.

과학적 방법이란 과학성을 높이는 수단을 의미하며 자연과학에서 의미하는 현상 또는 사건자체를 의미하는 것이 아닌 현상 또는 사건을 다루는 방법을 의미한다. 예를 들어 어떤 현상을 개념화와 조작화를 통하여 가설을 설정하고 이 가설의 검증과정을 거쳐 이론을 도출하는 과정을 의미한다.

사회복지조사연구라는 용어는 사회복지 학계와 현장에서 사회복지조사, 사회복지연구 등으로 다양하게 사용되고 있다.

우선 이 책에서 쓰고 있는 사회복지조사연구는 Social Welfare Research를 번역하여 사용한 것으로 현지조사활동을 포함하는 연구활동을 의미한다. 혹자는 이 용어를 사회복지조사라고 협소하게 번역하여 사용하고 있으나 이 책에서 사회복지조사는 Social Welfare Survey를 번역한 용어로 현지답사의 성격이 강한 조사활동에 한정한다.

2. 사회복지조사연구의 목적

사회복지조사연구방법은 과학적인 지식의 습득과 과학적인 조사연구의 진행방법이라고 할 수 있다. 여러 경로를 통하여 습득하는 사회복지 관련 지식들이 과학적 방법에 의하여 습득되었는가를 결정하는 것은 학문적 목적의 사회복지조사연구방법에 의하여 결정된다. 여기서 과학적 방법은 사회복지에 관한 조사와 이론 사이를 연역과 귀납적인 방법을 통하여 끊임없이 지식의 재생산하는 수단을 의미한다.

사회복지 현장에서 사회복지사들은 다양한 역할을 수행하게 된다. 예를 들어 지역사회 복지자원과 클라이언트의 욕구를 파악하는 자원개발가의 역할, 서비스의 양과 전달체계를 과학적으로 입증해야 하는 행정가의 역할, 프로그램의 효율과 효과성을 검증해야 하는 평가자의 역할 등 매우 다양하다. 사회복지사의 역할을 수행하는데 사회복지조사연구는 실용적인 측면에서 중요한 지식과 기술을 제공하게 된다. 사회복지 현장에서 사회복지조사연구의 사용 목적은 지식을 위한 지식의 생산이 보다는 사회복지사들이 매일 직면하는 문제해결을 위한 실용지식의 제공 측면이 강하다고 할 수 있다

이와 같이 사회복지조사연구방법은 크게 학문적인 목적과 실용적인 목적으로 분류할 수 있다.

1) 학문적 목적

사회복지관련 이론의 재구성을 목적으로 어떠한 실체를 정확히 파악하고 가설의 설정, 그리고 검증을 위하여 사회복지조사연구를 하게 된다. 사회복지조사연구의 학문적 목적은 사회복지와 관련된 현상들을 일으키는 원인이 무엇이며, 어떻게 작용하며, 왜 그렇게 되었는지 등을 설명이 가능하도록 이론을 구성 및 재구성, 지지, 반증하는 목적이다. 이러한 학문적 목적의 사회복지조사연구는 사회복지와 관련된 어떠한 현상들에 대한 조사연구의 결과를 일반화하는 근거가 되는 지식을 제공하기 위함이며 이것은 사회복지와 관련된 현상에 대한 기본적인 이해를 증진시키는 역할을 하게 된다. 좀더 구체적인 사회복지조사연구의 학문적 목적은 다음과 같다.

첫째, 순수한 이론에 대한 사회복지조사연구의 목적으로 자신이 독창적인 이론을 구성하거나 다른 학자가 구성한 이론을 비판 또는 재구성하는 조사연구를 들 수 있다.

둘째, 이론에 중점을 둔 사회복지조사연구의 목적으로 다른 학자에 의한 구성된 이론이 사회복지현장에 얼마나 잘 적용되는지 검증하려는 것이다.

셋째, 기술 또는 서술적 목적의 사회복지조사연구이다. 어떠한 사회복지현상에 대하여 자세히 기술하여 학문적 이해를 돕는다.

넷째, 탐색적 조사연구는 탐색 자체에 목적을 두지 않고 조사연구하고자 하는 문제의 성격을 파악하여 가설설정의 기초 자료를 제공한다.

2) 실천적 목적

사회복지조사연구의 실천적인 목적으로 사회복지실천 현장에서 문제의 파악, 정책 문제해결 위한 정책수립 및 개입, 정책수행 및 개입결과의 평가까지 광범위하게 사용된다. 즉, 사회복지와 관련된 실천적인 문제해결을 위한 해답 또는 대안을 찾기 위한 목적이다. 첫째, 사회복지와 관련된 근본적인 쟁점들을 파악하여 사회적 변혁을 추구하는데 기여한다. 즉, 사회복지조사연구가 실천적 사회운동의 수단으로 사용된다.

둘째, 사회복지와 관련된 문제해결을 위한 단서를 제공한다. 즉, 사회복지와 관련된 문제의 개혁보다는 현상유지를 위한 대안을 제공하는데 있다.

좀더 구체적으로 첫째, 사회복지현장에서 발생하는 사회문제 중 정책수립 아젠다를 형성하기 위한 기초 자료를 제공한다.

둘째, 사회복지서비스 제공과정과 관련된 문제해결 또는 개선을 위한 과학적 자료를 제공한다.

셋째, 클라이언트의 욕구만족과 문제 해결을 위한 서비스 내용의 개선을 위한 합리적인 자료를 제공한다.

3. 사회복지조사연구의 필요성 및 중요성

급격한 사회변화의 결과에 의하여 발생하는 사회문제의 해결을 위한 사회복지실천은 아직 충분히 검증을 받지 않은 개입과 절차로 주로 이루어질 수밖에 없는 것이 현실이다. 기존의 사회과학과 응용사회과학 지식으로 설명이 가능하던 현상과 사건이 사회복지 현장에서 한계를 보이곤 한다. 이러한 한계를 극복하기 위한 대안적 지식의 개발 또는 지식의 확장이 사회복지조사연구에 의하여 이루어질 수 있다.

객관성이 담보된 사회복지 실천의 개입과 절차의 검증은 오랜 시간이 요구된다. 또한 객관성이 담보된 실천 개입과 절차일지라도 유사한 문제/욕구 해결이 필요한 클라이언트마다 개별적인 특성의 다양성에 의하여 일괄적으로 적용하기가 쉽지 않다. 또한 사회복지와 관련된 현상 또는 사건이 복잡하게 나타나고 있고 이러한 현상과 사건의 분석과 해석이 각자의 관점에 따라 다르고, 다른 해결방안을 제시하곤 한다. 사회복지조사연구를 통하여 객관적이고 일반화가 가능한 결과를 도출함으로써 이러한 약점을 보완할 수 있다. 때문에 사회복지전문가들에게 다양한 케이스에 대한 타인의 조사연구의 결과를 비판적 그리고 차별적으로 활용할 수 있는 능력이 요구된다.

직접적인 사회복지조사연구의 수행 또는 타인의 조사연구 결과의 활용은 클라이언트에게 최선의 서비스를 제공하기 위해 가능한 모든 것을 자신이 할 수 있다는 자신감을 통한 전문가로서의 직업 만족도를 증진시킬 수 있다. 즉, 사회복지현장에서 사회복지전문가로서 과학적 지식을 기반으로 하는 개입과 실천은 사회복지조사연구의 활용을 통하여 이루어질 수 있다. 다른 한편으로 사회복지분야의 전문가들은 다른 분야의 전문가와는 다르게 공적으로 조성된 사회적 자원을 필요한 사람들을 위하여 할당한다. 때문에 다른 전문직에 비하여 강력한 직무의 책임성이 강조된다. 즉, 사회복지전문가의 사회적 책임구현을 위한 객관적/과학적 방법을 통한 서비스의 실행과 검증이 필수적이다.

4. 사회복지조사연구의 한계와 윤리

1) 사회복지조사연구의 한계

응용사회과학으로서 사회복지조사연구는 사회과학이 가지는 일반적인 특징을 공유하고 있으나 사회과학적인 조사연구방법론의 입장에서 사회복지조사연구에 대한 한계를 지적하곤 한다.

첫째, 인간을 대상으로 이루어지는 사회복지분야에서의 조사연구방법은 일정한 한계를 가질 수밖에 없다. 과학적인 방법인 사회복지조사연구는 조사연구결과의 객관화와 일반화가 매우 중요한 요소이다. 때문에 일반적으로 자료분석(통계)을 적용하여 결과의 객관화를 위한 신뢰도와 타당도를 검정하게 된다. 일반적으로 일반화와 객관화를 위하여 적용되는 95%의 신뢰도가 조사대상인 사람에게 적용된다는 사실이다. 나머지 5%도 인간으로서 매우 중요한 의미를 갖고 있다고 할 수 있으나 통계적으로 무시를 당할 수밖에 없다.

둘째, 사회복지조사연구의 특성상 일부의 계층 또는 소수의 특정 대상자를 대상으로 조사연구가 이루어지는 경우가 일반적이다. 일부의 계층 또는 소수의 대상으로 이루어지는 연구의 일반화와 객관화 가능성에 의문이 제기되곤 한다.

셋째, 사회복지분야에서 필요로 하는 지식이 '전문적 가치'에 기반을 둘 것인지 '과학적 방법론'에 기초할 것인지의 대립이다. 최근에 과학적 조사방법에 기초한 전문지식의 개발의 중요성이 강조되고 있기는 하나 여전히 규범적 지식이 필요하고 강조되고 있다. 윤리적/규범성이 강조되는 한 과학적 방법론에 대하여 한계가 있을 수밖에 없다. 왜냐하면 과학적 지식도 중요하지만 실질적으로 사용할 수 있는 실천지식이 중요하기 때문이다.

2) 사회복지조사연구의 윤리

사회복지조사연구는 인간을 대상으로 이루어지는 일련의 과정이다. 때문에 이러한 과정 속에서 필연적으로 윤리적인 이슈 또는 문제가 대두하게 될 수밖에 없다.

게다가 1990년대 이후 인간의 권리 또는 윤리가 강조되는 시대적인 조류에 따라 사회복지와 관련하여 윤리헌장뿐만 아니라 인권보호를 위한 법적/제도적 장치가 구비되고 있고 사회복지조사연구도 이러한 영향을 받을 수밖에 없는 것이 현실이다.

그러나 사회복지조사연구에서 윤리적인 문제에 대한 판단기준이 마련되기가 쉽지 않다. 최근 생명공학연구와 관련하여 국가적 차원에서 윤리위원회가 구성되어 운영되고 있기는 하지만 사회복지조사연구와 관련하여 이러한 제도는 마련되어 있지 않다.

사회복지조사연구는 사회복지와 관련하여 학문적 차원과 실천적 차원에서 다양하게 이루어지고 있다. 윤리적인 문제는 두 차원에서 이루어지는 조사연구의 과정 즉, 연구주제의 선정과 관찰 및 자료수집 과정 등에서 공히 직면하게 된다.

(1) 조사연구주제의 선정

사회복지조사연구를 위한 주제 선정 시 분야별 또는 개인적, 집단적 또는 사회적인 차원에서 이루어지며 다양한 차원에서 다양한 윤리 문제에 직면하게 된다. 사회복지분야별 측면에서 다른 분야에 비하여 정신건강서비스 관련 조사연구의 주제선정 시 윤리적인 문제의 제약이 많이 있어 왔다. 예를 들어 마약의 효과에 관한 실험연구, 정신장애인의 성에 관한 연구 등이 있다.

개인, 집단 또는 사회적 차원의 조사연구의 주제 선정 시에도 윤리적인 문제에 직면하게 되는데 예를 들어 개인적인 차원에서 자살실패가 개인의 절망감, 집단 또는 가족적인 차원에서 안락사가 가족 경제에 미치는 영향, 사회적인 차원에서 인종에 따른 지적 능력의 차이 등을 들 수 있다.

(2) 관찰 및 자료수집의 과정

사회복지조사연구의 관찰 및 자료수집 과정에서 장소에 따라 윤리적인 문제가 발생할 수 있다. 예를 들면 정신병동 그리고 교도소 등과 같이 폐쇄적이고 자율적인 의사결정이 어려운 장소에서의 조사연구는 필연적으로 윤리적인 문제가 발생할 수밖에 없다.

사회복지조사연구의 설계에 따른 윤리적인 문제는 특히 순수실험설계를 사용할 경우 발생하게 된다. 실험설계 시 실험집단과 통제집단으로 분류하게 되는데 이들 집단들이 실험의 직접적인 대상이 되는데서 윤리적인 문제가 발생할 수밖에 없다.

사회복지조사연구의 대상자 선정에 따른 윤리적인 문제는 연구주제의 선정과 밀접하게 관련이 되어 있다. 예를 들면 동성애자, 저소득층, AIDS 환자들에 관한 연구는 윤리적인 문제를 일으킬 가능성이 크다.

(3) 조사연구결과의 분석과 보고

사회복지조사연구의 결과분석 및 보고의 윤리적인 문제는 연구대상자들과 관련된 문제라기보다는 연구자 자신과 관련된 문제이다.

초보 연구자들이 흔히 빠지게 되는 오류 중의 하나가 연구결과는 긍정적이어야 한다는 것이다. 긍정적인 결과가 아닐지라도 연구결과 자체만으로도 연구의 성과로 인정받을 수 있기 때문이다. 예를 들어 연구자가 세운 가설을 검증한 결과 연구가설이 기각되고 대안가설이 받아들여진다고 해도 그 자체로 연구의 가치가 있다고 볼 수 있다.

또한 사회복지분야의 전문가가 매우 정밀하고 엄격한 조사연구를 실시한다고 할지라도 조사연구의 내용적·기술적인 약점을 갖게 된다. 이러한 약점들이 드러나는 것은 당연한 것이며 후속연구자 또는 독자들을 위하여 논문/보고서에 기술해야 한다.

(4) 기타

① 비밀보장

비밀보장은 사생활 권리보장과 밀접하게 관련되어 있으며, 사회복지조사연구의 과정에서 얻어진 모든 정보는 조사연구의 목적 이외에는 공개하지 않는 것을 말한다. 사회복지조사연구자는 조사연구의 주제에 따라 개인, 집단/가족 또는 사회적인 비밀을 접하고 얻게 된다. 예를 들면 노인개인에 관한 조사연구에서 노인의 질병력, 가족에 관한 연구 등이 있다.

비밀보장 중에서 조사 대상자의 익명성 유지는 매우 중요하다. 익명성이란 조사연구의 결과가 공개되더라도 조사대상자의 이름이 확인되지 않는 것을 의미한다. 과도하게 익명성의 확보가 요구하게 되면 추가조사 또는 추적조사를 어렵게 한다. 때문에 조사연구의 편의와 익명성의 확보를 동시에 이루기 위하여 질적연구에서는 연구자만 알 수 있도록 조사대상자를 가명 또는 이니셜로 표시하게 되며, 양적연구에서는 설문지에 번호 또는 기호로 표시하여 정보를 수집한다.

② 고지된 동의

어떠한 상황이든 사회복지조사연구를 진행하기 위하여 조사 대상자로부터의 고지된 동의는 기본적인 절차이다. 고지된 동의란 잠정적인 조사 대상자에게 미리 본인이 잠정적 조사 대상자임을 고지하고 조사에 참여할 것인지 동의를 얻는 것을 의미한다.

특히 잠정적 조사대상자로부터 이러저러한 이유에서 고지된 동의를 얻을 수 없을 때는 보호자 또는 후견인을 통하여 고지된 동의를 얻어야 한다. 고지된 동의는 잠정적 조사 대상자의 합리적인 판단능력과 조사에 대한 충분한 정보를 바탕으로 조사와 관련된 자신의 결정을 스스로 책임질 수 있는 자발성이 요구되어지며, 이것은 잠정적 조사대상자가 조사연구의 환경 및 절차뿐만 아니라 많은 것에 대하여 이해를 전제로 한다.

③ 조사연구 대상자 속이기

사회복지조사연구의 주제와 방법에 따라 연구자는 본인의 신분을 속일 경우가 발생한다. 특히 참여관찰의 경우 자연스런 관찰 환경에서 일반화되고 객관화된 자료를 얻기 위하여 연구 대상자(들)를 속이는 경우가 있다. 예를 들면 교도소 수감자들의 생활 행태에 관한 연구를 위하여 연구자는 자신의 신분을 속이고 일정 기간 동안 수감자들과 교도소에서 생활을 할 수 있을 것이다.

5. 사회복지조사연구의 역사

사회복지조사연구의 시초는 고대에 호구조사와 토지조사에 사용하기 시작하였다. 이러한 형태는 전체 인구 또는 전체 가구를 대상으로 실시되었다.

그 이후 자본주의 형성과 발달 영향에 영향을 받아 왔으며 산업혁명 이후에 급격한 발달을 가져왔다. 사회복지조사연구에서 의미 있는 결과는 하워드(John Howard, 1726-1790)에 의하여 실시된 영국과 유럽의 형무소 실태 비교연구라고 할 수 있다.

사회복지조사연구에 통계적(자료 분석) 방법이 시작된 것은 콤트(Comte)가 실증주의를 표방했던 19세기 중반 이후이다. 이러한 경향이 사회복지조사연구에 영향을 미친 것은 부스(Charles Booth, 1840-1916)가 런던시민의 생활 조사에 표본 추출 기법과 가족단위 조사를 도입하게 되었다. 그러나 통계를 이용한 과학적 방법의 중요성이 인정되기 시작된 시기는 20세기 이후 신실증주의의 출현 이후이다. 신실증주의는 개념의 정의를 통한 조직화를 강조하였다.

또한 이러한 과학적 방법이 집단대상 연구가 아닌 개인대상/개별적 사례연구에서도 적용할 가능성에 대하여 보여준 조사연구는 리치몬드(M. Richmond, 1917)의 사회진단(social diagnosis)이다. 이것은 사실에 대한 구체적인 자료수집은 가설을 설정을 위한 기초가 되고 검증과정을 거쳐 과학적인 문제해결에 도움이 된다는 것을 보여주었다.

20세기에 들어서면서 구체화도기 시작한 사회복지조사연구는 빈곤을 중심을 공공주택과 노동문제 등으로 영역이 확대되었고 지역사회의 욕구를 사회화하는 데 일익을 담당하였다. 이러한 경향의 대표적인 예로는 1920년대에 라운트리(B. S. Rowntree)는 빈곤문제와 도시생활연구로 빈곤선 제시(최저 임금제 확립)를 제시함으로써 사회복지조사를 통한 연구를 정책에 입안하는 쾌거를 이루었다.

한편 미국에서 사회복지조사연구의 체계적인 적용은 피츠버그(Pittsburgh)에서에서 켈로그(P. Kellog, 1908)를 중심으로 진행된 도시화와 공업화의 영향에 대한 공동체에 연구이다. 그 이후 사회복지분야에서의 조사연구가 급격하게 발전되었고 미국전역으로 확산되었다. 1920년대에 들어서면서 사회복지조사연구가 개별사회사업에 적용되기 시작되었으나 본격적으로 적용된 것은 1940년 이후이다.

일반적으로 제2차 세계대전을 전후하여 통계적방법이 본격적으로 도입되었고 표본추출, 태도조사 등의 다양한 사회복지조사연구 방법이 개발되었다. 컴퓨터가 개발된 1960년대 이후에는 다양한 통계방법이 개발되어 사회복지조사연구에서도 복잡한 사회복지관련 현상과 사건을 다룰 수 있게 되었다.

한국에서는 1950년대 사회복지조사연구가 시작되었고 1960년대 이후 사회복지조사연구의 중요성이 강조되었다. 사회복지가 본격적으로 발달하기 시작한 1970년대 이후에 사회복지조사연구도 급격한 발달과 폭넓은 이용을 강조하는 경향은 지금까지 지속하고 있다.

최근에는 사회복지조사연구가 대학의 필수 교과목으로 채택되었고, 사회복지사 1급 자격 취득을 위한 국가고사 시험과목으로 채택되었다.

제 2 절 사회복지조사연구의 분류

사회복지조사연구는 여러 가지 방법에 의하여 분류되나 일반적으로 목적, 장소, 방법, 시간에 따라 분류된다.

1. 조사연구의 목적에 따른 분류

1) 탐색

사회복지와 관련된 관심 주제에 대한 기존의 연구 결과물이 없을 때 예비 조사연구의 목적으로 이용된다. 주제나 상황에 대한 제한된 범위에서 조사연구가 이루어지는 것이 일반적이다.

예를 들어 공적노인장기요양보험과 관련한 연구에 관심이 있으나 2005년 공식적인 공적노인요양보험의 시범사업이 진행되기 전까지 사회복지분야에서 이와 관련된 연구가 거의 진행되지 않았으며 단지 몇몇의 선진국에서 발행되는 외국문헌에서나 찾아볼 수 있었다. 공적노인장기요양과 관련된 정책을 개발하기 위하여 공적노인장기요양의 잠재적 대상자들에 대한 일상생활 능력뿐만 아니라 도구적 일상생활 능력 등을 포함한 기초조사가 한국보건사회연구원에서 이루어졌다. 이러한 연구 형태가 곧 탐색목적의 조사연구가 된다. 또한 조사연구의 주제가 비교적 새로운 것이든지 새로운 통찰을 얻기 위한 목적이다. 때문에 조사연구에 대한 아이디어나 현황파악의 수준이 머물게 된다. 즉, 연구문제의 정교화를 추구하는 문제형성 조사연구가 여기에 속한다.

예를 들어 '유비퀘터스 케어(ubiquitous care)에서 사회복지사의 역할'에 관한 연구를 시도한다면 사회복지분야에서 새로운 서비스제공 메커니즘이기 때문에 탐색적 연구를 통하여 유비퀘터스 케어에 대한 현황 파악수준에서 이루어질 것이다.

사회복지조사연구의 구체적인 탐색적인 목적은 다음과 같다.

첫째, 개념을 보다 명확히 하고 상황에 따른 변수들의 관계에 대한 통찰하기 위함이다.

둘째, 조사연구를 위한 절차와 행위를 구체화하여 연구의 우선순위를 정하기 위함이다.

셋째, 본 조사연구를 위한 관련 정보를 수집하기 위함이다.

일반적으로 탐색목적의 조사연구는 연구문제에 대한 해답을 암시하고 이러한 해답을 찾기 위한 조사연구방법이 결정적인 역할을 할 것인지에 대한 시사점을 제공한다. 때문에 탐색적 목적의 사회복지조사연구는 양적연구보다는 소수의 사례를 중심으로 하는 질적조사연구에 의존하는 경우가 많으며, 이론이나 가설이 제시되는 경우가 거의 없다. 이러한 방법론상의 탐색목적의 한계는 연구문제에 대한 적절한 해답을 줄 수 없다는 점과 함께 연구문제 해결을 위한 조사 대상이 적절하게 모집단을 대표할 수 없다는 단점으로 나타나게 된다.

탐색적 조사연구의 종류로는 문헌조사, 전문가 의견조사, 표적 집단면접, 사례조사 등이 있다.

2) 기술

기술적 목적의 사회복지조사연구는 어떠한 현상 대한 원인 파악보다는 특성을 파악/기술하고 변수들 반응의 예측하여 설명을 위한 자료수집을 위한 연구이다.

기술목적의 조사연구의 대표적인 예를 들면 여론조사가 될 수 있으며 어떠한 현상을 관찰. 기술하여 논리를 전개하게 됨으로 귀납적인 방법이 도입되는 경우가 많다.

어떤 현상 또는 사건의 정확한 측정을 근거로 한층 더 정교한 인과관계의 분석/기술이나 가설 검증을 위한 기초연구의 목적이다. 즉, 기술목적의 조사연구에서 가설 검증이 시도 된다면 주된 목적이 아닌 부수적인 목적이 될 수 있다. 예를 들면 사회복지의 실태에 대한 조사연구가 여기에 속한다. 때문에 기술목적의 조사연구는 현상이나 특성을 관찰한 그대로 서술하는데 주안점을 둔다. 기술적 목적의 연구를 위하여 문헌에 대한 선행연구가 일반적으로 이루어지며 다음으로는 현상에 대한 체계적인 관찰 및 기록, 분석 순으로 이루어진다. 예를 들어 '사회복지사의 직무만족도'에 관한 연구에서 사회복지사들이 직무에 만족하는 빈도, 퍼센트, 평균 정도만 제시하고 만족/불만족의 이유에 대하여는 분석하지 않는다.

기술적 조사연구의 목적은 다음과 같다.

첫째, 현상에 대한 특성파악과 현상의 발생빈도를 조사하는 횡단현황 파악이다.

둘째, 관련 상황에 대한 종단적 예측을 위함이다.

셋째, 관련 변수들 사이의 상호관련 정도의 상관관계 파악에 있다.

기술은 어떠한 현상/변인에 대하여 구체적으로 명시하는 것으로 기술의 종류에는 구조에 관한 기술, 과정에 대한 기술, 기능에 대한 기술로 나누어진다.

3) 설명

설명은 실험적 조사연구를 통하여 변수간의 인과 관계를 밝히는 학술 조사연구를 위한 것이다. 설명적 목적의 사회복지조사연구는 어떠한 현상에 대한 의문 '왜'에 대한 해답을 찾기 위한 목적이다. 때문에 설명적 목적의 조사연구를 위하여 어떠한 현상의 인과관계 분석을 통하여 가설을 설정하고, 실험 또는 조사를 통하여 가설을 과학적으로 검증하게 됨으로 연역적 접근을 시도하게 된다. 여기서 실험이란 독립변인을 조작하여 종속변인의 변화과정과 정도의 관찰을 통하여 검증하게 된다. 검증의 결과는 통계적 유의정도에 의하여 참과 거짓에 대한 잠정적 결론을 도출하고 논의를 통하여 인과관계를 설명하게 된다.

이러한 과정을 통하여 유사한 현상에 대한 인과관계가 검증되고 검증의 결과는 거시적 지식구조에 편입되어 또 다른 가설, 모델 또는 기초이론으로 구축된다. 예를 들어 "왜 한국은 세계 1위의 저출산국 인가?" "왜 한국사회는 이혼율이 점점 높아지는가?"라는 의문에서 시작해서 해답을 찾기 위하여 과학적인 방법을 동원하면서 설명적 목적의 연구는 시작된다.

설명적 조사연구방법은 일반적으로 실험연구가 일반적이며 교차분석, 분산분석, 회귀분석과 같은 추리통계가 주로 이용된다.

4) 예측

예측목적의 조사연구는 어떠한 현상에 대하여 과학적으로 분석되어진 인과관계를 근거로 현상의 변화를 서술하는 것이다. 즉, 현재의 기술적 연구결과 또는 실험적 연구결과를 바탕으로 미래를 예측할 수 있다. 대표적인 예로 욕구조사를 통하여 미래의 욕구변화를 예측할 수 있다.

예측을 목적으로 하는 조사연구의 주요 관심사는 예측의 정확성이다. 예측의 정확성을 담보하기 위해서는 정밀한 이론의 구성과 정확한 통제를 통한 과학적인 실험적 접근이 이루어져야 한다.

예측목적의 조사연구방법은 가설검증연구가 있으며 주로 회귀분석이 이루어진다.

5) 통제

어떠한 현상은 설명과 예측의 정확성이 담보된 이론으로 통제가 가능하게 된다. 이러한 이론은 현상에 영향을 주고/받는 인과관계에 대하여 설명할 수 있기 때문이다. 인과관계에 대한 정확한 파악은 인과관계에 관련된 요인을 통제할 수 있다는 것을 의미한다.

예를 들어 저출산 현상의 문제를 해결하기 위하여 이러한 문제에 영향을 주는 요인들을 파악/예측하여 통제함으로써 저출산 문제를 완화할 수 있다.

조사연구방법으로는 가설검증 또는 설명연구가 이에 속하며 요인분석, 경로분석 등이 이용된다.

2. 조사연구의 장소에 따른 분류

1) 현지조사연구

(1) 서베이(실태) 조사연구

서베이 조사연구는 연구주제와 관련된 모집단에서 표본을 추출하여 조사한 후 자료분석 방법을 이용하는 양적 조사방법이다. 조사연구방법으로는 면접, 전화, 우편조사 등을 사용한다. 서베이 조사연구의 장단점은 다음과 같다.

장점으로는 첫째, 적은 비용으로 양질의 자료 확보가 가능하다. 둘째, 표본조사를 이용하여 오히려 전수조사보다 정확한 자료를 얻을 수 있다. 셋째, 다양한 주제에 대한 조사연구가 가능하며 대규모 모집단에서 표집이 이루어짐으로 연구결과의 일반화와 객관화가 용이하다.

단점으로는 첫째, 표본을 통한 자료가 비교적 정확하다 할 수 있으나 표집오차의 한계를 극복하기 힘들다. 둘째, 조사연구방법의 특성상 연구주제에 대하여 심도 깊은 접근이 쉽지 않으며 조사에 대한 연구자의 많은 경험이 요구되어진다.

(2) 사례조사연구

연구주제와 관련된 어떠한 현상에 대하여 가능한 한 다각도에서 종합적으로 접근하는 조사연구방법이다. 사례조사연구의 장·단점은 다음과 같다.

장점으로는 첫째, 생활사연구와 같은 예비조사연구에 유용하다.

둘째, 포괄적인 인과관계 파악의 파악으로 문제의 원인이 심도 깊게 밝힐 수 있다. 따라서 가설검증일 경우 신뢰도가 높은 결과를 얻을 수 있다.

단점으로는 첫째, 연구주제와 관련된 변수의 심도 깊은 관찰이 가능하나 그 폭이 한정적이어서 연구결과의 학술적 일반화에 한계가 있다. 둘째, 다른 사례와 비교가 어려워 연구대상의 대표성의 한계와 연구에 이용된 자료의 신뢰성 검증하는 데 어려움이 있다.

2) 실험 조사연구

(1) 현장실험 조사연구

사회과학에서 현장실험 조사연구는 일상생활 속에서 조사자가 독립변수의 조작을 통하여 종속변수의 변화를 확인하여 조사연구의 목적을 달성하기 위한 방법이다. 현장실험 조사연구에서 독립변수의 조작의 정밀성은 현지(서베이)조사보다는 높다고 할 수 있으나, 실험실 실험보다는 낮다고 할 수 있다.

장점으로는 첫째, 현장실험 조사연구는 현실상황에서 조사연구가 이루어짐으로 이론과 현실에서 오는 차이가 줄어들어 일반화, 객관화가 용이하다. 둘째, 구체적 사실에서 검증이 이루어지기 때문에 현장조사연구에서의 가설 검증력은 신뢰도가 높다.

단점으로는 첫째, 연구를 위한 대상자의 동의를 얻기가 쉽지 않고 동의를 얻었다고 할지라도 대상자의 연구에 대한 참여 태도에 따라 연구결과가 달라질 수 있다. 둘째, 연구자는 연구문제와 관련한 다양한 외생변수에 대한 지식을 가지고 있어야 한다. 현장연구의 결과는 내·외적 타당도 저해요인들에 의하여 많은 영향을 받기 때문이다.

(2) 실험실 실험조사연구

일반적으로 실험실 실험조사연구는 자연과학에서 많이 이용하며 사회과학 분야에서의 이용은 한계가 있다. 실험실 실험조사연구는 일상생활에서 엄격히 분리하여 실험실에서 이루어지게 된다. 때문에 인과 관계에 의한 가설 검증이나 변수의 조작과 영향에 관한 연구에서 주로 이용한다.

장점으로는 첫째, 독립변수에 영향을 주는 통제변수의 완벽에 가까운 통제가 가능하다. 둘째, 조사연구 대상자의 무작위 추출과 독립변수의 조작이 가능하여 실험의 정밀성이 높고 반복실험 가능성이 높다.

단점으로는 실험실 실험조사연구는 상황이 인위적이어서 현실 적응력이 떨어진다. 둘째, 실험실 실험조사연구는 정밀성과 통계적 결과에 집중되어 외생변수에 대한 부수적인 정보를 얻을 수 없다.

3. 조사연구의 방법에 따른 분류

1) 양적조사연구

양적 조사연구는 사용하는 자료가 계량적, 집합적, 통계적인 자료분석을 요구하게 된다. 즉, 양적조사연구는 통계분석을 이용한 접근방법으로 객관적 그리고 결과 지향적으로 일반화 가능, 안정적 현상 가정, 대규모 연구, 신뢰성 있는 연구라고 할 수 있다.

사회현상과 인간관계를 연구하는 사회복지에 대한 연구가 수량화하기 어려운 주제가 있는 경우가 있으며, 수량화가 가능할지라도 절차와 결과의 오류를 피할 수 없다는 것이다.

2) 질적조사연구

질적조사연구는 계량에 초점이 아닌 주관적 해석학/현상학적인 접근을 시도하게 된다.

질적조사연구는 주로 주관적/과정 지향적임으로 조사연구 결과의 일반화에 어려움을 겪게 된다. 이러한 질적 조사연구는 비통제적, 총체론적 접근, 소규모 자료분석에 유리하다.

4. 조사연구의 시간에 따른 분류

1) 종단적 조사연구

종단적 조사연구(longitudinal study)는 동일표본을 대상으로 장기간 일정간격을 두고 조사연구를 하여 시간의 변화에 따른 반응을 적어도 2번 이상의 관찰/조사하는 형태이다. 종단적 조사연구는 횡단적 조사연구에 비하여 시간과 경제적인 비용이 많이 소요되지만 연구결과의 논리적 설득력이 횡단적 조사연구에 비하여 높을 수밖에 없다.

종단적 조사연구는 패널조사연구, 추세조사연구, 코호트조사연구 형태로 이루어진다.

첫째, 패널조사연구는 특정 사람들을 패널로 정하고 특정 동일인에 대해 지속적 조사연구를 하는 방법으로 유형에는 지속패널, 임시패널, 고정패널, 다목적 패널이 있다. 장점으로는 추가적 자료획득이 쉽고 정확한 변화분석과 여러 번 조사가 가능하다. 그러나 단점으로는 대표성 확보의 어려움, 패널 관리의 어려움, 정보의 유연성 적음, 부정확한 자료 등이 지적된다.

둘째, 추세조사연구는 시간에 따른 어느 변수가 변화하는지 관찰하여 타임 시리즈라고도 한다. 어떠한 조사연구 대상에 대하여 같은 정보를 얻기 위하여 2번 이상 자료를 수집하여 분석한다. 추세조사연구의 유형으로는 브레인스토밍(brain storming)과 델파이 방법 등이 있다.

셋째, 코호트조사연구는 동년배집단조사라고도 하며 시간의 경과에 따라 특정집단의 변화를 관찰하는 기법으로 동기생의 경험연구와 같이 일정기간 동안 한정된 모집단에 대한 연구가 다른 종단적 조사연구와의 차이점이다. 코호트조사연구는 일정 공통범위 안에 포함된 집단을 조사연구 대상으로 한다.

예를 들어 같은 시기에 태어난 사람들의 자녀 교육관에 대하여 코호트 조사연구를 한다면 같은 시기란 5년 또는 10년 연령차이의 집단을 의미한다. 그러나 2006년에 노인종합복지관에 입사한 사회복지사의 노인에 관한 의식조사를 시도한다면 대상자는 2006년 당해년도에 입사한 사회복사사가 될 것이다.

장점으로는 시간의 경과에 따라 일목요연하게 정리할 수 있는 반면에, 단점으로는 장기가 시간이 소요되고 경비가 많이 들며 대상자 탈락과 테스트 효과로 연구결과의 타당도에 저해요인들이 개입될 수 있다.

2) 횡단적 조사연구

횡단적 조사연구(cross-sectional study)는 일정 시점을 기준으로 하여 관련변인에 대한 전수 또는 표본조사를 통한 광범위한 자료수집이 이루어지는 것을 말한다. 여기서 일정시점이란 짧게는 1~2일 길게는 수개월을 의미한다. 소수 집단의 관찰을 통한 횡단연구는 짧은 기간 내에 이루어질 수 있으나 인구 센서스와 같은 대규모의 서베이조사는 수개월의 시간이 소요될 수 있다.

횡단적 조사연구의 일반적 목적은 현황을 파악하여 기술하고 변수간의 상관파악에 있다. 현황파악을 위하여 일반적으로 설문조사, 전화조사, 방문조사 등이 이루어진다. 횡단적 조사연구의 유형은 아래와 같다.

첫째, 현장에 직접 방문하여 이루어지는 현지조사가 있으며 장점으로는 가장 현실적 연구가 이루어질 수 있고, 문제해결 목적에 유용하고, 새로운 사실 발견할 수 있으나 단점으로는 정밀성의 결여와 변수간의 관계진술이 미약함이 지적된다.

둘째, 우편, 전화 등으로 이루어지는 서베이 조사는 모집단의 특성파악이 주요한 목적이다. 장점으로는 정확도가 높고, 자료 범위가 넓어 풍부한 자료수집이 가능하나 단점으로는 시간과 비용이 많이 들고, 고도의 기술이 요구되며, 표본오차의 상존과 정보의 피상성이 제기되고 있다.

연 습 문 제

1. 사회복지조사연구를 정의하시오.

2. 사회복지조사연구의 목적을 설명하시오.

3. 사회복지조사연구의 필요성과 중요성을 설명하시오.

4. 사회복지조사연구의 한계를 설명하시오.

5. 사회복지조사연구의 윤리적 한계를 설명하시오.

6. 사회복지조사연구의 분류체계를 설명하시오.

7. 사회복지조사연구를 목적에 따른 분류를 설명하시오.

8. 사회복지조사연구를 장소에 따라 분류하시오.

9. 사회복지조사연구를 방법에 따라 분류하시오.

10. 사회복지조사연구를 시간에 따라 분류하시오.

제4장

사회복지조사연구의 과정

제 1 절 조사연구의 단계

1. 제 1 단계 : 문제정립 및 주제선정

조사연구의 첫 번째 단계는 문제를 제기하는 것이다. 조사연구의 결과는 이 단계에서 설정된 문제제기에 대한 해답인 것이다.

문제가 제기되면 그 문제를 어떠한 방향에서 다룰 것인지 정립하기 위하여 연구의 주제를 분명히 하고, 개념의 구체화, 조작적 정의 등을 통하여 연구목적에 합당하게 연구문제 또는 가설을 구체화 한다. 이러한 구체화를 위하여 이론적 고찰도 동시에 이루어지게 된다.

연구주제는 다양한 경로를 통하여 아이디어를 얻게 된다. 연구자는 평소의 흥미나 관심이 있는 주제를 선택하는 것이 일반적이다. 연구를 위해서는 주제와 관련하여 어느 정도 기초지식이 요구되기 때문이다.

연구주제는 좀더 구체적이고 깊이가 있는 문제에 초점을 맞추고 목적에 따라 학문성 또는 실천성 등을 고려하여 선정한다.

2. 제 2 단계 : 조사연구설계

연구주제가 정해지면 조사연구 설계단계로 들어간다. 조사연구 설계는 연구의 목적을 적절히 수행하기 위한 조사연구의 청사진이라고 할 수 있다.

조사연구 설계단계에서는 연구문제의 진술, 가설설정, 조사설계, 자료처리 및 분석, 보고서 작성까지 포괄해야 한다.

조사연구 설계단계에서 연구문제 또는 가설을 진술하게 된다. 연구문제 또는 가설의 설정은 연구의 목적에 합당한 변수를 선택하여 이루어지게 되는데 변수의 종류에 따라 분석방법이 달라짐으로 통계에 대한 기초지식이 요구된다.

또한 이 단계에서는 자료를 수집하기 위한 전략적인 과정을 강조하게 된다. 조사연구의 현실적인 가능성을 판단하고, 조사연구대상의 접근성, 표본추출 방법의 적용 가능성, 문제해결을 위한 가장 적격한 연구디자인과 자료수집 방법, 자료분석 방법 등을 결정한다.

다시 말해 전체적인 연구수행을 적절한 통제가 가능하도록 조사연구 모형과 분석 모형을 제시할 수 있을 정도로 구체적이어야 한다. 좀더 구체적으로 조사연구설계의 주요한 내용인 연구문제의 진술, 가설설정, 조사설계, 측정도구의 개발은 다음과 같다.

1) 조사연구문제의 진술

조사연구를 위한 주제가 선정되면 조사연구문제를 구체적인 의문문 형태로 진술해야 한다. 예를 들어 "노인의 경제적 지위와 노인학대는 상관관계가 있는가?" "저출산은 고령화 사회에 어떠한 영향을 줄 것인가?"

이렇게 진술된 조사연구문제의 구체화를 위하여 예비조사인 문헌조사, 전문가 면접조사 등을 실시하고 이론적인 체계와의 연관성에 대하여 고찰하게 된다.

흔히들 양적 조사연구가 아닌 질적조사연구에서는 연구문제의 진술이 불필요하다고 생각하는 사람도 있다. 물론 질적조사연구에서는 변수와 변수간의 관계에 대한 구체적인 의문을 제기할 수 없는 경우도 있지만 조사연구가 진행되면서 조사연구문제를 구체화시킬 필요가 있다.

2) 가설 설정

사회복지조사연구를 수행하면서 가설은 조사연구의 목적에 따라 설정될 수도 있고 되지 않을 수도 있다. 조사연구의 목적인 탐색적 연구, 기술적 연구, 설명적 연구 중 탐색적 연구와 기술적 연구는 가설을 설정할 필요가 없는 경우가 대부분이다. 반면에 설명적 연구는 변수들의 관계를 규명하여 설명하려 하기 때문에 가설을 설정하게 된다. 특히 양적 조사연구에서 설명적 연구는 반드시 가설을 설정해야 한다. 그러나 귀납적 접근이 대부분인 질적조사연구의 설명적 연구는 반드시 가설을 설정할 필요가 없고 조사연구과정에서 가설이 설정되기도 한다.

가설은 의문문으로 진술하는 경우도 있으나 대부분 평서문으로 진술하게 된다. 예를 들어 청년실업의 증가는 청년범죄율을 증가시킬 것이다. 노인의 신체적 의존율이 높으면 높을수록 학대를 당하는 빈도는 높을 것이다.

3) 조사연구실험설계

연구주제가 가치가 있다 할지라도 시간적, 공간적, 경제적 등등의 많은 요인들이 또는 요인들 중의 하나가 조사연구에 방해가 되어서는 좋은 결과를 낼 수가 없다. 여기에서 의미하는 조사연구설계는 협의 수준이며, 가설을 검증하는데 있어서 동원되는 여러 방법들에 대한 설계를 의미한다. 즉, 표집대상, 표집크기, 표집방법, 측정수준, 실험설계 유형, 자료수집 방법 등이 포함된다.

4) 측정도구 개발

조사연구문제 또는 조사연구가설이 설정되면 주요 변수들을 중심으로 조작적 정의가 이루어지고 조작적 정의에 맞게 측정도구 개발을 위한 지표를 설정하게 된다. 설정된 지표를 가지고 자료수집을 위한 설문내용, 즉 측정도구를 개발하게 된다. 측정도구는 매우 구체적이고 객관적이어야 하기 때문에 신뢰도와 타당도에 대한 검사를 하게 된다. 신뢰도 검사는 SPSS(사회과학을 위한 통계 팩키지)를 이용하여 알파 크롬바 검사를 하여 알파 값이 0.7 이상이면 사용해도 무관하다. 선행연구와 유사한 연구주제일 경우 선행연구의 측정도구를 수정하여 사용할 수도 있다.

3. 제 3 단계 : 자료수집

조사연구설계를 마친 다음에는 설계에 근거하여 실제 조사하고자 하는 현장을 방문하여 서베이와 관찰 등을 통하여 자료를 수집하게 된다. 자료수집은 주로 연구문제 또는 가설을 증명하기 위한 구체적인 정보를 수집하게 되며, 연구주제의 선정과 함께 조사연구에서 가장 중요한 과정 중의 하나이다.

자료수집은 과학적 조사연구를 통하여 이루어진 일차, 이차적인 광범위한 경험적 자료를 다루는데 국한하곤 한다. 문헌으로 구성된 이차자료일지라도 사변론적 이론이 아닌 연구자의 경험에 의한 연구결과이어야 한다.

조사연구에서 수집되는 자료는 1차 자료와 2차 자료로 분류된다. 1차 자료는 연구자가 면접, 우편 등을 이용하고 서베이를 통하여 현장에서 직접 수집된 자료를 의미하며, 2차 자료는 이미 다른 연구자에 의하여 조사연구가 이루어져 출판된 보고서, 간행물, 논문 등을 일컫는다.

4. 제 4 단계 : 자료의 정리 및 분석

자료수집이 완료되면 자료를 효과적으로 분석할 수 있도록 정리한다. 수량적 분석이 필요하면 자료를 부호화하여 SPSS 또는 SAS 프로그램에 코딩이 완료되면 자료를 분석할 수 있도록 한다. 즉, 코딩은 조사된 내용을 일정한 숫자를 부여하여 통계의 적용이 가능하도록 한다. 자료분석방법의 적용은 연구의 목적, 자료의 성격 등이 고려된다.

〈그림 4-1〉 조사연구의 과정

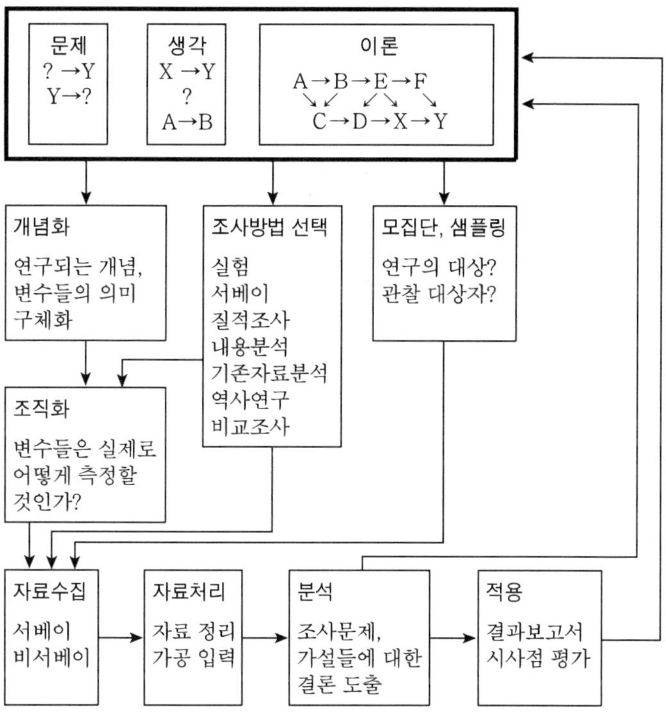

자료: 성숙진외 3인, 『사회복지조사론』, 나남출판사, p. 127 재구성.

5. 제5단계 : 결과해석

자료분석이 끝나면 조사목적, 연구문제, 가설, 이론과 관련성, 여러 변수들 간의 관계 등을 고려하여 결과를 해석한다. 연구문제 또는 가설의 진위를 판단하고, 결과의 일반화 가능성, 방법론상의 한계를 인지한 결론에 대한 한계 설정, 연구결과의 함의성 숙고 등이 이루어진다.

〈그림 4-2〉 조사연구의 절차

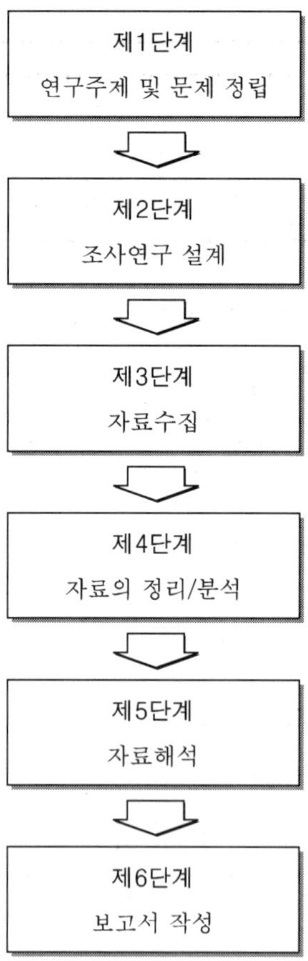

6. 제 6 단계 : 보고서 작성

조사연구의 방법과 과정, 수집된 자료의 성격, 분석결과 등을 보고서로 작성한다. 보고서는 제출기관에서 요구하는 양식에 맞게 작성한다.

제 2 절 조사연구의 계획

1. 조사연구계획의 필요성 및 목적

조사연구의 설계는 빌딩건축을 위한 설계도와 같은 기능을 하게 된다. 조사연구주제에 대한 기본적인 아이디어에서 시작하여 조사연구의 추진일정까지 전반적이고 구체적인 구조를 체계적으로 구성하는 작업으로 연구의 성패를 좌우한다고 볼 수 있다. 때문에 조사연구의 설계는 논리적으로 구성되어져야 하며 조사연구의 효율과 효과를 이끌어낼 수 있어야 한다.

조사연구계획의 목적은 한마디로 요약하면 연구문제에 대한 해답을 객관성, 정확성, 경제성, 그리고 타당성 있게 얻어내기 위함이다.

2. 조사연구계획의 범위 및 유형

조사연구의 설계는 단순히 자료수집, 분석 및 해석까지만 설계하는 미시적인 수준의 접근과 주제선정에서 결과해석까지 거시적인 수준의 접근으로 나누어진다. 거시적인 수준의 접근은 연구주제, 필요성, 목적, 가설을 포함하는 연구문제의 검토, 연구방법, 자료수집, 분석방법 등의 연구 분석틀의 구축, 그리고 연구의 신뢰성과 타당성, 객관성과 일반화

가능성에 대한 평가까지를 포함한다.

연구문제의 해답을 효과적으로 얻기 위한 조사연구의 설계는 연구목적 또는 상황에 따라 다를 수 있다. 목적에 따른 분류는 탐색적 조사연구설계, 기술적 조사연구설계, 설명적 조사연구설계 등이 있다.

3. 조사연구 계획의 내용

조사연구계획서는 조사연구가 시작되기 전에 효율적인 연구의 진행을 위하여 진행과정을 구체적으로 기술한 것이다.

1) 연구제목

연구제목은 전반적인 연구내용을 포괄하며 부제는 연구의 범위를 좁혀 핵심적인 내용을 포함한다. 연구제목은 종속변수를 중심으로 변수들 간의 관계성을 진술한다. 예를 들어 '노인의 학대 유형에 관한 연구'라면 종속변수인 학대 유형을 중심으로 변수들 간의 관계성에 대한 연구를 암시한다. 또한 부제로 '도시노인을 중심으로'를 붙였다면 연구의 범위가 도시지역으로 한정된다.

2) 연구의 필요성 및 목적(1~2page)

연구의 필요성 및 목적은 연구의 핵심부분으로 방향타 역할을 하게 된다. 연구의 필요성 또는 문제제기를 통하여 연구의 목적을 이끌어 내게 된다. 즉 연구의 목적은 연구의 필요성, 중요성 그리고 정당성 등을 내포하게 된다.

3) 연구의 동향(2~3page)

주요한 학술지의 선행연구를 통하여 국. 내외 연구 동향을 진술함으로써 본인이 진행하고자 하는 연구 주제가 다른 연구자들에 의하여 어느 정도 연구되어지고 있는지, 현재의 연구 동향과 일치하는지 등을 파악할 수 있다.

4) 연구방법(1/2~1page)

어떠한 방법으로 연구목적을 달성할 것인지에 대하여 구체적으로 진술한다. 선행연구를 통하여 개별 변수 또는 모형을 도표로 제시하고 가설을 서술한다.

또한 연구대상, 표집방법, 측정도구, 자료수집방법 그리고 자료분석방법 등이 포함된다.

5) 잠정목차(1/2~1page)

서론, 이론적 배경, 선행연구, 연구방법, 연구결과해석, 결론 순으로 정리한다.

6) 기대효과 및 활용방안(1/2page)

연구결과가 주는 거시·미시적인 측면의 기대효과와 활용방안 또는 학문적·실천적 측면의 기대효과 및 활용방안에 대하여 진술한다.

〈표 4-1〉 조사연구 추진일정의 예시

연구기간 : 2007. 10. 01 ~ 2008. 06. 30									
연구내용	1	2	3	4	5	6	7	8	9
문헌고찰 설문구성 예비조사 본조사 자료분석 결과해석 논문작성									

7) 주요참고문헌(1/2page)

논문에 인용될 주요한 문헌을 나열하여 진술한다. 참고문헌은 일정양식에 맞게 가, 나, 다 순 또는 알파벳 순으로 나열하며, 국내문헌을 먼저 나열하고 외국문헌을 후미에 나열한다.

8) 추진일정(1/2page)

연구환경을 고려하여 추진일정을 적절하게 안배한다. 예측하지 못하는 사건의 발생으로 연구 일정이 지연될 수 있으니 약간의 시간적인 여유를 두어 작성한다.

연 습 문 제

1. 조사연구의 단계를 제시하고 단계별 특성을 설명하시오.
2. 조사연구계획의 필요성을 설명하시오.
3. 조사연구계획의 목적을 설명하시오.
4. 조사연구계획의 범위와 유형을 설명하시오.
5. 스스로 조사연구계획을 세워 보시오.

제2부

사회복지조사연구의 설계

제5장

사회복지조사연구 주제, 문제와 가설

제 1 절 연구주제와 연구문제

1. 연구주제

1) 연구주제의 선정

연구주제의 선정은 사회복지조사연구의 공식적인 첫 번째 과정이다. 연구주제는 간단하게 주요 주제어를 개조 서술식 문장으로 진술한다. 예를 들면 "노인종합복지관 정보시스템의 효과성 분석"으로 진술했다면 주제어는 노인종합복지관, 정보시스템, 효과성이 될 것이다. "노인종합복지관의 근무환경이 이직 의사결정에 미치는 영향에 관한 연구"라면 주제어는 노인복지관, 근무환경, 이직 의사결정 등이 될 것이다.

연구주제가 너무 광범위하게 진술되면 부제를 달아 좀더 명확하게 주제의 범위를 좁히기도 한다. 예를 들면 "사회복지사의 직무 스트레스가 이직의도에 미치는 영향 : 노인종합복지관을 중심으로"와 같다.

일반적으로 연구주제 선정은 잠정적이며, 선정된 주제의 면밀한 검토를 통하여 연구할 가치가 있는지 결정하게 된다. 즉, 잠정적으로 정해진 연구주제는 연구문제 또는 가설로 발전되고 개념 또는 변수의 구체화와 명확화 과정에서 연구의 실현 가능성이 결정되게 된다.

연구주제는 연구자의 관심, 전공분야의 세부관심 분야, 연구 환경과 관련된 연구의 가능성 등 다양한 변수를 고려하여 선정하게 된다. 개인적 또는 전공적 관심이든지 연구주제 선정의 목적은 다음과 같다.

첫째, 사회복지분야의 이론적 발전을 위한 주제이다. 자신이 전공하는 사회복지분야에서 관심 있는 이론의 적용 또는 발전에 기여할 수 있다고 판단된다면 연구주제로 선정하게 된다. 예를 들어 사회복지분야에 게임이론(game theory)의 적용에 관한 연구 : 서비스 구매자와 공급자 분리시스템을 중심으로.

둘째, 사회문제 해결을 위한 주제이다. 사회복지분야에서의 연구주제 선정에 가장 영향을 주는 요인이다. 일반적으로 시대적 흐름 또는 경향을 반영하는 사회문제를 해결하기 위한 주제들이다. 예를 들면 최근 청년실업 해결을 위한 연구주제, 고령화 시대와 저출산 문제 등과 관련된 연구주제들이다.

셋째, 실용성 제고를 위한 주제이다. 일반적으로 사회복지현장에 활용될 수 있는 실천기술 또는 정책입안을 위한 실질적인 전략과 같은 주제들이다.

예를 들면 노인복지 현장에서 케어 매니지먼트 활용의 효과성에 관한 연구와 같은 주제이다.

연구주제의 선정과 관련한 연구대상 항목을 쿠마르(Kumar, 1996)는 사람, 문제, 프로그램, 현상으로 분류하였다. 연구대상은 단일항목일 수도 있고 둘 또는 세 가지가 통합된 복합항목일 수도 있다.

연구주제를 위한 항목과 세부항목은 다음과 같다(〈표 5-1〉 참조).

〈표 5-1〉 연구주제 대상항목 분류

연구대상항목	세부 연구대상항목의 예
사람	개인, 가족, 소집단, 조직, 지역사회 등
문제	원인, 구조, 실태, 현황, 특성 등
프로그램	효율성, 효과성, 만족도, 전달체계, 등
현상	인과관계, 상관관계, 현상 그 자체

Kumar(1996), p. 37; 최성재(2005), 『사회복지조사방법론』, p. 103 재구성.

2) 연구주제 선택요령

연구주제는 복수로 여러 개를 개발하여 최종적으로 하나를 선택하는 것이 일반적이다. 흔히들 연구주제가 결정되면 연구의 1/3이 진행되었다고 이야기할 정도로 연구자는 많은 시간과 에너지를 소모하게 된다.

일반적인 연구주제 선정 요령은 실제로 연구할 가치가 있는가?와 실제로 연구가 실행될 수 있는가?를 고민하는 데서 시작된다고 볼 수 있다.

첫째, 연구의 가치와 관련된 주제선택의 요령은 연구주제의 중요성과 연구주제의 이론적 관련성 등을 고려한다.

둘째, 실행가능성과 관련된 주제선택의 요령은 연구의 윤리성, 연구대상자 확보가능성, 시간 및 비용의 적절성 등을 고려한다.

좀더 구체적으로

· 경험이 많거나 사전지식이 있는 주제를 선택하라
· 이론적 배경이 존재하는 주제를 선택하라
· 연구의 경험이 있는 교수님l, 선배님, 동료들과 토의하라
· 너무 광범위한 주제를 선택하지마라
· 흥미 있는 주제를 선택하라
· 광범위한 주제를 선택하지 마라

2. 연구문제의 설정

연구문제는 넓은 의미에서 연구주제에 포함되지만 좁은 의미에서는 연구주제와 분리하여 다루어진다.

연구문제란 둘 또는 그 이상의 변인 간에 어떠한 관계가 있는지?에 대하여 질문을 던지는 의문형태의 문장이다. 어떠한 현상/실체를 파악하기 위하여 그 현상/실체와 관련된 변수들 간의 관계에 대한 의문을 경험적 연구가 가능한 문장으로 표현한 것이라고 할 수 있다.

예를 들면 "자원봉사에 참여하는 노인과 그렇지 않은 노인의 삶의 만족도는 다를 것인가?"와 같은 형태이다.

연구문제는 연구를 통하여 밝히고자 하는 내용을 진술한 문장이라고 할 수 있다. 연구문제를 구성하는 변수들 간의 방향성을 제시할 수 있을 때는 가설의 형태로 구체화된다. 하나의 연구문제는 여러 개의 가설로 구체화될 수도 있다.

연구문제는 어떠한 현상/실체에 대한 의문의 출발에서 출발하게 된다. 일반적으로 순수사회과학인 심리학, 사회학에서는 인간과 사회에 대한 추상적인 문제에 대한 의문을 연구문제로 발전시키는 반면에 경제학, 교육학, 사회복지와 같은 응용사회과학에서는 실천현장에서 나타나는 실용적인 의문을 연구문제로 발전시키는 것이 일반적이다. 사회복지사는 사회복지실천현장을 중심으로 하는 개인적인 경험, 동료 또는 수퍼바이져와의 대화, 독서 등에서의 의문을 연구문제로 발전시키기도 한다.

즉, 연구문제의 진술 단계에서의 연구자는 연구문제와 관련된 어느 정도의 지식은 가지고 있으나 완전하게 문제를 해결하기 위한 지식이 습득되지 않은 상태라고 할 수 있다. 연구문제와 관련된 지식수준에 따라 탐색연구, 기술연구, 설명연구 순으로 구분된다.

3. 연구문제의 원천

연구자는 "무엇을 연구할 것인가?"에 대한 고민이 어느 정도 해결되면 연구를 시작할 수 있다. 이러한 고민에 대한 해답은 연구문제의 원천에서 찾을 수 있으며 그 원천은 매우 다양하다.

첫째, 기존지식의 한계/미비/새로운 현상과 기존 지식체계의 연결 등에 대한 의문이 연구문제의 원천이 될 수 있다. 기존의 과학적 지식체계는 가장 보편적이고 일반화된 과학적 지식이라고 할 수 있다. 그러나 어떠한 연구주제에 관하여 깊게 연구하고 논리적인 연역과정을 거치다 보면 기존의 과학적 지식체계의 한계 또는 모순을 발견하게 된다. 예를 들면 일반적으로 시장경제하에서 개발된 게임이론이 비용효과를 설명하는 유용한 이론임에도 불구하고 사회복지분야에 유사시장경제가 도입된 국가에서 게임이론의 적용에 어느 정도의 한계 또는 모순을 발견할 수 있을 것이다.

둘째, 과학의 발달 또는 전통을 포함한 사회적 규범의 변화는 기존지식에 대한 축적의 필요성을 느끼게 하며 이것은 연구문제의 선정에도 많은 영향을 주게 된다. 많은 과학적 방법들은 지식 축적을 벽돌 쌓기와 유사하다고 강조한다. 예를 들면 인터넷을 통한 커뮤니케이션의 급격한 증가는 커뮤니케이션의 규범의 변화가 요구되어지고 있다. 그러나 사회복지분야에서 아직 인터넷을 통한 커뮤니케이션의 규범변화에 적용할 수 있는 이론 또는 기술이 깊게 개발되어 있지 않은 상태이다.

셋째, 개인적 또는 사회복지실천현장의 경험은 연구문제의 착상에 많은 영향을 주게 된다. 사회복지의 실천은 사회와 인간에 대한 과학적 이론을 기반으로 이루어지지만, 일반적으로 한 개인을 대상자로 하는 사회복지의 특성상 일반적인 과학적 지식을 개별사례에 적용하는 데는 한계가 있다.

넷째, 사회적 요청은 또 다른 연구문제의 원천이 되기도 한다. 어떠한 사회 내에서 일어나는 정치, 경제, 사회적인 변화에 따른 사회적 요구는 연구자들에게 많은 연구문제를 제공한다. 이러한 형태의 연구문제는 주로 정부 또는 기업의 각종 연구소에서 다루어지는 경우가 많으며 급박하게 해결을 요하는 문제일 경우가 많다. 예를 들어 최근의 청년실업문제의 해결을 위한 연구물들이 많이 양산되는 것은 한국사회의 심각한 청년실업문제 해결을 위한 사회적 요청에 의한 것이라고 할 수 있다.

4. 연구문제의 형성과정

1) 연구문제 형성단계

모든 의문은 조사연구를 위한 연구문제로 발전하는 것은 아니다. 앞에서 언급한 연구문제의 원천에서 많은 의문들은 구체적인 연구문제로 바꾸지 못하고 단지 의문으로 남게 된다. 특히 훌륭한 연구결과는 어떠한 의문을 적절한 연구문제로 제기되었을 때 얻을 수 있다. 즉, 연구문제의 형성은 매우 주의 깊게 이루어져야 하며, 처음부터 연구문제를 정확하게 규정하는 것은 쉽지 않다. 연구문제를 명확하게 규정하기 위하여 첫째, 연구문제를 일반적인 연구문제 구성 원칙에 의하여 '무엇은 무엇과 관련이 있는가?'와 같이 명확히 구조화하여야 한다. 둘째, 명확히 구조화된 연구문제는 용어(변인)를 명확히 해야 한다.

이렇게 형성된 연구문제를 기반으로 문헌고찰 또는 전문가에게 조언을 구한다.

2) 문헌 또는 전문가의 조언단계

연구문제의 적절성을 판단하기 위하여 문헌고찰 또는 전문가의 조언은 필수적이라고 할 수 있다. 문헌 또는 전문가의 조언단계에서는 연구자가 설정한 연구문제와 관련하여 어떤 것들이 이미 알려져 있는지 일차적으로 확인하는 단계이다. 이론적 배경을 구성하기 위한 본연구는 문헌고찰보다는 약식으로 이루어지게 되며, 이 단계에서는 연구문제에 대한 직접적 해결보다는 연구문제의 해결을 위한 단서를 얻는 기회를 갖는다.

문헌 또는 전문가와의 면담을 통하여 다음과 같은 사항을 결정하게 된다.

첫째, 잠정적으로 설정된 연구문제와 관련하여 과거와 현재의 연구경향을 파악한다.

과거에서 현재까지 연구자가 잠정적으로 설정한 연구문제를 이미 다른 연구자가 검증하였을 수도 있다. 물론 이미 연구결과가 도출된 연구문제를 다른 연구자에 의하여 재검증이 가능하기는 하지만 연구의 창조성에 있어서 문제가 될 수도 있다. 또한 설정된 연구문제와 관련하여 어느 범위까지 연구가 다른 연구자들에 의하여 진행되었는지 파악하는 것은 매우 중요하다. 이러한 과정을 통하여 현재까지 진행된 선행연구들을 통합 정리하는 기회를 가지게 될 것이다.

둘째, 주요개념을 명확히 하고 이론적 근거를 발견한다.

문헌고찰과 전문가 면담을 통하여 연구문제를 구성한 주요 개념을 명확히 할 필요가 있다. 초보 연구자에게는 이 단계에서 개념의 가능한 한 개념들의 범위 축소를 통하여 전체적인 연구의 범위를 축소시키는 작업이 필요하다. 또한 설정된 연구문제를 뒷받침할 수 있는 이론들이 무엇인지를 확인 및 요약할 수 있다. 특히 연구문제를 구성한 주요 개념들 간의 관계와 그들 관계를 직접 또는 간접적으로 설명할 수 있는 이론을 파악한다.

셋째, 조사연구방법에 대한 아이디어를 구한다.

사회복지분야에서 검증이 시도된 많은 연구문제들의 내용 및 구성형태가 유사한 것들이 많다. 때문에 조사 설계, 자료수집 방법, 설문의 지표구성, 조작적 정의 등과 관련하여 아이디어를 구할 수 있다.

이러한 아이디어를 통하여 창조적 모방작업을 유도할 수 있다. 넷째, 연구문제의 명확한 관점에 대한 규정은 문헌 또는 전문가 조언단계에서 매우 중요하다. 즉, 연구문제를 일차원적 또는 다차원적으로 접근할 것인지를 결정하여야 한다. 다차원적으로 접근하면 할수록 과학적 지식에서 요구하는 연구결과의 일반화와 객관화에 유리하게 작용한다. 그러나 다차원적으로 접근할 경우 연구방법이 복잡하여지며 조사연구를 위한 시간과 비용이 많이 들게 된다.

3) 연구문제의 적절성 판단단계

연구자는 문헌고찰과 전문가 조언단계를 거쳐 연구문제의 적절성을 판단하게 된다. 적절성을 판단하는 근거는 연구결과의 학문적, 사회적 중요성과 기여도에 의하여 결정된다고 볼 수 있다.

첫째, 연구범위의 적절성을 들 수 있다. 연구문제는 한정된 범위 내에서 구체적인 연구문제를 찾는 것이 중요하다. 기존에 축적된 지식체계에 연구결과들의 불일치 또는 어떠한 현상에 대한 연구의 부족 등에서 발견할 수 있는 새로운 관점, 쟁점, 해결방안 등에서 독창성을 담보할 수 있어야 한다.

둘째, 연구의 현실적 여건을 고려해야 한다. 연구에 소요되는 시간, 자료의 용이성, 재원, 연구자의 능력, 윤리적인 문제 등이 고려되어 연구문제의 적절성이 판단되기도 한다.

셋째, 검증 가능성이 고려되어져야 한다. 지나치게 추상적이지 않아 검증될 수 있는 의문들에 대하여 결과를 산출할 수 있어야 한다. 개인의 취미, 관심, 신념 등은 학문적인 접근이라고 보기 어렵고, 유교문화는 언제 없어질 것인가?와 같은 의문은 경험적으로 검증하기 어렵다.

넷째, 연구의 효용성이 담보되어야 한다. 형성된 연구문제가 무엇을 하려는 것인지 적절한 의도를 판단하는 것은 매우 중요하다. 예를 들어 학문적인 지식의 축척이 목적이라면 어떠한 현상에 대하여 탐색, 기술, 설명, 예측을 위한 지식을 축척할 수 있느냐?의 문제이다.

4) 연구문제의 진술단계

(1) 연구문제의 진술

연구문제의 적절성이 판단되면 연구주제와 관련된 의문사항을 매우 구체적으로 진술한다. 연구문제에 도입된 개념 또는 변수의 개념적 정의가 구체적이지 않으면 연구자 자신뿐만 아니라 공동으로 연구에 참여하는 연구자들이 있다면 그들에게 혼란을 초래할 수도 있다. 때문에 새로운 연구문제의 진술이 요구될 수도 있고 주요 개념에 대한 조작적 정의가 요구될 수도 있다.

연구문제를 진술할 때는 문제해결을 통하여 얻고자 하는 것이 무엇인지 명확화하여야 한다. 이미 알려진 지식 또는 선행연구가 없거나 새로운 연구주제인 경우 탐색에 적합한 연구문제를 진술하게 된다. 선행연구들에 의하여 이미 어느 정도 알려진 지식 또는 연구문제이나 명확화가 필요한 경우 기술중심의 연구문제를 진술하게 된다. 연구문제의 발생 원인과 결과에 관심이 있다면 설명중심의 연구문제를 진술하게 된다.

연구문제는 한 개 또는 다수의 진술도 가능하며, 연구문제의 진술에서 요구되는 몇 가지 특징은 다음과 같다.

첫째, 연구문제들은 연구문제의 직접적 노출을 위하여 의문의 형태로 진술한다. 예를 들어 변수 a는 변수 b에 영향을 주는가? 또는 변수 a는 변수 b보다 변수 c에 영향을 얼마나 더 줄까? 등으로 진술하게 된다.

둘째, 단순 명료하게 문제를 지적한다.

셋째, 변수들 간의 관계에 대하여 서술할 때는 A는 B와 관련이 있나? A와 B는 C와 어떻게 관련이 있나? 등으로 진술할 수 있다.

(2) 연구문제와 분석단위

일반적으로 분석단위는 자료수집이 종료되고 자료분석 시에 필요한 것으로 인식하고 있다. 그러나 단지 자료분석단계에서만 고려된다면 연구의 타당도와 신뢰도에 많은 영향을 주게 된다.

연구주제를 선정하는 과정에서 분석단위가 고려되고, 연구문제 또는 가설진술 시 명확화되어져야 한다.

연구문제 진술 단계에서 분석 단위는 사회복지조사연구에서 누구와 무엇이라는 의문을 해결하기 위한 기술적인 개념이며, 추상적인 연구주제와는 차이가 있다. 즉, 분석단위란 한편으로 사회복지조사연구를 위한 자료수집의 대상이 되며, 다른 한편으로 사회복지조사연구자가 탐색, 기술, 또는 설명하고자 하는 목적이 되기도 한다.

자료분석단계에서 분석단위는 모집단의 특성을 설명하기 위하여 맨 먼저 기술되어야 하는 단위를 말한다. 자료분석이 개인 또는 집단수준에서 이루어질지라도 모집단의 특성을 파악 및 해석하게 되기 때문이다(자료분석론 참조).

분석단위는 일반적으로 개인, 가족 및 집단, 사회적 가공물로 분류되곤 한다.

① 개인

사회복지조사연구에서 개인을 분석단위로 가장 많이 사용한다. 개인의 인구사회학적 특성 나이, 직업, 수입, 출생지 등과 연관지어 개인의 특성을 기술 및 설명하게 된다.

예를 들어 국민기초수급자에 수급액을 증가시키면 그들의 삶의 질이 높아질 것인가?라고 연구문제를 진술했다면 조사연구자가 초점을 둔 분석 단위는 국민기초수급자 개개인이 될 것이다. 한편으로 분석단위가 개인이지만 자신이 속한 어떠한 집단의 구성원으로 표현되기도 한다. 분석단위가 개인이면 조사연구결과의 객관화와 일반화 과정에서 단지 구성원 중의 하나로 취급되곤 한다. 개인적인 분석단위에서 일반화란 연구결과가 개개인에게 적용될 수 있음을 의미한다.

② 집단

집단은 소집단(부부, 가족, 부모자녀 등)과 대집단(지역사회, 군대, 학교 등) 그 자체가 분석단위가 될 수 있다. 그러나 종종 연구자들은 개인수준의 분석단위를 통한 조사연구를 통하여 집단수준에서 분석하는 오류를 범하기도 한다. 예를 들어 동성연애자의 특성에 관한 연구를 위하여 동성연애를 하는 사람들을 조사한다면 분석단위는 개인이 될 것이다. 그러나 남자동성연애자 집단과 여자동성연애자 집단의 특성에 대한 차이점에 대하여 조사한다면 분석단위는 집단이 될 것이다. 이때에도 조사연구대상은 동성연애자 개인이 될 것이다.

이때의 연구문제는 상이하게 다를 것이다. 전자의 경우 동성연애자의 특성은 어떠한가?가 될 것이다. 후자의 경우 여자동성연애자와 남자동성연애자의 특성은 다를 것인가?가 될 것이다.

③ 사회적 가공물

사회적 가공물은 사람의 행위에 의하여 양산된 유형과 무형의 가공물을 의미한다. 예를 들어 복지관, 자서전, 논문, 가정폭력, 우정, 사랑, 만족감 등을 말한다. 예를 들어 최근 노인복지정책 관련 논문은 신보수주의 영향을 받았는가?라는 연구문제를 진술하고 노인복지정책분야의 논문 여러 편을 모아 신보수주의의 영향에 대하여 조사연구가 가능할 것이다. 이때 분석단위는 노인복지정책관련 논문이 될 것이다. 그러나 개인 또는 집단을 대상으로 조사연구가 이루어지나 분석단위는 사회적 가공물이 될 수도 있다. 예를 들어 저출산에 대한 조사연구를 위하여 조사연구대상은 주로 개별여성들이 될 것이다. 이때 분석단위는 사회적 가공물이 저출산이 되지만 조사연구 대상은 여성이 될 수 있다.

제 2 절 가설과 가설검증

1. 가설과 가설검증

1) 가설의 개념

가설은 연구문제와 구조나 형태에서 유사하나 약간의 차이가 있다. 변인간의 관계를 진술하는 것은 같으나, 연구문제는 현재형으로 가설은 미래형으로 진술한다. 또한 가설은 연구문제보다는 논리적 타당성을 요구하게 된다. 즉, 가설은 이론처럼 무엇인가의 원인을 설명할 수 있는 속성을 가지고 있지만 단지 검증이 되지 않았을 뿐이다. 그러나 연구문제는 무엇을 설명하기보다는 단순히 문제를 제기할 뿐이다. 예를 들면 가설은 자아통합이 잘 이루어진 노인은 그렇지 않은 노인에 비하여 삶의 질이 높을 것이다. 연구문제는 자아통합이 잘 이루어진 노인은 그렇지 않은 노인에 비하여 삶의 질이 높을 것인가?

앞에서 언급하였듯이 가설이란 둘 이상의 변수들 간의 관계에 대한 일종의 추론된 진술이다. 즉, 독립변인과 종속변인의 관계의 진술을 통하여 연구결과에 대한 잠정적 결론이라고 할 수 있다. 가설을 간단하게 요약하면 다음과 같다. 첫째, 두 개 이상의 변수들 관계, 둘째, 잠정적인 결론, 셋째, 검증이 필요하다.

이론은 추상적이기 때문에 경험적인 검증이 쉽지 않기 때문에 이론에서 도출된 가설을 설정하고 조사연구를 통하여 간접 검증을 하게 된다. 이론으로부터 가설을 도출하지만 가설의 검증을 통하여 이론을 축척하게 된다. 그러나 때로는 조사연구에서 가설이 필요 없이 탐색이나 기술적 수준에서 머무는 경우도 있다. 즉, 현상에 대한 설명보다 어떤 현상이 있는지에 대한 설명, 묘사, 기술에 직접 관심이 있는 경우이다.

가설은 설명과 예측을 목적으로 실증적인 검증과정을 거쳐 사실의 진위를 확인하고 검증결과를 도출하게 된다. 즉, 가설은 검증될 수 있으며, 확률적으로 옳은지 그른지 공공에 보여줄 수 있어서 객관적인 검증을 위한 수단이 된다.

가설설정은 다양한 영역에서 아이디어를 얻을 수 있다. 첫째, 연구자의 일상생활 관찰, 둘째, 과거에 수행된 조사연구, 셋째, 일반이론으로부터 연역에 의하여, 넷째, 연구자의 직관 등 다양하다.

2) 가설의 필요성 및 의의

앞에서 언급되었듯이 사회복지조사연구에서 연구문제가 형성되면 그 연구문제에 대한 잠정적인 대답이 가설이라고 할 수 있다. 그러나 모든 연구문제가 가설로 발전할 수 있는 것은 아니기 때문에 가설의 필요성과 의의에 대하여 알아보기로 한다.

첫째, 가설은 연구를 위하여 제기된 문제를 구체화시킨다.

사회복지조사연구를 위하여 제기된 문제뿐만 아니라 문제제기에 포함된 개념들이 매우 추상적일 수 있다. 가설은 제기된 추상적인 문제를 변수들의 관계에 대한 설명적 진술을 통하여 구체화시킨다. 또한 구체적인 개념적 정의를 통하여 문제제기에 포함된 개념들을 명확화한다.

둘째, 가설은 조사연구의 방향타 역할을 한다.

가설의 진술을 통하여 조사연구 실험설계 및 자료수집에 대한 방법을 명확히 할 수 있다. 가장 효과적으로 적용될 수 있는 조사연구 실험설계의 종류를 결정할 수 있으며 실험집단과 통제집단이 결정된다.

예를 들어 가설 “자원봉사에 참여한 노인은 그렇지 않은 노인에 비하여 자아통합정도가 높을 것이다”에서 순수 또는 유사실험설계를 사용할 수 있으며 실험집단은 자원봉사에 참여한 노인 그리고 통제집단은 자원봉사에 참여하지 않은 노인이 될 것이다(참고. 사회복지조사연구 실험설계).

또한 가설을 통하여 변수간의 논리적 연관성을 확보하고 자료수집과정에서 변수간의 연관성이 없는 자료는 배제할 수 있다.

셋째, 가설은 이론형성에 기여한다.

가설의 검증은 이론의 형성과 검증을 주요한 목적으로 한다. 가설은 기존의 이론 또는 가설을 근간으로 또 다른 새로운 가설을 설정할 수 있으며 검증을 통하여 이론을 형성하게 된다.

3) 가설의 조건

일반적으로 좋은 가설의 조건으로 명확성 및 간결성, 계량화 및 검증 가능성, 한정성, 가치중립성 등을 들 수 있다.

첫째, 명확성 및 간결성이다.

두 개 이상의 변수들 간의 관계에 대해 명확하고 간결한 서술이 요구된다. 변수를 구성한 개념들에 대하여 연구자 개인뿐만 아니라 다른 연구자 또는 독자들이 이해할 수 있도록 개념적 정의를 하여야 한다. 그러나 보편적으로 누구나 의사소통이 가능하도록 매우 애매한 용어의 사용을 삼간다. 또한 가능하면 개념의 범위를 좁혀 관찰이 용이하게 이루어질 수 있도록 한다.

둘째, 계량화 및 검증 가능성이다.

인과관계에 동원된 변수들은 측정(개념의 계량화)이 가능해야 하며, 경험적으로 검증이 가능해야 한다. 개념적 정의가 불분명한 경우 가설이 막연하여 검증이 어렵게 된다. 예를 들어 "인생은 행복할 것이다"와 같은 철학적 명제는 현실적인 검증이 어렵다.

셋째, 한정성과 가치중립성이다.

검증할 필요 없는 당연한 결과는 가설이 되지 못한다. 또한 연구자의 가치, 편견, 주관성 등이 배제되어져야 한다. 가설은 변인관계와 그 방향이 명백하여야 하며 반복적인 연구가 가능해야 한다. 예를 들어 "정직은 최선의 정책이다"와 같이 이미 검증이 필요 없는 당연한 결과를 진술한 가설은 바람직하지 않다.

4) 가설의 종류

연구목적에 따른 가설의 분류는 기술적 가설과 설명적 가설이 있다. 기술적 가설은 하나의 변수에 대한 탐구와 기술을 목적으로 하는 반면에 설명적 가설은 둘 이상 변수의 상관관계를 검증하는 것을 목적으로 한다.

기술적 가설은 어떤 변수의 성질, 위치, 크기, 분포 등을 식별하기 위함으로 '무엇은 ~무엇이다'로 표현된다. 반면에 설명적 가설은 변수간의 관계에서 경험적 동질성의 파악을 하기 위함으로 '만약 ~이면 ~이다', 또는 '~일수록 ~하다'로 표현된다.

전자의 예는 노인의 자원봉사는 자아통합을 증진시킬 것이다. 후자의 예는 노인이 자원봉사를 많이 하면 할수록 자아통합의 정도가 높을 것이다.

설명적 가설에는 연구의 진행과정에 따라 연구가설(research hypothesis)과 영가설(null hypothesis)의 설정으로 이루어진다. 연구가설은 연구자가 검증하고자 하는 가설이며 영가설은 연구가설을 검증하고자 세운 가설이다.

영가설은 변수들/집단들 간의 차이가 없다는 진술하여 연구가설에 대한 반증의 목적으로 활용한다. 이것은 연구가설을 받아들이기 위한 수단으로 이용한다. 연구가설은 변수들/집단들 간의 차이가 있다는 식의 서술로 영가설이 부정되었을 때 받아들이게 된다.

예를 들어 연구가설은 노인의 자원봉사는 자아통합을 증진시킬 것이다. 이에 대한 영가설은 노인의 자원봉사는 자아통합을 증진시키지 못할 것이다.

변수의 수에 따라 단순가설과 복합가설로 분류되고, 추상성의 정도에 따라서 경험적 동질성 검증가설, 복잡한 이념형 검증가설, 분석적 변수 관계 검증가설로 분류된다.

5) 가설의 진술요령

가설의 진술이 항상 거짓 또는 항상 참일 경우 검증해야 할 이유가 없기 때문에 참과 거짓의 중간적 진술인 종합적인 문장으로 진술해야 한다.

〈표 5-2〉 적절과 부적절 가설의 예시

문장의 종류	분석적 문장	종합적 문장	모순적 문장
기호적 표현	be not A or B	be A	be A but be not B
예시	be Seoul or be not Seoul	be Seoul	be Seoul but be not Seoul
진실가능성	항상 진실	진실 또는 거짓	항상 거짓
가설형태	부적절	적절	부적절

일반적으로 연구자는 조사연구의 목적에 따라 가설을 진술하고 가설을 구성하고 있는 변인들 간의 인과 관계를 확인한다. 인과관계의 확인 과정은 다음과 같다.

첫째, 인과 관계를 검증하기 위한 일차적 조건인 공변성을 확인하게 된다.

공변성이란 독립변인이 변함에 따라 종속변인이 같이 변화함을 보여주는 것이다.

둘째, 시간적 우선성을 확인한다.

영향을 주는 독립변인이 영향을 받는 종속변인보다 시간적 우선성이 확인되어야 한다.

셋째, 외부설명이 배제/통제되어져야 한다.

독립과 종속변인 간의 공변성/시간적 우선성의 관계가 제3의 변수에 의하여 유발되는지 확인해야 한다.

일단 인과관계가 확인되면 인과관계 조건을 판단하여야 한다.

첫째, 필요조건이다.

하나의 독립변인은 결과를 발생시킬 수 있는 수많은 변인 중의 하나이다. 따라서 결과를 발생시키기 위한 필요조건은 그 독립변인이 필수적이지만 충분하지 못한 경우이다.

둘째, 충분조건이다.

독립변인이 종속변인에 하나의 대안적인 변수로 그 자체로 충분한 결과를 발생시킬 수 있는 경우이다. 충분조건이 발생하면 그 자체로 결과를 상당한 수준까지 발생시킬 수 있다.

셋째, 필요충분조건이다.

가장 이상적인 인과관계로 독립변인이 완전하고 유일한 하나의 조건으로서 종속변인을 결정하게 된다.

6) 가설과 인과관계

가설은 단순히 개념 또는 변인들을 열거하는 것이 아닌 그것들 간의 관계를 진술하는 것이다. 즉, 그들의 관계를 원인의 독립변인과 결과인 종속변인의 인과관계를 진술하는 것이다. 이러한 인과관계가 정적관계 또는 부적관계 그리고 선형관계 또는 비선형관계로 형성될 수가 있다.

첫째, 정적관계와 부적관계이다.

정적관계(positive relationship)란 독립변수의 변화와 종속변수의 변화가 동일 방향으로 진행되는 것을 의미한다.

예를 들어 제공되는 서비스의 양과 노인들의 만족도 관계에서 노인들에게 주어지는 서비스의 양이 증가할수록 만족도가 높아지고, 서비스의 양이 줄어들면 만족도가 낮아지는 것을 의미한다.

둘째, 부적관계(negative relationship)란 독립변수의 변화와 종속변수의 변화가 방향이 다른 경우이다.

예를 들어 사회복지사의 근무시간과 직무 만족도의 관계에서 사회복지사의 근무시간이 늘어나면 늘어날수록 직무 만족도가 낮아지고, 근무시간이 짧아질수록 직무 만족도가 높아진다.

셋째, 선형과 비선형관계이다.

선형관계(linear relationship)는 독립변인의 변화 비율과 종속변수의 변화 비율이 동일한 경우이다. 비선형관계(nonlinear relationship)는 독립변인의 변화 비율과 종속변인의 변화 비율이 다른 경우이다. 때문에 선형관계는 독립과 종속변인의 관계가 직선으로 표시되고 비선형관계는 곡선으로 표시되게 된다.

〈그림 5-1〉 가설과 인과관계

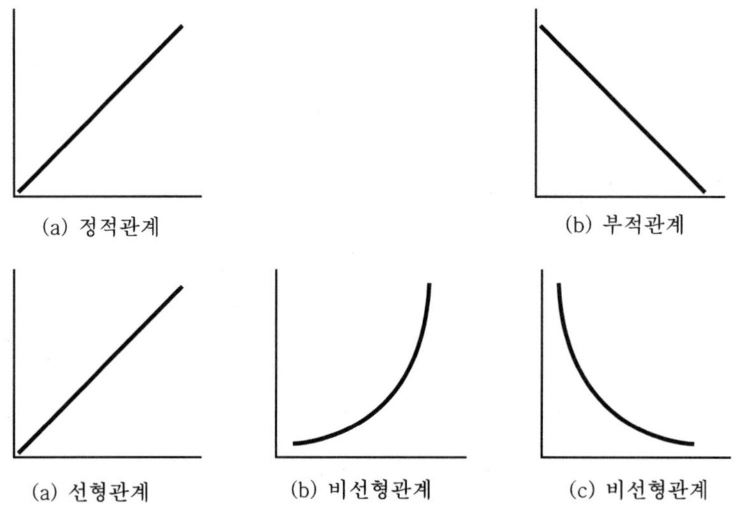

2. 가설의 명확화 과정

가설을 명확화하기 위하여 개념, 용어, 정의의 관계를 알아볼 필요가 있다. 앞에서 설명되었듯이 개념은 어떠한 현상과 실체에 관한 추상적인 생각이라고 할 수 있고, 이러한 추상적인 생각을 언어로 표현한 것이 용어이며, 이러한 용어의 뜻을 문장으로 진술함과 동시에 개념의 뜻을 밝히는 것이 정의이다.

우리는 종종 개념과 정의를 같은 뜻과 같은 기능을 하는 것으로 동일시하여 사용한다. 그러나 개념은 추상적인 것의 형상화이기 때문에 어떠한 추상적인 현상을 객관화할 수 있도록 한두 개의 용어로 간결하게 표현한 것이다. 반면에 정의는 한두 개의 용어를 묶어서 같은 의미의 다른 용어로 비교적 길게 진술한 것이라고 할 수 있다.

1) 개념화와 개념적 정의

(1) 개념화

동일한 용어일지라도 사용되는 분야와 맥락에 따라 다양한 의미를 내포할 수 있다. 예를 들어 '빈곤의 원인에 관한 연구'라는 주제에서 어떤 사람은 정신적인 빈곤을 생각하고, 어떤 사람은 물질적 또는 문화적인 빈곤을 생각하고, 혹자는 또 다른 성격의 빈곤에 대하여 생각할 수 있다.

이러한 혼란을 예방하기 위하여 개념화 과정을 거치게 된다. 어떤 개념이 더 좋은지를 구분하는 것이 아니라, 연구의 관심과 초점에 합당한 개념을 규정하는 것이라고 할 수 있다. 때문에 개념화는 개념을 변인으로 구체화하는 과정이라고 할 수 있다.

구체적으로 설명하면 경험적 현상을 추상적 개념으로 만들고 추상적인 개념의 일반화 과정을 거쳐 연구에 유용한 개념을 만든다. 이러한 과정은 사물/사물의 특성을 조사/관찰하고 분별하게 해줌으로써 개념의 명확성 또는 정밀성을 확보하게 된다.

(2) 개념적 정의

개념적 정의는 어떠한 개념에 다른 개념을 사용하여 기술하는 것으로 흔히 국어사전에 명시된 경우가 대부분이기 때문에 사전적 정의라고도 한다. 어떠한 대상을 개념적 정의를 시도할 때 정의하고자 하는 개념의 포괄적인 속성을 포함해야 하며 명확하게 긍정적으로 표현한다. 예를 들면 현상을 개념적으로 정의하면 '관찰 가능한 대상이나 사건'이라고 간략하게 진술할 수 있고, 개념을 개념적 정의하면 '경험적으로 인지할 수 있는 어떤 대상이나 현상을 대변하는 것'이라고 길게 진술할 수도 있다.

2) 조작화와 조작적 정의

(1) 조작화

조작화는 가설이 설정되면 가설속의 핵심개념(용어)들을 실제 세계와 결부시켜 측정할 수 있게 하는 과정이다. 추상성이 높은 개념은 측정이 어렵기 때문에 조작화를 통하여 개념적 정의를 하게 된다. 개념적 정의 결과인 변수는 다시 조작화를 통하여 조작적 정의를 하게 되고 그 결과가 지표로 나타나게 된다.

(2) 조작적 정의

추상성이 높은 개념을 조사연구에서 본래의 속성이 손상되지 않고 측정이 가능하도록 조작화한 정의를 말한다. 조작적 정의는 추상성이 높은 개념 수준을 경험 또는 관찰이 가능한 수준으로 연결하는 역할을 하며 흔히 지표와 같은 역할을 한다. 즉, 이론과 가설수준을 관찰 또는 측정으로 연결하는 다리역할을 한다.

일반적으로 적절성, 경제성, 그리고 정확성이 담보된 좋은 조작적 정의가 되기 위한 조건들은 다음과 같다.

첫째, 신뢰도가 있고 복제가 가능해야 한다. 둘째, 타당해야 한다.

(3) 조작화 과정

개념, 변수, 그리고 조작적 정의로 발전할수록 추상성은 사라지고 구체성을 띠게 되며, 하나의 개념은 둘 이상의 변수로, 하나의 변수는 둘 이상의 조작적 정의로 나타낼 수 있다.

〈그림 5-2〉 조작화 과정

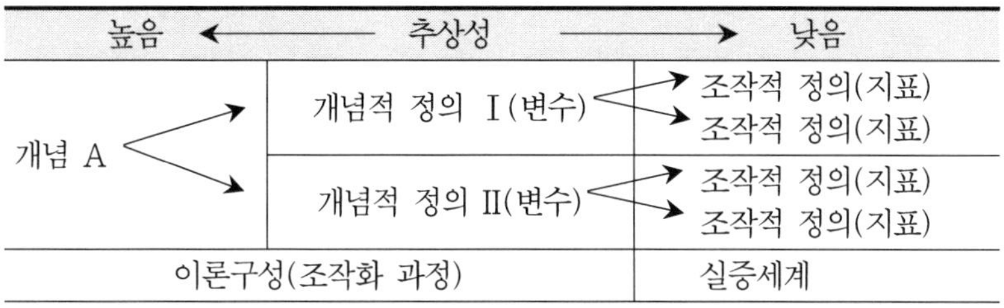

이와 같이 조작적 정의는 조작화 과정을 거쳐 만들어진 정의로 과학적인 연구를 위하여 가설 속의 개념들을 조작적 정의를 통하여 경험적인 사건 또는 현상을 측정하게 한다.

위의 과정의 예는 다음과 같다. 어떠한 연구자가 '사회적 지위와 자원봉사 참여도의 상관관계'라는 주제로 "사회적 지위가 높을수록 자원봉사 참여도가 높을 것이다"라는 가설을 세웠다.

연구가설의 독립변인에서 사회적 지위, 종속변인에서 자원봉사, 참여(자원봉사 참여)와 같이 여러 개념이 도출될 수 있다. 이러한 개념들을 측정이 용이하도록 조작하는 개념화 과정을 통하여 개념적 정의를 만들게 된다.

이때 '사회적'이라는 개념적 정의는 '사회와 관계되는 것', '사회성을 지닌 것' 등이다. '지위'의 개념적 정의는 '집단에서 연령·성(性)·직업·소득 등에 따라 결정되는 개인의 위치'라고 할 수 있다. 이러한 개념적 정의의 결과로 '사회적 지위'라는 변인을 도출하고 다시 개념적 정의를 시도하게 된다. '사회적 지위'라는 변인의 개념적 정의는 소속이나 직업, 출신이나 능력 등에 따라 전체 사회 속에서 차지하는 위치라고 할 수 있다.

이러한 정의들에서 연구자는 자원봉사라는 개념과 관련이 깊다고 고려되는 변인들만을 취하게 된다.

한편으로 '자원봉사'의 개념적 정의는 "자기 스스로 판단하여 참여하는 자유의지에 따라 이루어지는 활동", "자신의 만족만을 위하여 서비스를 제공하는 행위가 아니라 이웃을 위해 더 넓은 의미로 사회 전반적 필요를 충족시키는 다함께 사는 공동체의 번영을 위한 활동", "활동의 목적이 경제적 수입을 위한 것이 아니라 활동자체를 위한 봉사", "일정한 봉사주기 및 횟수를 정하여 정기적 또는 연속적으로 활동하는 일회성이 아닌 지속성 활동" 등이 있다.

그러나 연구자는 이러한 변인들을 직접 측정할 수 없으므로 조작적 정의를 시도하게 된다.

개념의 조작화를 통하여 개념화 과정을 거쳐 보다 구체화된 변인은 좀더 경험적이고 구체적인 조작화를 통한 조작적 정의의 과정을 거쳐 지표로 나타나게 된다. 예를 들어 사회적 지위의 경우 전체 사회에서 차지하는 위치로 학자마다 상, 중, 하의 3단계, 또는 상, 중상, 중, 중하, 하의 5단계로 나누기도 한다. 이 때 조작적 정의를 한다면 연구에서는 소속이나 직업, 출신이나 능력 등에 따라 전체 사회 속에서 차지하는 3등급의 위치라고 할 수 있다. 이러한 조작적 정의의 결과로 사회적 지위의 지표를 만든다면 상, 중, 하로 표시할 수 있다.

3. 가설검증의 과정 및 전략

사회복지조사연구의 결과를 논리적으로 추론하여 이론을 강화 또는 수정하기 위하여 경험적으로 일반화된 내용과 가설을 비교하게 되는데 이러한 전반적인 과정을 가설검증이라고 한다.

가설검증의 구체적인 일반적 과정은 다음과 같다.

첫째, 영가설은 세운다.

연구가설의 상대가설로 검증결과를 기각하는 기준으로 삼게 된다. 예를 들어 연구가설이 '사회적 지위에 따라 자원봉사 참여도는 차이가 있다'라면 영가설은 '사회적 지위에 따라 자원봉사 참여도는 차이가 없다'라고 진술하게 된다.

둘째, 가설검증을 위하여 가설검증 과정을 비판적으로 검증하기 위해 비교의 근거가 과학적인지 확인한다. 즉, 가설은 연역적 절차에 의하여 구축되고 가설검증을 위하여 척도구성, 샘플링(표집), 자료수집, 자료분석, 모수추정 등의 과정을 체계적으로 점검한다. 먼저 분석수준(척도)이 결정되면 분석단위를 결정하게 된다. 대체로 분석의 단위는 개인이나 집단이 되는 경우가 많으며 분석단위는 조사연구설계와 자료수집과 분석에 영향을 미치게 됨을 고려한다. 분석단위가 결정되면 경제성을 고려한 표본을 결정한 후 조사연구설계와 자료수집방법을 결정한다.

셋째, 가설과 경험적 일반화의 비교를 위하여 객관적인 척도와 수용영역을 결정한다. 자료분석의 기법에 따라 가설을 검증하여 가설의 기각여부를 결정한다. 영가설을 수용 또는 기각을 할 수 있는 근거로 확률을 사용하게 된다. 이때 확률의 크기를 유의수준이라고 하며 주로 $\alpha = .05$ 수준에서 결정하며 이유의 수준은 연구자가 임의로 결정한다.

넷째, 수집된 표본의 산술평균으로부터 표본분포에서 영가설이 참일 가능성의 면적을 계산하여 확률로 환산한다. 계산된 확률의 크기가 유의수준보다 작으면 영가설을 기각하고 연구가설을 취하게 된다.

다섯째, 자료분석과 검증을 근간으로 가설이 연역된 이론에 대하여 지니는 의미를 판단한다. 즉, 이 과정에서 이론의 정교화, 수정, 재구성이 이루어진다. 어떠한 이론에 대한 가설검증은 지속적으로 다른 연구자, 다른 환경, 다른 형태의 가설로 검증과정을 거치게 되고 결국에는 수많은 검증결과를 통하여 통합이 이루어지게 된다.

연 습 문 제

1. 연구문제를 개념적으로 정의하시오.

2. 연구문제의 원천을 제시하시오.

3. 연구문제 형성단계를 설명하시오.

4. 연구문제 진술단계를 설명하시오.

5. 가설을 개념적으로 설명하시오.

6. 가설의 필요성과 의의를 설명하시오.

7. 가설의 조건을 제시하시오.

8. 가설의 종류를 예를 들어 설명하시오.

9. 가설의 명확화 과정을 설명하시오.

10. 개념화-개념-개념적 정의의 관계를 설명하시오.

11. 조작화와 조작적 정의를 설명하시오.

제6장

사회복지조사연구 실험설계

제 1 절 실험설계의 개관

1. 실험설계의 필요성

실험설계는 연구문제에 대한 해답을 끌어내기 위한 계획과 전략이라고 할 수 있다. 실험설계는 연구문제에 대한 정확한 해답을 끌어내기 위하여 연구문제와 상관관계가 높은 변수를 집중적으로 관찰 및 분석을 가능하게 한다. 여기서 관찰은 일반 관찰과 다르게 연구자가 독립변수를 조작하여 연구문제에 보다 적합한 내용의 관찰을 시도하게 된다.

사회복지조사연구에서 실험설계가 필요한 이유는 첫째, 대부분의 연구주제가 종속변수에 영향을 주는 독립변수가 많다. 둘째, 현상이 측정하기 어렵거나 불가능한 경우가 많다. 셋째, 연구대상의 검증이 불가능한 경우가 많다.

2. 실험설계의 목적

1) 실험설계의 목적

실험설계의 목적은 변량의 통제를 통하여 독립과 종속변수의 관계를 명확히 하여 연구문제에 대한 해답을 경제적으로 얻기 위함이다. 좀더 구체적으로 설명하면 첫째, 체계적 변량(독립변수의 변량)의 극대화를 통하여 독립변수의 강도변화를 크게 하여 종속변수의 변량을 크게 하기 위함이다. 둘째, 오차변량의 극소화 즉 체계적 오차(bias)와 무작위 오차를 극소화하여 오차변량을 극소화하기 위함이다. 셋째, 연구문제와 관련이 없는 변수를 제거하기 위함이다.

2) 실험설계와 변량

실험설계는 실험대상이 되는 변수의 변량을 통제하기 위함이다. 여기서 변수의 변량이란 변수의 점수들이 서로 다른 것을 말하며, 통제란 조사실험에서 핵심적 주요 변수의 변량을 극대화하고 핵심 변수에 영향을 주는 기타 다른 변수의 영향을 최소화 또는 제거하기 위함이다. 즉, 가설 또는 연구문제에서 진술된 독립변수와 종속변수간의 관계가 주요 기타 다른 변수에 의함이 아니고 독립변수의 변화에 의하여 종속변수가 변하게 하는 것인지를 정확하게 확인하기 위함이다.

① 변량의 개념

변수는 "두 가지 또는 둘 이상의 값을 경험적으로 분류할 수 있는 개념"으로 정의된다. 때문에 변수는 필연적으로 최소한 두 개 이상의 값을 가지게 된다. 예를 들어 성별의 경우 2개의 값 남과 여, 사회계층의 경우 세 개의 값 상, 중, 하, 사회복지조사론 점수는 101개의 값 0점~100점까지 가지게 된다.

우리는 이러한 변수의 값들이 각기 서로 다른 정도를 변량이라고 한다.

예를 들면 100명의 학생이 사회복지조사연구방법론 시험을 치렀을 때 각각 학생의 점수가 0점에서 100점까지의 범위가 분포할 수도 있고, 최소 60점에서 최대 90점까지 범위에서 점수가 겹치는 학생도 있을 것이다. 전자의 경우 평균을 기준으로 넓게 퍼져 있고, 후자의 경우 평균을 중심으로 좁게 퍼져 있다고 볼 수 있다. 예시처럼 변수 값이 평균을 중심으로 얼마나 집중 또는 분산되어 있느냐를 나타내는 자료분석(통계)의 개념 중의 하나가 변량이다(사회복지자료분석론 참고). 즉, 변량이 크다는 것은 변수의 값이 평균을 중심으로 넓게 분산되어 있다는 것이고 변량이 작다는 것은 반대로 변수 값이 평균을 중심으로 집중되어 있다는 것을 의미한다.

② 변량의 종류와 통제

실험설계는 가설 또는 연구문제에 의하여 제시된 독립변수와 종속변수의 관계에서 독립변수의 변화에 대한 종속변수의 변화를 검증하고자 만들어지게 된다. 독립변수의 변화는 연구자가 만들어 놓은 원칙/규칙에 의하여 체계적으로 변하게 되기 때문에 독립변수가 변하는 정도를 체계적 변량이라고 한다. 독립변수처럼 연구자가 세워놓은 원칙/규칙은 아니지만 종속변수에 체계적으로 영향을 미치는 제 3의 변수가 있을 수 있으며 그 변수의 변화를 체계외적 변량이라고 한다. 그 외에 연구자가 인식하지 못하는 사이에 종속변수에 영향을 주는 변수의 변화의 비체계적 변량(오차변량)이라고 한다.

〈그림 6-1〉 변량의 종류

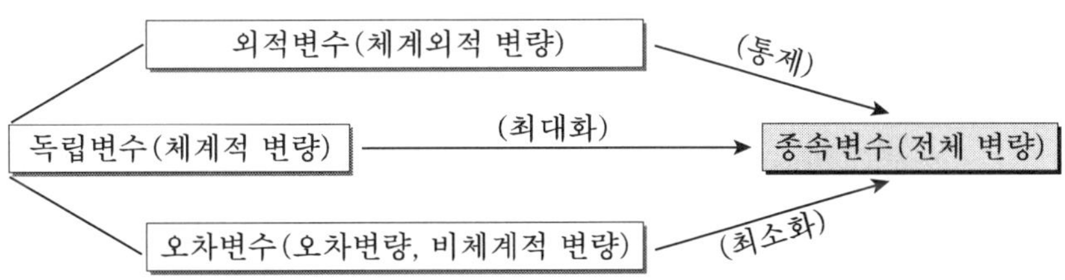

출처: 최성재(2005), 『사회복지조사방법론』, p. 152.

앞에서 언급되었듯이 실험설계의 핵심은 변량의 통제이며 여기서 통제는 세 가지 의미를 가지고 있다. 첫째, 영향을 제거한다. 둘째, 영향을 같게 한다. 셋째, 조건을 같게 한다. 통제방법으로는 첫째, 체계적 변량의 극대화, 둘째, 체계외적변수의 통제, 셋째, 오차변수의 최소화이다.

3. 실험설계와 인과관계의 확인

위에서 언급하였듯이 실험설계는 정확한 인과관계를 확인하는데 중요한 역할을 하게 된다. 즉, 실험설계는 정확한 인과관계를 확인하기 위한 논리적인 구조라고 할 수 있다.

인과관계란 어떠한 현상 또는 사건을 일으키는 원인과 그 원인에 의하여 영향을 받는 결과의 관계를 말한다. 인과관계의 판단기준은 다음과 같다.

첫째, 공변성이다.

인과관계의 검증에 필요한 일차적인 조건으로 독립변수 변화의 영향으로 종속변수가 같이 변화함을 보여주는 것이다. 이것은 비교집단을 형성하여 독립변수의 조작 전과 후에 종속변수의 변화를 확인하기 위함이다.

둘째, 시간적 우선성이다.

두 변수간의 시간적 우선성의 확인으로 독립변수는 시간상으로 종속변수보다 선행하여 발생하여야 한다는 것이다. 이것은 독립변수의 조작이 종속변수의 변화보다 선행되어야 한다는 조건이다.

셋째, 통제성이다(외부설명의 배제).

두 변수간의 공변성/시간적 우선성의 관계가 제 3의 변수에 의하여 영향을 받지 않도록 통제하는 것을 말한다. 통제성은 외적변수의 통제와 오류변수의 최소화를 통하여 독립과 종속변수 관계의 순수성을 확보할 수 있다.

제 2 절 실험설계의 유형

사회과학에서 실험설계는 독립변수의 조작, 외생변수의 통제, 대상자의 무작위 추출 등의 조건이 만족되어져야 한다. 즉, 실험설계는 인과관계의 성립 조건을 파악하기 위한 실험요건의 완벽한 정도에 따라 순수실험설계(true experimental design), 유사실험설계(quasi-experimental design), 전실험설계(ex-post experimental design), 그리고 비실험설계(non-experimental design) 등으로 분류된다.

1. 실험설계의 분류

1) 인과관계에 따른 분류

(1) 순수실험설계(true experimental design)

순수실험설계는 연구자가 독립변수 조작, 무작위 할당, 종속변수의 비교의 3가지 조건이 갖추어진 실험설계를 일컫는다.

(2) 유사실험설계(qusi-experimental design)

유사실험설계는 순수실험설계와 유사하나 순수실험설계에서 요구하는 3가지 조건 중 한 가지라도 갖추어지지 않은 경우이다. 실험과 통제집단 구성 시 무작위보다는 인위적인 조합을 사용하며, 독립변수 조작과 외생변수 통제는 가능하다.

(3) 전실험설계(pre-experimental design)

전실험설계는 실험집단과 통제집단을 구성하는 경우와 구성하지 않는 경우도 있다. 또한 실험과 통제집단, 즉 비교집단구성 시 무작위 이외의 방법을 설정하는 경우와 설정하지 않는 경우도 있다. 독립변수의 조작이 가능한 경우도 있지만 불가능한 경우가 많으며 외생변수의 통제는 불가능하다.

(4) 비실험설계(non-experimental design)

비실험설계는 무작위할당 이외의 방법을 사용하며, 독립변수를 인위적으로 조작이 불가능하고, 외생변수의 통제가 불가능하여 사후적으로 독립/종속관계를 파악하여 인과관계가 아닌 단지 상관관계를 밝힌다.

2) 조사연구 상황에 따른 분류

(1) 실험실 실험설계(순수실험설계)

실험실 실험설계는 일상생활에서 엄격히 분리하여 독립변수의 조작이 가능하며 외생변수의 통제가 가능한 환경이다.

(2) 현장실험설계(유사실험설계)

현장실험설계는 우리가 생활하고 있는 자연스러운 환경에서 연구자가 독립변수를 조작하기 위한 실험설계이다.

3) 실험집단의 수에 따른 분류

(1) 집단설계

집단설계는 실험집단과 통제집단의 2개 집단으로 이루어지는 실험설계를 말한다.

(2) 단일사례설계

단일사례설계는 실험집단과 통제집단을 구별하지 않고 한 집단 내에서 변수의 조작을 통하여 조사연구의 결과를 산출하기 위한 실험설계이다.

2. 실험설계의 유형

1) 순수실험설계(true experimental design)

순수실험설계는 시간적 우선성을 확인하기 위하여 독립변수의 조작이 가능하고, 실험집단과 비교를 위한 통제집단을 두게 된다. 실험집단의 비교의 근거가 정확하고, 변수의 조작이 가능하고, 엄격한 통제를 통해 외부 설명들을 배제할 수 있으므로 인간관계 검증에 가장 이상적이라고 할 수 있다.

(1) 순수실험조사설계의 기본조건

① 무작위 할당

실험집단과 통제집단을 구성하는 대상자의 무작위 배치가 필요조건이다. 무작위란 모든 대상자가 실험집단과 통제집단에 배치될 확률이 동일하다는 의미이다. 즉 구성된 실험집단과 통제집단의 특성이 유사하다는 의미이다.

② 독립변수 조작

연구자가 인위적으로 실험집단에 속한 독립변수의 변화강도를 조절하여 종속변수에 미치는 영향을 관찰하게 된다. 그러나 연구자는 통제집단의 독립변수는 조작하지 않는다.

③ 종속변수의 비교

연구자는 실험집단과 통제집단의 종속변수의 측정결과를 비교한다. 대상자가 실험집단과 통제집단에 무작위로 할당되어 유사한 특성을 지녔다고 가정하고 실험집단에만 독립변수를 도입한다. 실험집단과 통제집단의 종속변수의 변화 결과를 비교함으로써 실험집단에서 독립변수의 조작에 의한 변화정도를 파악할 수 있다.

(2) 순수실험설계의 장·단점

순수실험설계의 장점으로는 연구자가 흥미를 갖지 않고 있지만 종속변수에 영향을 줄 수 있는 독립변수 중의 하나인 외생변수를 철저하게 통제할 수 있기 때문에 명확한 인과관계 검증이 가능하다. 실험대상의 무작위화가 이루어지기 때문에 실험의 재현 가능성이 높고 결과를 집단 전체에 대하여 일반화할 수 있다.

순수실험설계의 단점으로는 연구문제에 따라 다르기는 하지만 실험집단의 독립변수의 조작은 윤리적인 문제가 대두되기도 한다. 조사실험을 위한 비용 때문에 적은 수의 표본으로 실험이 이루어지는 경우가 있기 때문에 실험결과의 일반화의 한계가 있을 수 있다. 또한 실험집단의 독립변수 조작으로 인위성/부자연성이 개입될 위험성이 있다.

(3) 순수실험설계의 과정

순수실험설계의 일반적인 과정은 다섯 단계를 거치게 된다.

첫 번째 단계 : 연구를 위한 모집단을 근간으로 조사연구 대상자를 표집하여 실험집단과 통제집단을 무작위로 배치한다.

두 번째 단계 : 실험집단과 통제집단의 동질성 확인을 위하여 두 집단에 사전검사를 한다.

세 번째 단계 : 동질성 검사가 종료되면 실험집단에 포함된 독립변수에 실험처치(조작)를 시도한다. 그러나 통제집단에 포함된 독립변수는 실험처치(조작)를 시도하지 않는다.

네 번째 단계 : 실험집단과 통제집단에 대해 종속변인을 검사(사후검사)한다.

다섯 번째 단계 : 실험집단과 통제집단의 종속변수 검사(사후검사)의 결과를 서로 비교한다. 비교결과가 통계적으로 유의성($P<0.5$, 0.01, 0.05 수준)이 있는지 확인한다.

〈표 6-1〉 순수실험설계의 과정

단계	1단계 (무작위)	2단계 (사전검사)	3단계 (실험처치)	4단계 (사후검사)	5단계 (사후검사 비교)
역할	대상자 배치	동질성 확인	독립변수 변화유도	변화 확인	변화차이 비교
도식	실험집단	⟶ O_1	⟶ X	⟶ O_2	O_2-O_1
	통제집단	⟶ O_3	⟶	⟶ O_4	O_4-O_3

(4) 전형적 순수실험설계

① 전-후시험 통제집단설계

전-후시험통제집단설계(pretest-post test control group design)는 가장 전형적인 순수실험설계이다. 그 과정은 다음과 같다 첫째, 연구 대상 집단을 무작위로 실험집단과 통제집단으로 할당한다. 둘째, 개입하기 전에 실험집단과 통제집단을 측정하고 비교한다. 셋째, 실험집단은 개입을 하고 통제집단은 개입하지 않은 상태에서 두 집단의 종속변수를 측정하여 비교한다. 넷째, 실험집단과 통제집단의 사전과 사후의 측정 결과를 비교한다.

〈그림 6-2〉 전-후시험통제집단설계

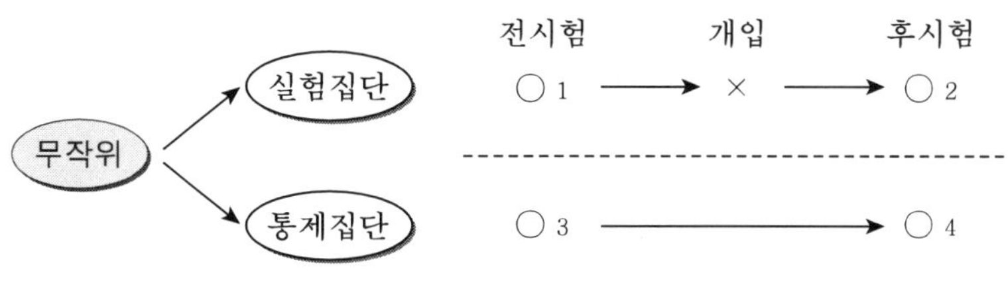

Note: O_1(관찰), De(실험집단 전후 차이), Dc(통제집단 전후 차이), Ex(개입효과), X(조작)

전-후시험통제집단설계를 공식화하면 다음과 같다.

첫째, De(실험집단 전후 차이) = O_2-O_1

둘째, Dc(통제집단 전후 차이) $=O_4-O_3$

셋째, Ex(개입효과) $=De-Dc$

예를 들면 가설을 "양로시설에서 음악치료 프로그램이 자아 존중감 향상에 도움이 될 것이다"라고 세웠다. 양로시설에서 생활하는 노인 60명을 대상으로 무작위 추출하여 30명은 실험집단에 또 다른 30명은 통제집단에 배치한다. 실험집단과 통제집단에 포함된 60명의 노인 모두에게 자아 존중감 검사(전시험)를 실시하여 동질성을 확인한다. 그 후 실험집단에 속한 노인들을 대상으로 주1회씩 16주(세션)의 음악치료 프로그램을 실시한다. 통제집단은 음악치료 프로그램을 실시하지 않는다. 16주가 지난 후 실험집단과 통제집단에 속한 노인 60명을 대상으로 자아 존중감 검사(후시험)를 실시한다. 그리고 실험집단에 속한 노인과 통제집단에 속한 노인들의 자아 존중감 점수를 비교한다.

② **후시험통제집단설계(post test-only control group design)**

조사연구의 대상집단을 무작위로 실험집단과 통제집단을 분류하고 사전 측정 없이 개입 후 실험집단과 통제집단의 사후 측정 결과를 비교한다. 전후 시험통제집단 설계에 비하여 비교적 비용이 적게 들고 과정이 간단하여 사회과학에서 널리 활용되고 있다.

〈그림 6-3〉 후시험 통제집단설계

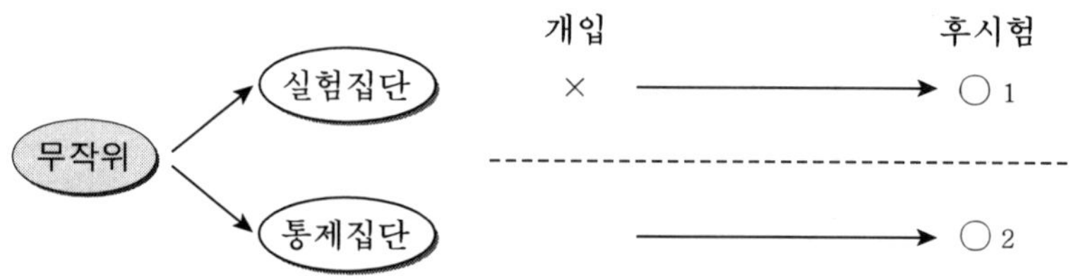

Note: O_1(관찰), Ex(개입효과), X(조작)

그러나 사전측정을 하지 않기 때문에 실험집단과 통제집단의 차이를 알 수 없으며 이것은 사후측정에서 외생변수의 작용에 의한 결과를 판단하기 어렵게 한다.

후시험통제집단설계를 공식화하면 다음과 같다. $Ex = O_1 - O_2$

전-후시험 통제집단의 예를 이용하여 차이점을 설명할 수 있다. 가설 "양로시설에서 음악치료 프로그램이 자아 존중감 향상에 도움이 될 것이다"라고 세웠다. 양로시설에서 생활하는 노인 60명을 대상으로 무작위 추출하여 30명은 실험집단에 또 다른 30명은 통제집단에 배치한다. 전후시험통제집단과 다르게 실험집단과 통제집단에 포함된 60명의 노인 모두에게 자아 존중감 검사(전시험)를 실시하여 동질성을 확인하지 않는다. 이것은 이미 동질성을 확보했다는 전제가 깔려 있다. 그 후 실험집단에 속한 노인들을 대상으로 주 1회씩 16주(세션)의 음악치료 프로그램을 실시한다. 통제집단은 음악치료 프로그램을 실시하지 않는다. 16주가 지난 후 실험집단과 통제집단에 속한 노인 60명을 대상으로 자아 존중감 검사(후시험)를 실시한다. 그리고 실험집단에 속한 노인과 통제집단에 속한 노인들의 자아 존중감 점수를 비교한다.

③ 솔로몬 4집단설계(solomon four group design)

솔로몬 4집단설계는 전후시험통제집단과 후시험통제집단의 통합형태로 조사연구 대상집단을 무작위로 4개의 집단으로 분류한다. 전후시험통제집단과 후시험통제집단의 약점을 보완하기 위하여 매우 바람직한 설계라고 할 수 있으나, 초보연구자들에게는 설계 테크닉, 비용, 시간 등의 문제로 사용하기가 쉽지 않다.

전후시험통제집단설계가 사전측정의 영향과 독립변수와의 상호작용의 영향으로 인한 순수한 독립변수의 조작 결과를 측정할 수 없는 단점을 보완하기 위하여 개발되었다. 즉, 두 개의 통제 집단을 두어 하나는 사전측정, 다른 하나는 사전측정을 배제하여 실험 후 실험집단과 비교함으로써 독립변수 조작의 영향, 사전측정의 영향, 그리고 그들 간의 상호작용 효과를 제거하여 개입으로 인한 효과를 명백히 하기 위함이다.

〈그림 6-4〉 솔로몬 4집단설계

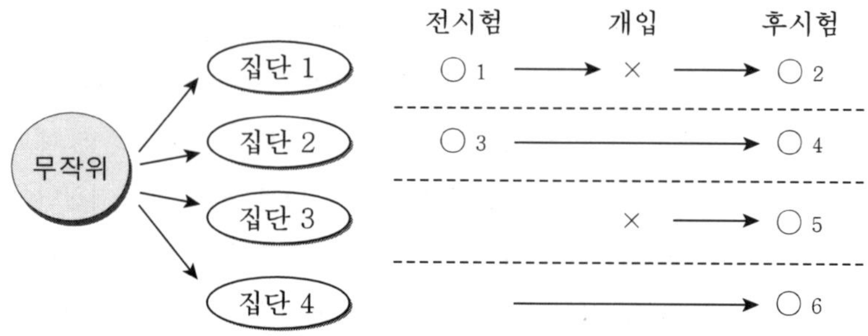

솔로몬 4집단설계를 공식화하면 다음과 같다. 첫째, 집단 내에서의 변화

$Dg1 = O_2 - O_1$

$Dg2 = O_4 - O_3$

$Dg3 = O_5 - (O_1 + O_2)/2$

$Dg4 = O_6 - (O_1 + O_3)/2$

둘째, 실험개입의 효과

Ex(개입효과) = Dg1-Dg2-I

I(상호작용효과) = Dg1-(Dg2+Dg3-Dg4)

예를 들어 "양로시설에서 음악치료 프로그램이 자아 존중감 향상에 도움이 될 것이다"라는 가설을 세웠다. 이 가설을 검증하기 위하여 양노시설에서 80명의 노인을 무작위로 집단 1, 집단 2, 집단 3, 집단 4의 4개의 그룹으로 배치한다. 집단 1과 집단 2는 전시험을 하기 위하여 자아 존중감 검사를 실시하고 집단 3과 집단 4는 자존 존중감(전시험)을 실시하지 않는다. 그리고 집단1과 집단 3에 속한 노인들에게 음악치료를 주 1회 12주 동안 실시하고 집단 2와 집단 4에 속한 노인들에게는 음악치료 프로그램을 제공하지 않는다. 음악치료 프로그램이 종료된 12

주후 집단 1, 집단 2, 집단 3, 집단4에 속한 모든 노인을 대상으로 자아 존중감 검사(후시험)를 실시한다. 그리고 4개의 집단의 검사 결과를 비교하여 음악치료가 자아 존중감 향상에 도움을 주었는가를 판단한다.

2) 유사실험설계(quasi-experimental design)

유사실험설계는 순수실험설계와 유사하다. 순수실험설계의 전제조건, 독립변수 조작, 실험과 통제 집단의 무작위 배분, 종속변수의 비교 중 적어도 하나가 수행되지 않는다. 순수실험설계에 비하여 비교와 통제의 조건이 완화된 설계이다. 사회과학에서는 순수실험설계를 사용하는데 여러 가지 제약 때문에 유사실험설계를 주로 사용한다. 그러나 전실험설계보다 내적 타당도는 확보가 가능하다.

(1) 유사실험설계의 장・단점

유사실험설계의 장점으로는 첫째, 실제 상황이므로 독립변수가 강하게 작용한다. 둘째, 사용조건에서 융통성 있으며, 다양한 실험에 적용할 수 있다. 셋째, 실질적인 문제 해결을 위한 실험에 사용할 수 있다.

단점으로는 첫째, 독립변수의 효과가 오염될 여지가 있다. 둘째, 사회복지 현장에서 실험이 불가능한 경우가 있다. 셋째, 실험의 정밀도가 낮다.

(2) 유사실험설계의 유형

① 단일집단시계열설계(sing group time-series design)

일반적으로 무작위 할당에 의한 실험집단과 통제집단을 두기 어려울 때 사용한다. 때문에 통제집단을 따로 두지 않는 것이 특징이다. 개입의 효과를 확인하기 위하여 비교의 대상을 동일 집단에 두게 된다. 즉, 단일 실험집단의 독립변수 조작을 중심으로 3번 이상의 전후 실험(관찰)을 통하여 비교하게 된다. 비교적 높은 내적 타당도를 유지할 수 있으나, 차이의 우연성 가능성이 배제가 안 되는 단점이 있다.

단일집단시계열설계의 절차는 다음과 같다. 첫째, 일정수의 실험대상인구를 표집한다. 둘째, 독립변수를 조작하기 전에 종속변수를 일정기간을 두고 3회 이상 관찰하여 상황과 추이를 관찰한다. 셋째, 독립변수의 조작(실험처치)을 시도한다. 넷째, 독립변수 조작 후 종속변수의 상태를 일정간격을 두고 3회 이상 관찰한다. 다섯째, 독립변수의 조작 전후 종속변수를 비교한다.

〈그림 6-5〉 단일집단시계열설계

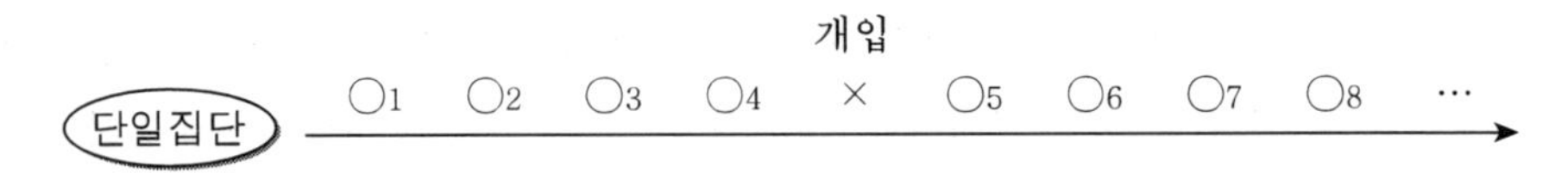

Note: O_1(관찰), X(개입 또는 실험처치), De(차이)

단일집단시계열설계의 공식은 다음과 같다. $De = O_1 \sim O_4 - O_5 \sim O_8$.

구체적으로 도식화하면 다음과 같다. O_1-O_4까지를 개입 이전 상태확인(서로 유사함 의미) - (O_5-O_8) 서로 유사.

예를 들어 "양로시설에서의 음악치료 프로그램이 자아존중감에 영향을 미칠 것이다"라는 가설을 세웠다면, 첫째, 양로시설의 일정 수 노인들을 표집하여 집단화한다. 둘째, 프로그램을 제공하지 않고 일주일에 한번씩 3주 정도 자아 존중감 검사를 한다. 셋째, 넷째 주에는 음악치료 프로그램을 실시한다. 다섯째, 다섯째 주부터는 음악치료 프로그램을 제공하지 않고 자아 존중감 검사를 일주일에 한번씩 3주 정도 실시한다. 여섯째, 음악치료프로그램 제공 전과후의 자아 존중감 정도를 비교한다.

② **복수집단시계열설계**(two group time-series design)

복수집단시계열설계는 단일집단 시계열설계의 단점인 우연한 사건(accident)에 의한 내적 타당도 저해요인을 방지하기 위하여 사용한다.

복수집단시계열설계는 가설에 나타난 모집단을 표집하여 비슷한 특성을 가진 두 집단을 분리한다. 집단1은 일정기간 관찰 후에 독립변수를 조작하고 집단 2는 독립변수를 조작하지 않고 관찰한다.

그 과정은 다음과 같다. 첫째, 집단 1은 일정기간을 두고 3번 정도 종속변수를 관찰한다. 둘째, 독립변수를 조작한다. 셋째, 독립변수 조작 후 종속변수를 일정기간을 두고 3번 정도 관찰한다. 넷째, 집단 1과 집단 2를 비교한다.

〈그림 6-6〉 복수집단시계열설계

집단 1	O_1	O_2	O_3	X	O_4	O_5	O_6
집단 2	O_7	O_8	O_9		O_{10}	O_{11}	O_{12}

Note: O1(관찰), X(조작)

③ 비동일통제집단설계(nonequivalent control group design)

비동일통제집단설계는 전후시험통제집단설계와 동일하나 차이점은 실험집단과 통제집단에 배치되는 실험 대상인구가 무작위가 아닌 연구자가 임의로 배치한다는 것이다. 그 과정은 다음과 같다.

첫째, 실험집단과 통제집단을 연구자 임의대로 배치한다. 둘째, 실험집단과 통제집단에 속한 대상자를 사전검사(관찰)하여 두 집단의 동일성을 판단한다. 셋째, 통제집단의 독립변수는 실험처치를 하지 않고 실험집단의 독립변수에만 실험처치(조작)를 시도한다. 넷째, 실험집단에 개입 후 종속변수를 측정하고 동시에 통제집단의 종속변수를 측정하여 비교한다.

내적 타당도 저해요인이 많이 존재하나, 사회복지실천현장에 쉽게 적용할 수 있다는 장점이 있다. 비동일 통제집단설계의 예는 다음과 같다. "양로시설에서 음악치료 프로그램이 자아 존중감 향상에 효과적이다"라는 가설을 세웠다. 첫째, 연구자는 임의로 실험집단과 통제집단에 노인 30명씩을 배치한다. 둘째, 실험집단과 통제 집단을 대상으로 전시험(처치 전 시험)인 자아 존중감 검사를 한다. 셋째, 실험집단에 속한 노인들을 대상으로 일주일에 1번씩 12주 동안 음악치료 프로그램을 진행한다. 통제집단에 속한 노인들에게는 음악치료 프로그램을 제공하지 않는다. 넷째, 실험집단과 통제집단에 속한 노인들을 대상으로 동시에 후시험(처치 후 시험)인 자아 존중감 검사를 실시한다. 다섯째, 실험집단과 통제집단의 자아 존중감 검사의 결과를 비교한다. 여섯째, 가설의 기각여부를 결정한다.

〈그림 6-7〉 비동일통제집단설계

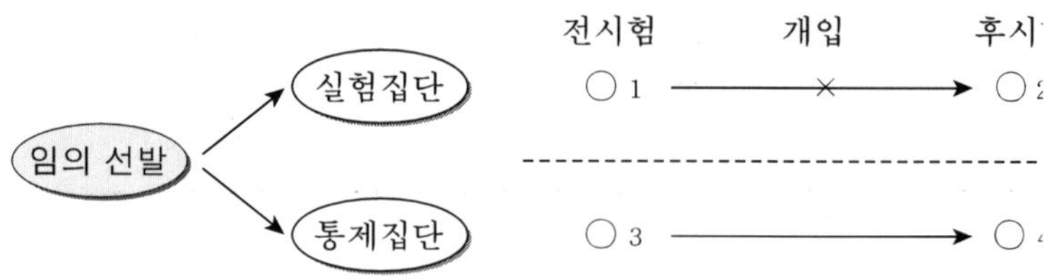

④ 고정집단비교설계

고정집단비교설계는 순수실험설계의 후시험통제집단설계와 유사하나 실험집단과 고정집단(통제집단)을 연구자가 임의로 배치한다는 차이가 있다. 두 집단 중 실험집단(연구집단)에만 실험 처리 또는 독립변수를 조작하고 다른 한 집단(고정집단)은 아무 처리를 하지 않고 후시험 결과를 비교하는 설계이다.

고정집단비교설계의 과정은 다음과 같다.

첫째, 연구자는 임의로 연구집단과 고정집단을 분리한다. 둘째, 연구집단에는 실험처치를 시도하고, 고정집단은 시도하지 않는다.

셋째, 연구집단과 고정집단 모두에게 후 시험(관찰)을 시도하게 된다. 넷째, 두 집단에 대한 후 시험의 결과를 비교한다. 그러나 이렇게 도출된 결과가 집단간의 본래의 차이인지 아니면 실험대상의 중도탈락 및 편견에 의한 대상자 선택에 의한 차이인지 설명하기가 어렵다. 이 설계는 인과관계 검증에서 상관관계의 한계를 벗어나지 못하는 한계가 있다.

〈그림 6-8〉 고정집단비교설계

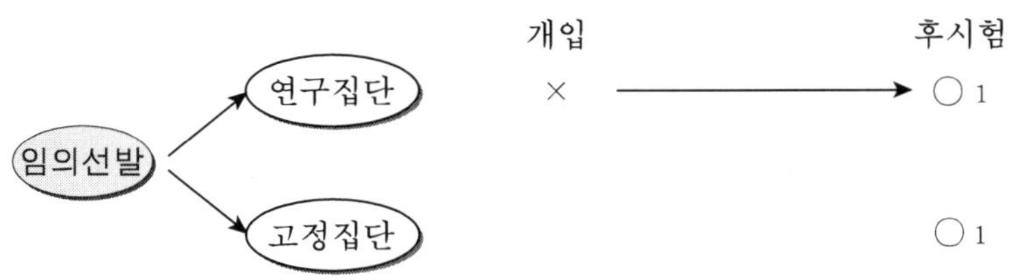

3) 전실험설계(pre-experimental research design)

전실험설계는 연구를 위한 집단이 무작위로 선발되지 않는다. 또한 비교를 위한 비교집단/통제집단을 두지 않거나 독립변수의 실험처치(조작)가 한두 번 정도 이루어지는 것이 일반적이다. 대표적인 방법은 단일사례연구이다. 일반적으로 전실험설계는 유사실험설계에 포함시키기도 한다.

(1) 단일사례실험설계(single case experimental design)

단일사례실험설계는 단일사례설계(single case study design), 단일대상설계(single subject design), 단일체제설계(single system design) 등으로 불리고 있다.

단일사례실험설계에서는 A-B-A형을 많이 사용한다. 본 설계에서 기호로 A는 실험처치 전 조사를 의미하며 결과의 판단기준이 되어 기준선이라 하며 B는 실험처치를 의미한다.

① 단일사례실험설계의 특징

단일사례실험설계의 특징은 첫째, 적용대상이 한 단위에 국한된다. 본 설계에 적용되는 집단이 개인, 집단, 가족, 소집단 등이 있다. 둘째, 단일사례실험설계의 특징으로 기준선(baseline)이 존재한다. 기준선은 개입하기 전에 실시하는 반복측정으로 통제집단의 기능을 하게 된다. 내적 타당도를 담보하기 위한 최저 기준은 5~10회 정도로 보고 있다. 또한 단일사례에 대한 측정의 결과이므로 일반화가 어려워 외적 타당도를 담보하기가 어렵다. 셋째, 단일사례실험설계는 설명을 위한 가설 검증보다는 실태 파악 또는 효과성 검증 위한 탐색목적에 적합하다.

단일사례설계는 다음과 같은 연구문제에의 조사연구에 유용하다. 첫째, 일정기간 개입이 효과를 나타내고 있는가? 둘째, 개입의 효과가 얼마나 지속하고 있는가? 셋째, 개입의 효과를 나타나는데 얼마나 걸리나? 넷째, 개입효과의 일반화 가능성은?

② 단일사례실험설계의 유형

가. A-B(one-shot case study)형

A-B형은 일회성 사례연구라고도 하며, 가장 단순하여 초보연구자들이 많이 사용하게 된다. 기준선 기간(A)과 처치선 기간(B)이 하나씩 있는 형태로 가장 쉽게 사용할 수 있다. 그러나 우연한 사건(accident)에 의한 내적 타당도 저해를 통제하기 어렵다. 단일사례 실험설계를 도식하면 다음과 같다.

〈그림 6-9〉 A-B형

○○○○○○○○○ / × × × × × × × × ×

(기준선 기간, A) (처치 기간, B)

——×——————→ ○ 1

예를 들면 공적노인장기요양보험을 위한 시범사업이 05년 중반부터 실시되었다. 6개월 이상 진행되던 시범사업의 효과성을 검증하기 위하여 06년 초에 효과성 조사를 실시하였다. 만약 조사 결과가 5점 만점에 4점이 나왔다 하더라도 비교할 수 있는 기준이 없는 것이 약점이다. 때문에 단일사례조사연구는 탐색연구에 적합하다.

나. A-B-A형

단일집단전후비교설계라고도 하며, 기본 모형인 A-B형에 기준선 기간(A)/제2 기준선 기간을 추가한 형태이다.

그 과정은 다음과 같다. 첫째, 조사연구의 대상을 전 시험(관찰)을 시도한다. 둘째, 전 시험 후에 실험처치(조작)를 시도한다. 셋째, 실험처치 후에 전 시험관찰 기간과 같은 일정기간이 지난 후에 후 시험(관찰)을 시도한다, 넷째, 전 시험과 후시험의 결과를 비교한다. 즉, 기준선 기간을 처치기간 이후에 다시 한번 두어 변화를 측정하는 형태로 도식을 통한 예는 다음과 같다.

〈그림 6-10〉 A-B-A형

○○○○○○○○○○ / × × × × × × × × × / ○○○○○○○○○○

(기준선 기간, A) (처치 기간, B) (기준선 기간, A)

○1 ——————×——————→ ○2

예를 들어 연구자는 일정 수의 노인집단을 구성한다. 그 집단에 속한 노인들을 대상으로 일정기간 관찰 후 자아 존중감 검사를 실시한다. 그리고 음악치료프로그램을 제공한 후 관찰한 다음에 다시 자아 존중감 검사를 실시한다. 음악치료프로그램의 제공 전과 제공 후에 실시한 자아 존중감 검사 결과를 비교하여 효과성 검증을 시도한다.

다. A-B-A-B

A-B형 조사설계에 두 번째 기준선 기간과 처치 기간을 추가하는 설계이다. 두 번째, 기준선 기간은 처치의 일시 중단으로 이루어지며 윤리적인 문제가 대두된다. 도식을 통한 예는 다음과 같다.

〈그림 6-11〉 A-B-A-B형

○○○○○○○○○○ / ×××××××××× / ○○○○○○○○○○ / ××××××××××

(기준선 기간, A) (처치 기간, B) (기준선 기간, A) (처치 기간, B)

——————×——————→ ○1 ——————×——————→ ○2

4) 비실험설계(non-experimental design)

일반적으로 비실험설계는 실험설계 중 유사실험설계에 포함시키는 경우가 많다. 그러나 유사실험설계와는 엄격한 차이가 있기 때문에 비실험설계를 분리하여 설명한다.

유사실험설계는 실험설계의 기본적인 조건인 실험과 통제집단을 무작위로 배치, 실험집단에 속한 독립변수의 조작, 그리고 종속변수의 비교 중 어느 한 가지 또는 두 가지 조건이 배제된 상태의 설계를 의미하지만, 비실험설계는 어느 조건도 충족시키지 못하는 경우이다. 또한 유사실험설계에서는 종속변수(y)의 변화가 독립변수(x)에 의한 것인지의 인과관계에 대한 가설을 검증하기 위하여 독립변수(x)를 조작하고 종속변수(y)를 관찰하게 된다. 그러나 비실험설계에서는 종속변수(y)를 먼저 관찰하고 후에 독립변수를 관찰하든지 종속변수 관찰시 동시에 독립변수를 관찰하게 된다.

우리가 연구하고자 하는 많은 주제/문제들은 여러 가지 이유에서 실험설계가 불가능한 경우가 있다.

일반적으로 비실험설계를 통한 연구는 사후연구(post-experimental research)나 순수서술연구(describe research)가 이에 해당된다.

사후연구는 자연적으로 발생한 사건 이후에 독립변수의 변화를 조사함으로써 독립변수의 조작 또는 통제가 어렵다. 때문에 인과관계의 추론에 상당한 제한을 받게 된다. 순수서술연구는 독립과 종속변수와의 관계에 관심을 두지 않고 현상을 관찰 서술하는 방법이다.

(1) 비실험설계의 장·단점

비실험설계를 사용하는 이유의 언급을 통하여 장점과 단점을 파악하고자 한다. 첫째, 윤리적인 문제로 독립변수의 조작이 어려운 경우이다. 둘째, 독립변수를 조작할 시간적인 여유가 없거나 또는 기타의 어려움으로 변수 조작이 불가능한 경우이다. 셋째, 연구 문제의 특성상 본래

실험통제가 불가능한 경우이다.

(2) 비실험설계의 유형

① **일원적설계**(univariate design)

일원적설계는 전실험설계의 일회성사례연구설계와 유사하나 독립변수를 조작하지 않는다는 점이 다르다. 즉, 변수들의 관계에 대한 조사연구보다는 한번의 관찰(조사연구)로서 여러 변수들의 특성을 파악하는 수준이다. 연구하고자 하는 특정집단의 특성에 대한 탐색조사 수준이다.

예를 들어 노인종합사회복지관에서 실시되는 지역사회 노인의 욕구조사에서 노인의 소득, 성별, 교육정도 등등의 변수들에 따른 욕구의 차이를 파악하는 탐색적 연구가 해당된다.

② **교차분석설계**(cross-classification design)

교차분석설계는 우리가 가장 빈번하게 사용하는 교차분석을 하기 위하여 사용한다. 실험집단과 통제집단을 두지 않고 순수실험설계의 후시험통제집단설계의 효과를 낼 수 있다.

교차분석설계에서는 연구자가 미리 실험집단과 통제집단을 구분하여 실험집단의 실험처치 후 두 집단을 관찰하고 비교하는 것이 아니라, 단지 조사연구를 위한 샘플링(표집)과정에서 실험집단과 통제 집단을 설정하고 동시에 표집하고 동시에 관찰(조사)하고 두 집단을 비교한다.

예를 들어 "자원봉사에 참여하는 노인과 참여하지 않는 노인은 자아통합 정도의 차이가 있을 것이다"라는 가설을 검증하려고 한다.

먼저 자원봉사 참여하는 노인집단 30명과 자원봉사에 참여하지 않는 노인집단 30명을 표집한다. 두 집단에 속한 노인들을 대상으로 자아 통합정도를 검사하고 두 집단의 교차분석을 통하여 자아 통합정도를 비교한다.

〈표 6-2〉 교차분석설계의 예

자원봉사 참여 유무	자아통합 정도
자원봉사 참여	81
자원봉사 불참	75

③ 기타

비실험설계의 기타 유형은 여러 가지가 있다. 두 개 이상의 독립변인에 종속변인과의 관계 검증을 위한 요인설계(factoral design), 모집단에서 표집된 대상을 일정 간격의 시점을 조사하여 경향을 파악하기 위한 경향조사연구설계(trend study design), 동년배 또는 이정의 공통성을 가진 집단을 코호트라고 칭하며, 이들 집단을 일정기간 추적 조사를 위한 코호트설계(cohort design), 동일한 표본을 지속적으로 반복 조사를 위한 패널조사연구설계(panel study design) 등이 있다.

제 3 절 실험설계의 내·외적 타당도

1. 내적 타당도

1) 내적 타당도의 개념(인과성 확인)

내적 타당도란 종속변수에서 나타나는 변이가 독립변수의 변이에 의한 것임은 확인 정도를 말한다. 다른 요인이 아닌 독립변수 조작의 결과가 종속변수의 변화를 초래한 정도가 통계적으로 유의한 정도의 차이를 나타났다. 바꾸어 말하면 원인이 다르면 결과가 다를 수밖에 없다는 논리이다. 즉, 인과성에 대한 추론 가능성의 정도를 의미한다.

2) 내적 타당도 저해요인

내적 타당도를 확보하기 위하여 내적 타당도 저해 요인들을 파악하고 요인들을 통제할 방안 및 전략을 마련해야 한다. 내적 타당도 저해 요인은 8가지 정도로 분류하는 데 그 요인들은 다음과 같다.

(1) 우연한(외부) 사건 효과(accident)

조사연구의 과정에서 연구자의 의도와 상관없이 어떤 외부의 사건들이 발생하여 조사연구의 결과에 영향을 주는 것이다. 구체적으로 자료수집 또는 실험과정에서 연구자가 조작하고자 하는 독립변수 이외의 다른 변수가 종속변수에 영향을 주어 타당하지 않은 결과가 산출되었을 때 나타난다. 즉, 사전(실험 전)과 사후(실험 후) 사이에 예상치 못한 외부사건이 개입되는 경우이다. 예를 들면 복지관에서 새로운 방과후 학습프로그램을 도입하고 이 프로그램으로 인하여 기존의 프로그램에 비하여 학생들의 참여도가 높을 것이라고 예상하였다. 사전/사후 조사연구 설계를 사용하여 6개월간 조사연구를 실시한 결과 기존의 프로그램에 비하여 새로운 프로그램의 학생 참여도가 높아졌음이 밝혀졌다. 그러나 새로운 방과 후 학습 프로그램을 운영하는 동안 학생들이 좋아하는 컴퓨터 게임 프로그램이 방과 후 학습 프로그램 전후에 도입하여 복지관에서 운영하였다. 실제로 학생들은 새로운 방과 후 학습 프로그램의 효과성에 의하여 참여하였다기보다는 컴퓨터게임 프로그램에 영향을 받아 학생들의 참여가 늘었다면 컴퓨터 게임 프로그램은 외부 사건에 해당된다.

◎ 우연한 사건(영향)

사전검사(O_1)	개입(x)	사후검사(O_2)

또 다른 예를 들면 사회복지기관의 사회적 기여도에 관한 국민들의 의식조사를 위하여 조사연구 설계가 만들어졌는데 사회복지기관의 비

리가 언론에 보도되었다면 이러한 우연한 사건은 연구자의 의도와 무관하게 조사연구의 결과에 영향을 주게 될 것이다.

(2) 성숙효과(maturation)

조사연구 대상이 되는 개인, 집단, 사회, 현상은 생태학적으로 진화/발달하고 성장하게 된다. 때문에 사전과 사후 사이에 조사대상의 특성이 변화하여 결과에 영향을 주는 것을 말한다. 일반적으로 횡단적 조사연구보다는 종단적 조사연구과정에서 발생하게 된다.

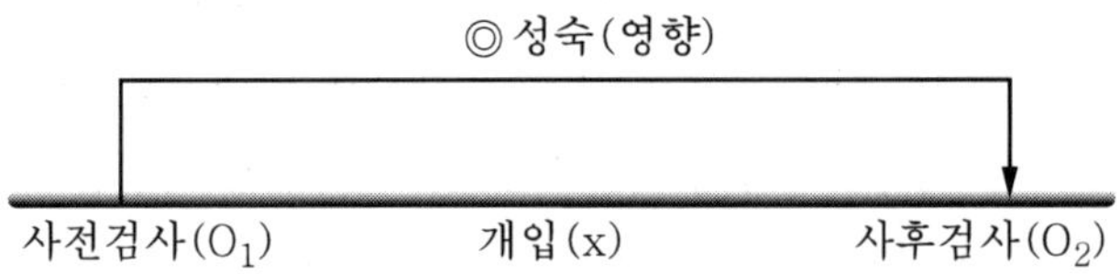

조사연구의 기간이 길어지거나 조사연구의 대상자가 아동일 경우 성장과 노인일 경우 퇴화가 급속히 일어나 성숙효과가 나타날 가능성이 크다.

예를 들면 장애전담 어린이집의 발달장애아 신체증진 프로그램의 효과성을 평가한다면 시간의 진행에 따른 아이들의 신체적 성장에 대한 고려가 없이 효과성이 평가된다면 조사연구 결과가 왜곡되게 된다.

또 다른 예를 든다면 노인들의 특수감각 노화예방 프로그램의 효과성을 평가하기 위한 조사연구에서 나이의 진행에 따른 감각기관의 노화를 고려하지 않는다면 프로그램의 효과에 관계없이 효과성이 낮아질 수밖에 없다.

성숙효과를 통제하기 위하여 비교집단의 설정이 요구되며 급격한 성장과 퇴화가 예상되는 조사연구 대상자는 연구기간을 짧게 잡을 필요가 있다.

(3) 측정효과(testing)

동일한 측정의 반복에 의하여 측정대상자가 측정도구에 익숙해짐에 따라 측정대상자의 변화는 없는데 조사연구의 결과에 영향을 주는 것을 말한다. 사전과 사후 조사에 같은 설문지를 사용했을 때 응답자가 사전조사를 위한 설문내용을 기억하여 사후 조사 설문에 영향을 주는 경우이다. 한 응답자가 여러 명의 조사연구자에 의하여 제시된 비슷한 설문내용에 대하여 응답한 경험이 있을 경우 전에 응답한 설문내용에 영향을 받아 응답이 왜곡되는 경우도 있다.

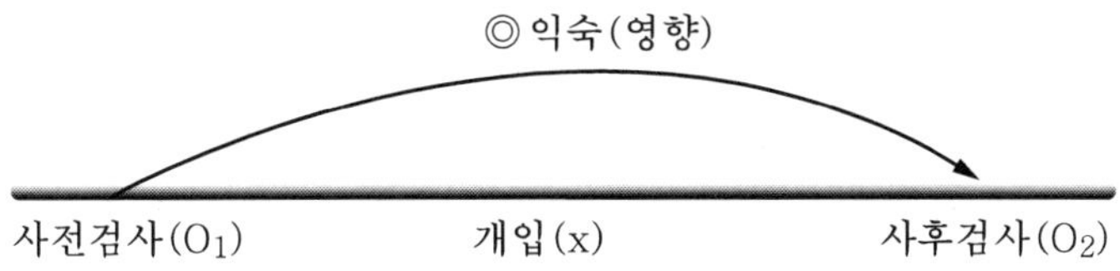

또한 조사연구의 방법 자체 때문에 조사 대상이 영향을 받는 경우도 측정효과로 간주한다. 즉, 응답자 본인이 조사연구 대상이라는 것을 인식하여 반작용을 일으키는 경우도 있다.

예를 들어 저소득 독거노인들에게 제공되는 서비스 만족도 조사를 서비스 제공기관에서 조사한다면 조사연구대상 응답자는 본인이 조사 대상이라는 것을 인식하고 가능하면 조사기관의 구미에 맞게 응답할 가능성이 있다.

(4) 측정도구효과(instrumentation)

불완전한 측정도구를 사용했을 때 발생한다. 조사연구과정에서 사용하는 녹음기, 사진기 등과 같은 보조도구의 불완전에서 나타나는 조사연구결과의 차이를 일컫는다. 또는 사전과 사후측정 사이에 다른 측정도구를 사용했을 경우에 발생하는 타당도 저해요인이다.

예를 들어 복지관에서 도입한 새로운 방과 후 학습 프로그램의 효과성을 시계열 실험설계를 사용하여 측정할 경우 매번의 측정에 다른 내용의 설문지를 사용한다면 효과성 검증을 위한 비교가 불가능할 것이다. 그러나 이러한 매번의 측정을 비교한다면 조사연구의 타당도를 저해하게 된다.

측정도구효과를 방지하기 위하여 이미 검증된 신뢰도 있는 도구 및 방법을 사용하며, 비교집단의 설정을 통하여 어느 정도 해결이 가능하다.

(5) 통계적 회귀효과(statical regression)

통계적 회귀란 처음에 극단적인 점수를 얻은 사례들이 다음번에는 평균치에 가까운 점수를 얻게 된다는 현상을 말한다.

사전과 사후 실험설계 또는 시계열 실험설계에서 발생할 수 있는 효과이다. 사전측정의 결과가 지나치게 극단적인 경우 전문가의 개입 후 사후 측정의 결과가 개입의 결과인지 확인할 수 없는 경우를 말한다.

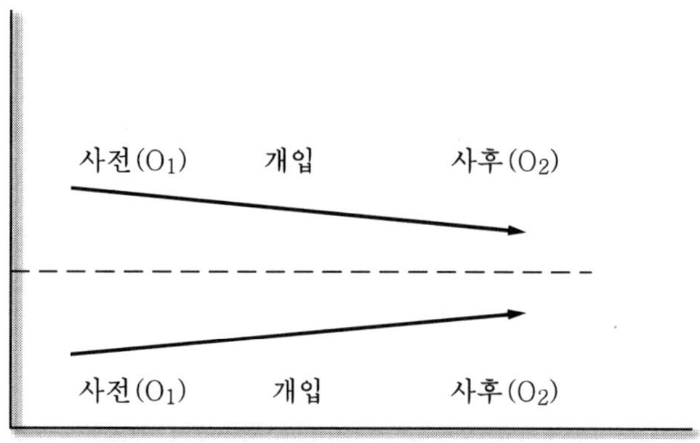

시계열실험설계에서 처음 측정을 위해 극단적인 점수의 사례들이 표집되면 다음 측정과 비교할 때 일어날 수 있는 해석상의 오류를 말한다. 예를 들어 복지의식에 관한 연구에서 복지의식이 높은 부모들을 표집하여 그들의 자녀들의 복지의식을 측정한다면 자녀들의 복지의식은 모집단 평균에 가까워질 것이다. 이러한 결과의 해석에서 세대가 지나갈수록 복지의식이 낮아진다고 결론을 내린다면 통계적 회귀의 오류를 범하는 것이다.

(6) 편향된 선발효과(selection bias)

조사연구 대상자의 선정과 표집과정에서 무작위추출이 이루어지지 않거나 체계적인 편견이 작용되면 편향된 선발효과가 발생한다. 즉, 실험집단과 비교집단의 선정 시 두 집단간에 비교될 수 없는 성격을 내포하고 있을 때 발생하는 내적 타당도 저해 요인이다.

◎ 편향된 선발(영향)

사전검사(O_1)	개입(x)	사후검사(O_2)

연구자가 실험 후 결과의 차이가 독립변수 조작의 결과에 의한 차이라기보다 원래의 차이일 가능성이 제기될 수 있다. 예를 들어 복지관의 방과 후 학습프로그램의 평가를 위하여 실험집단과 통제집단으로 분류하여 프로그램이 진행되었다. 그런데 실험집단과 통제집단의 분류 시 무작위가 아닌 연구자의 의도적 표집에 의하여 실험집단은 학교성적이 중상, 통제집단은 중하의 학생들을 표집했다면 편향된 선발효과가 발생하게 된다.

(7) 중도탈락 효과(experimental mortality)

사전과 사후 측정사이에 조사연구 대상자의 중도탈락에 의하여 발생하는 효과이다. 또는 조사연구 대상자로 표집을 해 놓았지만 조사연구 대상자에 포함되지 않았을 때 조사연구결과의 해석에서 나타나는 효과를 말한다.

◎ 중도탈락(영향)

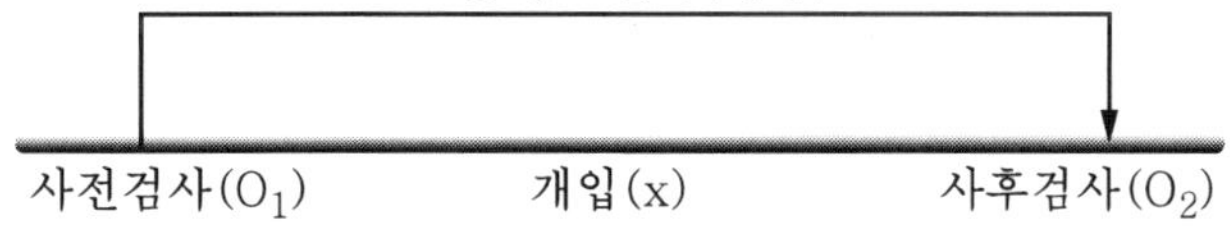

이것은 조정되어진 동질성의 와해를 초래하여 다른 결과를 양산할 수도 있다. 예를 들면 빈민지역 아동의 방과 후 학습프로그램 효과성 평가를 위한 조사연구진행 과정에서 표집된 아동들의 상당부분이 지역의 재개발 결정으로 이주하여 실험과정에서 탈락한 경우이다.

(8) 개입효과의 확산 또는 모방(diffusion or imitation of treatments)

전문가의 개입과정에서 조사연구 대상자가 예상하지 못한 영향을 받아 실험집단과 통제집단 간의 차이가 거의 나지 않는 경우를 말한다.

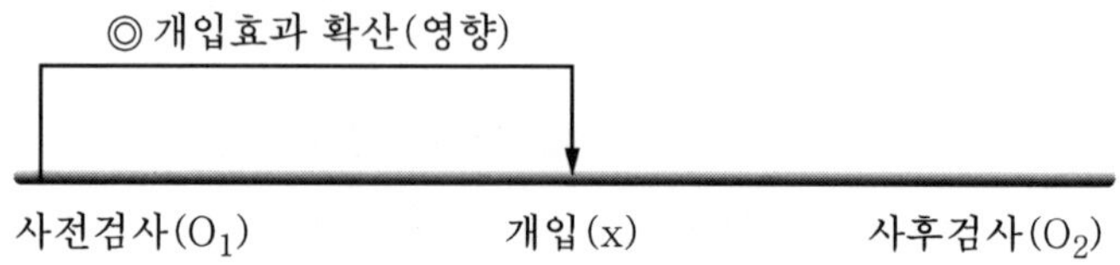

예를 들면 경로당에서 죽음에 대한 두려움 완화 프로그램의 효과성 평가를 위하여 실험집단과 통제집단을 무작위로 나누고 실험집단에 죽음완화 프로그램을 진행하였다. 그런데 실험집단에 속한 노인이 통제집단의 노인들에게 죽음에 대한 두려움의 완화에 대하여 자세하게 설명하여 실험집단과 통제집단의 사후(종속변수) 비교에서 차이가 나지 않았을 때와 같은 상황을 말한다.

2. 외적 타당도

1) 외적 타당도의 개념(일반화)

외적 타당도의 문제는 주로 조사연구과정, 즉 자료수집의 성격과 관련하여 제기될 수 있는 것이다. 외적 타당도는 어떤 표본에서 얻어진 조사연구의 결과가 다른 환경 또는 다른 집단에 확대 일반화할 수 있는 일반화 정도를 의미하며, 일반화 범위가 넓을수록 외적 타당도가 높다할 수 있다.

2) 외적 타당도 저해요인

(1) 독립변수를 적절하게 응용하지 못한 경우(irrelevant replicablity of independent variables)

독립변수는 개념규정 또는 조작화 과정에서 매우 다양하게 규정될 수 있다. 어떠한 가설의 검증을 위하여 측정 또는 관찰을 반복하는 경우 처음에 독립변수에 포함되었던 차원의 개념이 아닌 다른 개념이 포함되어 측정 또는 관찰이 된다면 일반화의 한계가 발생할 것이다.

예를 들어 시계열실험설계를 이용하여 '빈곤이 청소년의 비행에 영향을 미치는 연구'에서 독립변수인 빈곤을 처음에는 정신적 빈곤으로 조작화하여 사용하여 연구결과를 도출하였는데 그 다음 연구에 같은 주제의 연구의 독립변수의 빈곤을 물질적 빈곤도 포함시켜 조작화되어 연구가 진행되었다면 두 연구를 근간으로 연구결과의 일반화하는 데에는 한계가 있을 것이다.

(2) 다원적 독립변수의 개입

어떠한 주제의 조사연구과정에서 하나의 독립변수를 사용할 수도 있고 여러 개의 독립변수를 사용할 수 있다. 또한 하나의 독립변수를 사용하여 여러 번 반복하여 조사연구를 하는 경우, 둘 또는 세 개의 독립변수를 사용하여 조사연구를 실시하는 경우 등 다양한 방법을 동원하여 도출한 연구결과들의 일반화의 한계와 관련되어 있다.

예를 들어 마약 중독과 사회적 인격 장애 유발과의 상관관계에 관한 연구에서 대마와 헤로인을 사용한 사람들을 대상으로 두 마약의 복합적인 작용에 의한 사회적 인격장애 유발과의 상관관계 결과를 대마만을 사용한 사람들을 대상으로 하는 연구 또는 헤로인을 사용한 사람들에 대한 연구에서의 연구결과를 함께 이용하여 일반화를 시도한다면 신중해야 할 것이다.

(3) 조사 반응성(호오손 효과)

자료수집 또는 관찰과정에서 조사대상자들이 자신들이 연구대상자임을 인식할 경우 특정 반응/행동을 유발하게 된다. 외적 타당도 측면에서 이러한 환경에서 얻은 연구결과를 일반화하는 데는 한계가 있을 수밖에 없다. 즉 조사 반응성을 보인 집단에서의 연구결과를 조사반응성이 없는 집단에 일반화하는 데서 나타나는 오류이다.

예를 들어 복지관의 방과 후 학습프로그램의 효과성 평가를 위한 조사연구에서 실험집단의 학생들이 실험 대상자임을 인식하고 평소보다 더욱 열심히 공부하여 효과성이 높게 나왔다면 외적 타당도에 영향을 주게 된다.

(4) 편향된 선발과 독립변수의 상호작용

조사연구과정에서 표집, 환경, 절차 등의 대표성에 의한 조사연구 결과의 일반화 문제이다.

첫째, 표집을 하는 과정에서 일반화된 표집틀에 근거하여 무작위 표집이 시행되지 않았을 때 발생할 수 있는 문제이다.

예를 들어 자원봉사에 참여한 사람들을 대상으로 국민의 자원봉사 의식조사를 한다면 표집과정에서 이미 차별적으로 표집되어 조사연구 결과의 일반화에 한계가 있다.

둘째, 플라시보 효과에 의한 실험 대상자와 변수간의 상호작용이다. 예를 들어 조사 대상자가 조사자의 구미에 맞게 응답한 연구결과를 일반화하는 경우에 발생한다.

셋째, 실험 상황 또는 우발적인 사건과 실험 변수간의 상호작용이다. 예를 들면 한국의 IMF상황에서 지역사회조직에서 지역주민의 연대감에 대한 연구의 결과를 IMF에서 벗어난 2000년대에 적용하려 한다면 일반화의 한계를 가질 수밖에 없다.

연 습 문 제

1. 사회복지조사실험설계의 필요성과 목적을 진술하시오.

2. 사회복지조사실험설계와 인과관계의 관계를 설명하시오.

3. 사회복지조사실험설계를 인과관계에 따라 분류하시오.

4. 순수조사실험설계를 분류하고 도식화/설명하시오.

5. 순수조사실험설계의 기본조건을 설명하시오.

6. 순수조사실험설계의 과정을 설명하시오.

7. 유사조사실험설계를 분류하고 설명하시오.

8. 전조사실험설계의 유형을 분류하고 설명하시오.

9. 내적 타당도의 개념과 저해요인들을 설명하시오.

10. 외적 타당도의 개념과 저해 요인을 설명하시오.

제7장

사회복지조사연구 표본(샘플링)설계

제 1 절 표본조사의 개념

표본(標本, sample)이란 조사연구하고자 하는 어떠한 현상을 대표할 수 있도록 추출된 일부의 사람, 사건, 또는 사회적 가공물이다. 이러한 표본을 전체적으로 이해하기 위해서는 관련된 여러 가지 용어를 이해하는 것이 선행되어야 한다.

1. 전수조사와 표본조사

1) 전수조사와 표본조사의 개념

연구자가 수행하고자 하는 연구주제와 관련된 모집단 관한 정보를 얻기 위하여 전수조사 또는 표본조사를 실시하게 된다.

전수조사는 모집단 전체를 대상으로 조사하는 방법이다. 모집단의 규모가 작아 시간과 경비의 한계를 극복할 수 있으면 전수조사가 바람직하다고 볼 수 있다. 그러나 모집단이 대규모일지라도 국가정책의 전반적인 기초를 수립하기 위하여 전수조사를 실시하는 경우가 인구센서스이다.

표본조사는 모집단의 일부를 표본대상으로 선정하여 필요한 정보를 수집한다. 이때 모집단의 일부를 표본(sample)이라고 하며 표본을 선정하는 과정을 표집(sampling)이라고 한다. 표본조사의 궁극적인 목적은 표본조사의 결과인 통계치를 바탕으로 하여 모집단의 특성을 파악하고자 하는데 있다. 따라서 표본선정은 매우 중요하며 표본이 추출된 모집단의 내용을 파악하는데 커다란 영향을 미치므로 신중하게 고려하여야 한다.

좀더 구체적으로 전수조사와 표본조사의 관계를 알아보면 다음과 같다. 표본은 간접적으로 모집단을 대표할 수 있어야 한다. 이것은 표본으로부터 얻은 통계치를 통하여 의미 있는 모수치의 추정이 가능하기 때문이다.

〈그림 7-1〉 전수조사와 표본조사의 관계

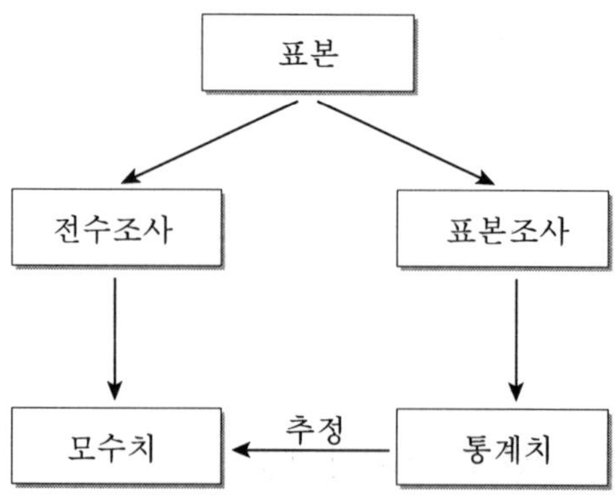

아래에서 자세하게 설명하겠지만 모수치란 집단의 특성을 나타내는 양(수치)이며 조사연구를 통하여 검증하고자 하는 양(수치)으로 모평균이 표준편차 등으로 표현되며 통계치는 표본으로부터 얻은 양(수치)

으로 표본평균과 표본의 표준편차 등으로 표현된다.

2) 모집단, 연구 모집단 그리고 표본

모집단(population)은 조사대상 전체 인구, 즉 조사자가 표본을 통해 발견한 사실을 일반화하고자 집단을 말하고 대상표본은 모집단의 일부를 의미한다. 다시 말해 조사연구를 위하여 표본이 추출되어 어떠한 현상을 설명할 수 있는 본질적인 대상 전체를 모집단이라고 한다.

연구 모집단은 모집단의 하위개념으로 볼 수 있다. 모집단 중 표본이 실제로 추출되는 대상 범위를 의미한다. 예를 들어 대한민국 대학생의 복지의식 조사에서 대한민국 대학생이란 대한민국 국적을 소유한 대학 등록자를 의미하지만 현실적인 이유로 조사가 불가능한 대상자 범위가 존재하게 된다. 아마도 외국에 거주하는 대한민국국적의 대학생은 연구대상에서 제외될 수박에 없다. 위의 연구에서 모집단은 대한민국 국적의 모든 대학생이 될 것이고, 연구 모집단은 2006년 현재 대한민국에 거주하며 복지의식을 표현할 수 있는 대한민국내의 대학생이 될 것이다.

3) 모수치(parameter)와 통계치(statistic)

모수치는 모집단에서 나타나는 어떠한 개념을 변수화하여 변수의 특성을 측정하여 수치화한 것이다. 즉 모수치는 실제로 알려진 경우가 드물며, 따라서 모집단의 진정한 참 값과 같다고 할 수 없다. 측정과정에서 오류에 의하여 정확한 값을 구하기 힘들기 때문이다.

통계치는 표본으로 뽑힌 자료를 근거로 하여 변수에 대한 특성을 수치화한 것이다. 이러한 표본의 통계치를 가지고 실제 알지 못하는 모수치를 추정하는 과정이 표본조사의 묘미이기도 하고 자료 분석의 주된 목적 중의 하나이다. 예를 들어 “대학생들의 복지의식 조사”에서 전체 대학생을 조사한 복지의식의 수치는 모수이며, 표집을 통하여 일부 대학생을 뽑아 조사하여 나온 복지의식에 대한 수치는 통계치이다. 이러한 통계치로 전체 대학생의 복지의식을 추정하게 된다.

여기서 통계치로 모수치의 추정은 모수치와 통계치의 연결과정을 의미한다. 이것은 가설 검정과 추정절차를 포함하게 된다. 가설 검정과 추정절차는 가설의 기각 여부를 결정하는 과정으로 가설의 기각영역을 미리 정하여 놓고 통계량이 정해진 영역에 포함되는지를 판단하여 결정한다.

4) 표집틀(sampling frame)과 관찰 단위(observation unit)

표집틀은 표집의 각 단계에서 획득될 수 있는 대상자의 목록, 즉 리스트(list)를 말하며, 주민등록명부, 출석부, 전화번호부 등을 들 수 있다. 관찰단위는 정보가 수집되는 개인 또는 단체 등의 요소를 의미한다. 예를 들어 "대학생들의 복지의식 조사"에서 표본틀은 전체 표집대상인 대학생의 이름이 나와 있는 명부를 의미하며 관찰 단위는 대학생 개인이 될 것이다.

5) 요소(element)와 표집단위(sampling unit)

요소는 구성요소라고 표현하기도 하며 모집단을 구성하고 있는 개별요소를 말한다. 개개의 요소에 대한 조사정보이며 분석의 기초가 된다. 즉, 요소들의 조사를 위하여 표집한 요소들의 집합체가 연구모집단이라고 할 수 있다.

표집단위는 표집의 각 단계에서 표본으로 추출될 요소들의 묶음 범주이다. 표본의 단위는 개인, 가족, 소집단, 사회적가공물 등도 될 수 있다. 예를 들어 주민복지 의식조사를 한다면 3단계로 표집과정을 거치게 된다. 먼저 행정구역을 근거로 몇 개 지역을 표집하고 그 추출지역에서 가구를 표집하고 이구에 가구를 대상으로 주민들을 표집하게 된다. 이때 행정구역, 가구 주민은 표본단위이고 주민 개개인을 표본요소라고 한다.

6) 표집오차와 신뢰수준

(1) 표집오차(sampling error)

표집오차는 표본에 의한 통계치의 추정값과 모수치와의 차이를 말한다. 이것은 표집오차가 작으면 작을수록 통계치가 모수치에 가깝다는 의미이다.

표집오차는 조사가 표본에 바탕에 의하여 조사되는 한 피할 수 없으며, 측정의 오차와 기타 편견에 의한 오차가 없더라도 표본에서 얻은 통계치는 전수조사를 통한 진정한 참 값인 모수치와 일치하지 않는다.

(2) 신뢰수준(confidence level)

신뢰수준은 모수치를 포함하리라고 기대되는 수준이며 표본의 통계치가 모수치로부터 얼마나 차이가 나는지를 나타내는 수준이다. 신뢰수준은 주로 95%~99%까지 선정하며 선택은 연구자 스스로 하게 된다. 일반적으로 95%수준을 표기한다. 예를 들어 95%수준의 신뢰수준이란 통계치가 모수치로부터 ±5%의 차이를 낼 수 있고 5%의 오차는 허용오차가 된다(자료 분석론 참고).

2. 표본조사

1) 표본추출(sampling)

표본추출이란 어떤 성격 또는 특성을 파악하기 위하여 조사연구 대상 전체가 아닌 일부를 통한 경험으로 전체를 추정하는 절차를 말한다. 예를 들어 대형 할인마트 시식코너에서 음식의 시식으로 음식전체의 맛을 판단하는 것과 동일하다고 볼 수 있다. 이때 시식하는 음식의 선택을 영어로 sampling이라고 표현하며 우리말로 표본추출이라고 한다. 그러나 이 때 시식하는 음식의 대표성에 대한 확신이 표본추출의 핵심이다.

2) 표본의 대표성

표본의 생명은 모집단을 얼마나 대표할 수 있느냐에 있다. 모집단의 특성을 100% 대표할 수 있다면 이상적이다. 대부분의 경우 모집단의 규모 때문에 모집단의 특성인 모수치를 정확히 파악하기가 쉽지 않다. 때문에 모집단에 대한 표본의 대표성은 신뢰구간으로 설정하여 판단한다. 이러한 신뢰구간의 확률적 표본분포에 의하여 결정된다.

3) 확률 표본분포

앞에서 설명한 바와 같이 표본에 의한 통계치를 근간으로 모집단의 모수치를 추정하게 되는데 추정의 정확성을 확보하기 위하여 확률표집의 원리가 적용되게 된다.

확률표집은 표본추출과정의 어떠한 사건과 관계없이 뽑힐 확률이 동동한 기회를 갖는 것을 말한다. 이러한 과정을 통한 표집은 어떠한 편견이 개입되지 않을 뿐만 아니라 확률이론을 근거로 모수치와 오차의 측정이 가능해진다.

확률이론은 같은 모집단에서 같은 표본추출방법으로 같은 크기의 표본을 무수히 뽑는다는 가정에서 시작된다. 매번 뽑힌 표본의 특성에 대한 통계치가 산출되고 각각에 대한 표본의 평균치가 동일하지 않을 것이다. 즉, 각각의 통계치들은 각각의 분포를 나타내며 이 표본들의 통계치는 모집단 평균을 중심으로 분포하게 된다. 이러한 것은 이론적인 분포이며 가장 대표적인 것이 정상분포곡선이다. 이들의 통계치의 평균치는 모집단의 평균치와 반드시 일치한다. 이때 나타날 수 있는 통계치의 평균치와 모집단의 평균치와의 차이가 평균편차이며 모수치와 통계치의 차이가 표준오차이다.

표준오차를 이해하기 위하여 표준편차(standard deviation)를 이해하는 것이 선행되어져야 한다. 표준편차란 어떤 특성 요소들의 분포가 널리 퍼져 있을 때, 각각의 요소들이 평균치로부터 떨어진 거리를 편차라고 하고 이들 각각의 편차 값들의 제곱을 평균하여 다시 제곱을 풀어준 값이다.

표준오차란 표본분포의 표준편차라고 할 수 있는데 표본의 크기가 클수록 표준오차는 줄어든다고 추정할 수 있다.

〈그림 7-2〉 정상분포곡선

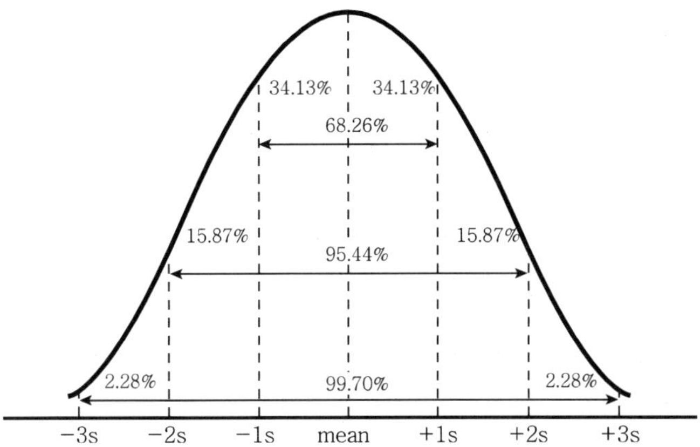

위의 그림에서 평균치를 모수차로 가정하면 표준편차가 0이 된다. 그리고 표본 추정치의 68.26%는 ±1 표준오차 범위, 95.44%는 ±2 표준오차 범위, 99.70%는 ±3 표준오차 범위에 포함되게 된다.

4) 표본조사의 장점과 단점

표본은 일차적으로 기술적 통계분석의 대상이 된다. 그러나 표본조사의 궁극적인 관심은 표본을 통해 모집단을 설명하려는 것이기 때문에 표본의 대표성을 고려하여 가설검증의 방법들이 사용되기도 한다. 표본의 장점은 다음과 같다.

첫째, 전수조사에 비하여 조사기간과 경비를 절약할 수 있는 경제성이다. 조사연구를 진행함에 있어 현실적인 문제이다.

둘째, 단기간에 걸쳐 조사가 이루어지기 때문에 조사 대상자의 특성이 변하기 전에 신속하게 진행될 수 있는 신속성이다. 표본조사가 아닌 전수조사가 이루어진다면 경우에 따라 오랜 시간이 소요될 수도 있다. 전수조사기간이 2-3년이 걸린다면 2년 전에 조사한 대상과 2년 후에 조사된 대상은 성숙과 같은 내적 타당도 저해 요인의 영향을 받게 된다.

셋째, 표본의 통계적으로 유의한 수준이 확보된다면 정확도는 유지할 수 있다. 또한 숙련된 소수의 조사자가 투입됨으로 조사 과정에서 발생할 수 있는 오류를 줄일 수 있어 정확도가 증가될 수 있다. 바꾸어 설명하면 많은 수의 면접자를 투입할 경우 면접자간의 신뢰도에 문제가 발생할 수 있다.

넷째, 많은 문항수를 이용한 조사가 가능하여 세밀한 조사를 실시할 수 있다. 시간과 재정적인 차원의 경제성 때문에 조사 문항의 확대가 가능하여 좀더 세밀한 조사에 부담을 적게 한다.

하지만 단점으로는 모집단을 대표할 수 있는 표본추출이 어렵고, 효율적인 표집을 위한 설계가 시간이 많이 소요되며, 표본오차가 발생할 경우 왜곡된 특성이 나타나게 된다.

4) 표본설계 과정

표본설계의 일반적인 과정은 모집단 확정, 표본 프레임의 확보, 표본추출방법의 결정, 표본크기의 결정, 표본추출 순으로 진행된다.

(1) 모집단의 확정

모집단은 연구자가 연구하고자 하는 궁극적인 대상 집단이다. 다시 말해 연구자가 조사연구를 통하여 궁극적으로 얻고자 하는 정보가 모집단에 관한 것이기 때문에 모집단의 확정은 연구결과의 신뢰성과 타당성의 평가기준을 제시하여 줌으로 매우 중요하다. 즉, 표집을 통한 연구 결과를 일반화할 수 있는 구체적인 모집단의 확정이 요구된다.

모집단 확정을 위한 요소는 ① 연구대상 ② 표본단위 ③ 범위 ④ 시간을 들 수 있다. 연구대상은 개인, 집단, 조직이 될 수 있으며 분석의 기초가 된다. 표본단위는 표본추출의 각 단계에서 표본으로 추출되는 단위로 초종이 표본단위가 연구대상이 된다.

예를 들어 대한민국 대학생의 복지의식 조사를 할 경우 연구대상(대학생), 표본단위(대학생), 범위(전국, 대한민국 국민), 시간(2006)으로 나눌 수 있다.

또 다른 예로 대한민국 성인 남녀의 복지의식 조사에서는 연구대상(대한민국 성인), 표본단위(남, 녀), 범위(전국), 시간(2006)으로 나눌 수 있다.

〈그림 7-3〉 표본설계 과정

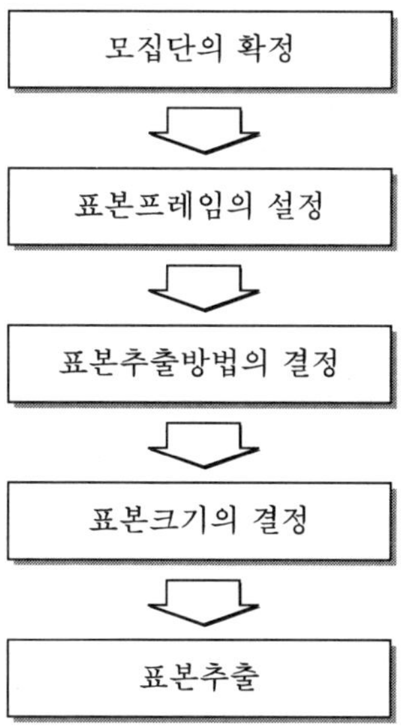

(2) 표집틀(프레임) 확정

표집틀은 표본추출을 위하여 모집단의 요소나 표집단위들을 한데 모아 정리하여 놓은 일종의 목록으로 매우 중요하다. 이것은 표집틀이 모집단의 구성요소를 모두 포함하여 연구대상에 대한 정확한 정보를 제공할 수 있어야 한다. 때문에 조사연구자는 가장 최근에 만들어진 표집틀의 확보를 위해 노력해야 한다. 가장 일반적으로 사용하는 표집틀은 전화번호부, 선거인 명부, 학생등록 명부 등이 있다.

표집틀을 확보하지 못할 경우 연구자가 직접 만들어야 할 경우도 있다. 그러나 모집단을 얼마나 대표할 수 있을 것인가가 문제가 된다. 이러한 문제를 해결하기 위하여 표표본추출표본크기의 결정표본추출방법의 결정표본프레임의 설정모집단의 확정틀을 만들고 모집단을 재규정하는 방법과 자료수집과정에서 선별문항을 만들어 부적절한 연구대상자를 제거하는 방법을 사용한다. 언제든지 완벽한 표집틀을 구할 수는 없을 것이 현실이기 때문에 연구의 한계에 명확하게 진술하는 것이 중요하다.

표집틀은 자료수집방법에 따라 다를 수 있다. 예를 들어 대한민국 성인 남녀의 복지의식 조사에서 전화면접을 시도할 경우 전화번호부가 표집틀이 될 수 있고, 대인면접을 시도할 경우 표집틀은 주민등록 명부가 될 수 있을 것이다. 바람직한 표집틀은 ① 포괄성 ② 추출확률 ③ 효율성을 갖추어야 한다.

(3) 표본추출방법의 결정

연구자는 표집틀이 결정되면 표본추출방법을 결정하게 된다. 표본추출방법은 연구의 목적, 표본단위의 특성, 그리고 모집단의 대표성을 확보할 수 있는 것을 선택한다. 표본추출방법은 확률과 비확률표집이 있다(도식 참조).

확률표본추출방법은 표집틀 내에서 무작위로 추출되며 표집될 확률이 알려져 있다. 그러나 비확률표본추출방법은 이러한 특성과 관련이 없다.

(4) 표본크기의 결정

표본추출을 결정할 때 표본의 크기를 어느 정도로 할 것인가는 현실적인 문제이다. 표본의 크기가 크면 대표성에 대한 안정감을 확보할 수 있으나 비용과 시간의 문제가 제기된다. 어느 정도의 대표성을 확보하고 경제적인 효율성이 담보된 적절한 표본의 크기를 결정하는 것은 매우 중요하다.

일반적으로 표본의 크기는 모집단이 특성에 따라 달라질 수 있다. 모집단이 크면 표본의 크기도 커지는 것이 일반적이다. 그리고 동질적인 모집단보다는 이질적인 모집단에서 더 큰 표본을 요구하게 되며, 독립변수의 종류와 범주의 수, 시간/비용, 분석방법 등의 영향을 받게 된다.

표본의 크기는 연구의 목적을 적절히 달성하기 위한 변수의 수, 표본추출방법, 분석방법 등에 따라 달라질 수 있다.

가장 중요한 표본의 크기 결정 요인으로 모수추정의 정확도와 신뢰도를 확보할 수 있는 크기는 되어야 한다. 표본의 크기는 하나부터 수천 개에 이르기까지 다양하다.

예를 들어 2 × 2 테이블 기준으로 카이자승(χ^2)을 통한 자료분석을 시도한다면 최소 표본이 30이 필요하다. 그러나 일반적으로 120케이스가 넘으면 대 표집으로 간주된다. 표본크기결정방법은 신뢰구간접근법과 가설검증접근법 등이 있다.

(5) 표본추출

표본추출은 표본의 크기가 결정되면 이루어지는 표본설계과정의 마지막 단계이다.

제 2 절 표본추출 유형

1. 확률표본과 비확률표본

확률표본(probability sample)은 표집틀이 존재하거나 대상자의 표집확률 알려져 있는 경우이다. 확률표본은 표집과정에서 연구자의 편견이 개입되지 않고 표본조사의 결과인 통계치로부터 표본오차의 계산이 가능하여 신뢰도를 평가할 수 있다. 확률표본에는 환원(복원)확률표집과 비환원(비복원)확률표집으로 나누어진다. 환원표집이란 한번 표본으로 뽑힌 요소를 다시 모집단에 환원시키고 다시 표본추출하는 방법이다. 비환원확률표집은 한번 뽑힌 요소를 모집단에 환원시키지 않고 표본추출을 진행하는 방법이다.

그러나 확률표본은 실제 조사연구에서 현실적으로 불가능한 경우를 경험하게 된다. 예를 들어 전국의 약물 중독자 또는 성격장애자와 같이 모집단 자체를 한정하기 힘든 경우가 종종 있다. 이와 같이 표집틀을 구성하지 못한다면 확률표본은 무의미하다고 할 수 있다. 이러한 문제점을 대처하기 위한 대안으로 비확률표본을 사용하게 된다.

비확률 표본(nonprobability sample)은 시간과 비용이 많이 드는 경우든지 모집단을 규정하기가 어려울 경우 사용하게 된다. 표본과정에서 연구자의 주관이 개입되고 대표성을 확보하는 데는 한계가 있다(자세한 사항은 〈표 7-1〉 참조).

〈표 7-1〉 확률표본과 비확률표본의 비교

확률표본	비확률표본
· 무작위 추출 · 추출확률 알려짐 · 모수추정에 편견(bias) 없음 · 분석결과 일반화 용이 · 시간/비용 많이 듬 · 표본오차 추정 가능	· 인위적 추출 · 추출확률 안 알려짐 · 모수추정 편견(bias) 존재 · 분석결과 일반화 어려움 · 시간/비용 적게 듬 · 표본오차 추정 불가능

확률표본의 종류는 단순무작위, 체계적 표본, 층화표본, 그리고 군집표본이 있고, 비확률 표본에는 임의표본, 할당 표집, 편의표본, 눈덩이 표본 등이 있다.

2. 표본의 유형

1) 확률표본

(1) 단순무작위표본(simple random sample, SRS)

단순무작위표본은 순수무작위적인 방법으로 모집단으로부터 표본 추출확률이 알려져 있고 각각의 요소들이 뽑힐 확률이 동등하다. 표집은 표집단위에 번호를 부여하고 나열한 후 결정된 표본의 크기 만큼 난수표(table of random digit)를 이용하여 이루어진다. 난수표는 사회복지조사방법론 또는 자료분석론의 부록에 첨부되어 있으며, 난수표의 사용방법은 예를 들어 설명하면 다음과 같다.

모 대학의 사회복지학부에서 1,000명의 학생으로 구성된 모집단에서 50명을 표집한다면 사회복지조사론 수업 만족도를 조사할 경우 첫째, 1,000명의 명단이 일련번호로 수록된 표집틀을 구한다. 일련번호로 수록된 표집틀이 없을 경우 표집틀의 모든 명단을 일련번호를 매긴다. 둘째, 난수표를 구하여 난수표에서 하나의 숫자를 눈을 감고 선택한다. 셋째, 선택된 번호를 중심으로 위, 아래, 좌우 방향으로 가면서 앞의 두자리 번호(표집대상 50이 두 자리이기 때문에)를 읽어간다. 읽어가는 번호를 표집틀의 번호에 표시한다. 넷째, 이렇게 진행하여 표집틀에서 50개의 번호가 표시되고 번호에 해당되는 학생은 표집대상이 된다.

모집단(N)의 케이스들이 표본(n)에 포함될 확률은 n/M으로 동일하다. 가령 예를 들어 1,000명의 모집단에서 200명을 표집한다면 20/1,000은 1/50의 확률이다.

단순무작위표집방법을 사용하기 위한 가정은 첫째, 표본이 일정량 이상의 크기를 유지할 때, 둘째, 표집과정이 무작위로 이루어져야 한다.

단순무작위표집방법은 복원표본추출(sample with replacement)과 비복원표본추출(sample without replacement)로 분류된다.

복원표본추출 방법은 한번 표본으로 뽑힌 요소를 모집단에 돌려보내는 방법이고, 비복원표본추출 방법은 돌려보내지 않는 방법이다.

예를 들면 60명인 모집단에서 5명을 무작위로 추출한다면 모집단의 표집 대상자에게 1~60번의 번호를 부여하여 박스에 넣고 5명을 무작위로 추출한다. 뽑힌 한명 한명을 다시 박스에 넣지 않고 5명을 추출할 경우 비복원추출이라고 하고 뽑힌 한명 한명을 다시 박스에 넣고 5명까지 추출하면 복원추출이 된다. 단순무작위 표본추출방법은 다음과 같다.

첫째, 모집단이 확정되면 표본 틀과 표본의 크기를 결정한다.

둘째, 표본의 요소에 번호를 부여한다.

셋째, 무작위로 표본의 크기만큼 추출한다.

장점은 대표성의 확보가 용이하고, 모집단에 대한 지식이 불필요하며, 오차 계산이 용이한 반면에 단점으로는 모집단의 요소들이 모두 알려져야 하며 모집단이 매우 클 경우 각각의 요소에 일련의 번호를 모두 부여하는 것이 현실적으로 어려울 수도 있다.

(2) 체계적 표본(systematic sample)

체계적 표본은 단순무작위표본의 변형된 방법으로 표집하는 방법으로 가장 쉽게 이용할 수 있다.

체계적 표집의 과정은 다음과 같다.

첫 번째 대상자는 표집구간 내에서 무작위로 추출되지만, 두 번째 대상자부터는 일정한 간격을 두고 표집하는 방법이다. 때문에 모든 표집 대상자인 모집단에 번호를 부여하고 일정한 순서에 따라 표본을 추출하는 방법이다. 만약 1,000명의 모집단(N)에서 100명을 표집(n)한다면 k=N/n=1,000/100이 될 것이다.

예를 들어 60명인 모집단에서 5명을 표집한다면 모집단에 1~60의 번호가 부여되고 표집구간은 10이 될 것이다. 첫 번째 표집구간인 1~10 사이에서 4번이 무작위 표집되었다면, 전체표집 대상자는 4, 14, 24, 34, 44, 54번이 될 것이다.

장점으로는 표본추출이 용이하고 대표성을 확보할 수 있으나, 단점으로는 모집단과 표집의 크기가 클 경우 사용하기가 쉽지 않으며, 프레임이 치우쳐 있을 경우 표집오차가 개입될 수 있다.

3) 층화표본(stratified random sample)

층화표본은 표본이 이질적인 경우 보다 동질적인 표본이 표집의 차를 줄일 수 있다는 확률분포 이론에 근거하여 실행되는 방법이다. 때문에 층화표본은 표본 대상자의 특성에 따라 상호 배타적인 집단으로 층화시키고 집단별로 무작위로 추출하는 방법이다. 소규모의 하위 연구대상 집단들이 적절한 크기로 포함되는 것을 담보하기 위한 방법이다.

층화표집을 수행하기 위하여 먼저 모집단 내의 하위연구대상 집단의 특성과 그 비율을 파악하고 일정 크기의 동질적인 집단으로 나눈다. 이것은 모집단에 대한 연구자의 경험이나 선행연구가 잘 이루어져 있다는 것을 전제로 모집단을 동질적인 하위 집단으로 층화시키고 층화된 집단을 대상으로 무작위 추출 절차를 밟게 된다. 층화 표집은 모집단의 비율과 같게 표집하는 비례층화 표집(proportionate stratified sampling)과 모집단의 비율과 같지 않게 표집하는 비비례층화 표집(disproportionate stratified sampling)으로 구분된다.

〈그림 7-4〉 층화표본

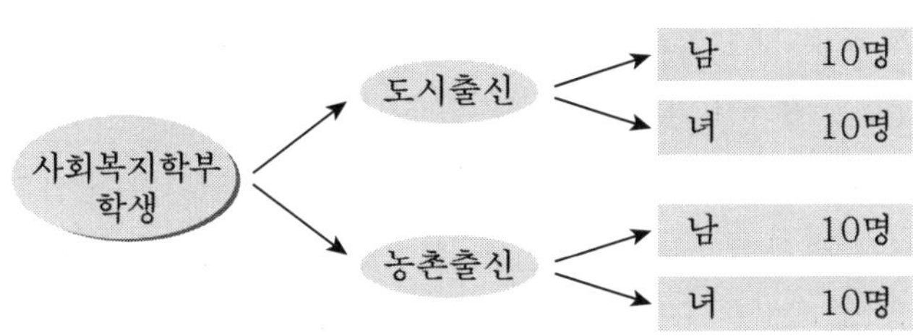

① 비례층화표집

비례층화표집은 각 계층에서 동일한 비율로 표집단위들을 추출하는 방법이다.

위의 〈그림 7-4〉에서 사회복지학부 학생 400명 중 도시출신이 300명 농촌출신이 100명일 경우, 도시와 농촌 출신 학생 비율은 3:1이 된다. 복지의식 조사를 위하여 40명을 비례층화방법으로 표본추출한다면 도시출신에서 30명과 농촌출신에서 10명이 무작위로 시행되는 표집 대상이 될 것이다.

① 비비례층화표집

비비례층화표집은 각 계층에서 차등한 비율로 연구 대상자를 추출하는 방법이다. 연구자는 모집단의 각층의 정보에 대하여 정확히 알아야 한다.

장점으로는 가능한 표본오차를 줄이고 대표성을 강화시킬 수 있다. 그러나 연구자에게 층화시킬 수 있을 만큼의 모집단에 대한 사전 지식을 요구하게 된다. 이러한 사전 지식이 없을 경우 층화를 위한 기준의 사용에 대한 타당성이 문제로 제기된다.

4) 군집표본(cluster sample)

군집표본은 집락표본, 다단계표본 등으로 불리우며, 개별 요소의 목록을 구하기 용이한 몇 개의 부분단위로 모집단을 나누고 부분단위를 표집대상으로 간주한다. 즉, 모집단을 일차적으로 일정범주로 상호배타적인 군집으로 나누고 군집 자체를 표본단위로 하여 무작위로 표본을 추출한다. 1차로 표집된 군집에서 다시 하위군집으로 나누고 하위군집을 표집 대상으로 무선 표집한다. 하위 군집화와 무작위 표집은 마지막 군집단위까지 계속되고 마지막 군집단위가 연구 단위가 된다. 예를 들어 대한민국 국민의 복지의식조사에서 행정단위로 군집화한다면 8개도에서 무작위로 한 개의 도가 표집되고, 표집된 도에서 한 개의 시·군이 표집되고, 표집된 시군에서 한 개의 읍, 면이 표집되고, 표집된 읍, 면에서 한 개의 리, 통이 표집될 것이다. 마직만 군집으로 표집된 리, 통을 대상으로 조사가 수행될 수 있다.

위의 예와 같이 다단계 군집표집을 많이 사용하며 층화표집과 혼재된 다단계층화군집표집을 사용하기도 한다.

군집표집은 군집 간에 이질성이 높고 군집 내의 요소들은 동질성이 높을 때 대표성이 확보된다. 모집단의 표집 틀을 구할 수 없을 때 사용이 가능하며, 비용이 절감되고, 다른 표본과 비교가 가능한 장점이 있지만, 표집 오차개입이 있는 것이 단점으로 지적된다. 또한 군집의 수 자체가 너무 많아지고 각각의 군집에서 표본의 크기가 너무 커지면 능률이 떨어진다.

2) 비확률표본

(1) 편의표본(convenience sample)

편의표본은 임의표본(accidental sample)이라고도 하며, 연구자가 표집 대상선정 기준을 표집의 편리성에 두는 방법으로 비확률표본추출 방법의 하나이다. 예로는 TV 뉴스나 프로그램 진행을 위하여 길거리에서 인터뷰하는 것이 대표적이라고 할 수 있다.

편의표본은 특정한 원칙이나 계획이 없이 편의성에 근거하여 표집을 하며, 모집단에 대한 정보가 없을 때 사전조사나 탐색적인 연구목적을 달성하기 위하여 사용하곤 한다.

장점으로는 비용이 절약, 절차간단, 표본추출 과정이 용이한 측면 있지만 대표성의 한계, 인과관계조사의 어려워, 일반화 어려움 등이 단점으로 제기된다.

(2) 목적표본(purposive sample)

목적표본은 판단표본(judgmental sample)이라고도 하며, 연구자의 주관적인 근거에 의해 모집단 대표성이 있다고 판단되는 대상을 표집하는 방법이다. 때문에 연구자에게 모집단의 특성에 대하여 전문적인 지식이 요구된다.

목적표본은 이론적으로 중요한 변수에 대하여 한정된 범위내의 표본을 추출하는 경우이다. 예를 들어 집단역학의 장점에 대하여 연구한다면 응집력이 강한 운동선수들을 대상으로 하는 것과 같이 극단적인 표본을 추출하는 방법이다.

장점으로는 비용이 적게 들고 편리하며, 정확도가 높아, 표본의 크기가 작을 때 사용하기 좋다. 단점으로는 대표성, 편견·오류의 통제 등이 어려워, 모집단에 대한 충분한 지식의 요구 등이 지적된다.

(3) 할당표본(quota sample)

할당표본은 비확률표본추출방법 중에서 가장 정교하여 사회과학 분야의 연구에서 비교적 많이 사용한다.

할당표본은 선택하고자 하는 표집의 집단별 분포를 미리 알고 그에 맞추어 각 집단 내에서 할당된 수만큼 표본을 임의로 추출하는 방법이다. 할당표본과 층화표본은 하위 범주별로 표집 대상을 할당하는 것은 동일하나 추출과정이 다르다. 층화표집은 단순무작위를 사용하지만 할당표집은 연구자 임의로 이루어진다. 일반적으로 할당표본은 2단계의 과정을 거치게 된다.

첫째, 연구자는 모집단의 특성을 대표할 수 있는 일정의 범주를 나누고 그 범주를 대표할 수 있는 표본이 할당량을 결정한다.

둘째, 각각의 범주에 할당된 표본의 양을 임의로 추출한다. 예를 들어 복지의식 조사에서 전국을 표본으로 할 때 도시와 농촌, 남녀, 계층과 같은 범주를 차례로 배열하고 각 범주의 상대적 비율에 따라 비확률적으로 표집하는 방법을 말한다.

장점으로는 비용이 적게 드는 것이지만 할당 수에 대한 문제와 일반화 문제, 분류오차 등은 극복해야 할 문제이다.

(4) 눈덩이표본(snowball sample)

눈덩이표본은 누적표본이라고도 하며 눈덩이를 굴리는 것 같이, 최초의 작은 표본을 선택하여 그를 통해 표본을 확대하여 가는 방법이다.

한 조사 대상자가 다른 조사 대상자 2명을 소개하고, 2명의 조사 대상자는 각각 2명씩 조사대상자를 소개하는 방법이다. 주로 민감한 주제 또는 대상자를 연구할 때 이용하는 방법이다.

조사자의 신분이 노출되지 않고 비용/시간이 절약되는 장점이 있지만 표본이 어려움, 피조사자를 조사원으로 사용하기가 쉽지 않은 단점이 있다.

연 습 문 제

1. 전수조사에 비교하여 표본조사의 장점은 무엇인지 설명하시오.

2. 모집단과 연구 모집단의 차이를 설명하시오.

3. 모수와 통계치의 차이를 설명하시오.

4. 표본설계과정에 대해서 설명하시오.

5. 모집단의 결정 시 고려해야 할 사항에 대하여 설명하시오.

6. 확률표본추출방법과 비확률표본추출방법을 비교 설명하시오.

7. 확률표본추출방법의 유형과 특징을 설명하시오.

8. 비확률표본추출방법의 유형과 특징을 설명하시오.

9. 표본크기 결정시 고려해야 할 사항에 대하여 설명하시오.

제3부

사회복지조사연구의 측정과 조사

제8장

측정과 척도

제 1 절 측정(measurement)

1. 측정의 정의

우리는 일상생활에서의 모든 의사결정은 일정 기준에 의한 측정의 결과에 의하여 이루어진다. 그러나 측정이라는 개념이 생소하고 어렵게 느껴지는 것은 생활언어가 아니기 때문이다. 일상생활을 위한 측정과 학문을 위한 측정의 차이점은 얼마나 과학적인 접근에 의한 측정이 시도 되었느냐에 의하여 결정된다. 일상생활 또는 학문을 위한 측정이든지 측정은 어떠한 현상을 기술하거나 묘사하기 위한 방법이라고 할 수 있다.

일반적으로 측정의 정의는 추상적인 개념을 구체화하는 작업으로 경험적인 속성에 대해 규칙적 방법에 의해서 숫자나 기호를 배정하는 것이라고 한다. 측정은 측정대상자 또는 대상물 자체를 측정하는 것이 아니고 측정대상이 지니고 있는 속성에 숫자나 기호를 부여하는 것이다.

측정에 기호나 숫자를 부여하는 이유는 숫자나 기호는 개관적인 표현이 가능하며, 보다 정확한 의사소통이 가능하고, 각종 통계적 기법의 적용이 가능하기 때문이다.

좀더 구체적으로 일정한 규칙에 의해 대상, 사건, 상태, 특성에 숫자/기호를 부여하는 것으로 측정의 핵심적인 요소는 규칙이 된다. 규칙의 정확성이 측정의 정확성 확보를 담보하기 때문이다. 측정을 위하여 부여되는 숫자는 수량적 의미가 아닌 경우도 있다. 즉, 측정이란 양적인 요인뿐만 아니라 질적인 요인까지도 포괄한다고 볼 수 있다.

우리는 일상생활에서의 관심 또는 연구의 대상이 질적인 요인들에 대한 측정을 시도하는 경우가 많이 있다. 예를 들어 어떤 사람이 '잘 생겼다'에 1을 부여하고 '못생겼다'에 2를 부여했다면 이것은 양적인 측정이 아닌 질적인 측정이다.

만약 사회과학에서 어떠한 요인을 양적인 측정에 한정한다면 적용에 상당한 한계가 있을 것이다. 때문에 광의로 측정의 정의를 시도할 때는 분석을 위한 어떠한 속성에 대하여 양적 또는 질적 값이나 수준을 규정하는 과정으로 이해하기도 한다.

이러한 측정은 연구주제를 경험적으로 검증할 수 있도록 구성된 가설에 나타난 개념/변수에 대한 속성을 표현하는 수단이라고 할 수 있다. 즉, 측정은 가설에 나타난 개념 또는 변수를 경험적으로 관찰이 가능한 자료로 연결하는 데 사용하는 수단이다.

2. 측정의 과정

측정의 개념에서 언급되었듯이 측정은 서로 다른 두 차원, 추상적/이론적 세계에서 경험적 차원을 연결하는 가교역할을 한다. 즉, 이론을 검증 할 수 있는 경험적인 수단이라고 할 수 있다. 이론은 기본적으로 추상적인 개념들로 구성되어 있다. 이러한 추상적인 개념에서 측정이 가능한 경험의 영역으로 이동하기 위하여 개념에 포함된 속성의 측정이 가능한 변수로 전환시킨다. 예를 들어 한 사회에서 개인의 사회경제적 위치를 파악하고자 할 때는 그 위치의 높고 낮음을 구별할 수 있는 사회경제적 지위라는 변수로 전환시킨다. 변수로 변환되면 이 변수의 속성을 나타내는 지표를 찾아내게 된다. 사회경제적 지위에 대한 지표는 소득, 직업, 학력 등으로 분류할 수 있다.

그러나 이론과 사실, 추상과 경험의 두 차원의 연결과정에서 많은 오류가 개입되게 된다. 때로는 추상적 세계의 속성이 실제보다 과대 또는 과소하게 측정되는 오류를 범할 수 있다. 때문에 측정의 과정에서 이러한 오류를 최소화하기 위하여 충분한 이론의 검토 후에 경험세계에 대한 정보가 추가된 가설 또는 연구문제를 도입하여 측정의 체계를 구축하게 된다. 가설 또는 연구문제의 도입 후 구체적인 측정을 위하여 측정 대상에 대한 속성을 규명하기 위하여 개념화-개념-개념적 정의-조작적 정의 순으로 이루어지는 조작화를 통하여 범주화하게 된다. 이러한 범주화 과정에서 포괄성의 원칙과 상호 배타성의 원칙이 적용된다.

첫째, 포괄성의 원칙은 한 변수가 내포하고 있는 모든 속성들이 측정에 포함될 수 있도록 해야 한다.

둘째, 상호 배타성의 원칙은 한 변수를 나타내는 속성은 상호 배타적이어야 한다. 예를 들어 대학의 학년에 대한 변수에 1, 2, 3학년만 포함되고 4학년이 포함되지 않았다면 포괄성의 원칙에 위배된 것이다. 또한 대학의 학년은 1년 단위로 분류되는 데 1학년, 2/3학년, 4학년으로 분류되었다면 상호 배타성의 원칙에 위배된 것이다.

3. 측정의 중요성과 한계

측정은 통계적 기법적용을 가능하게 하여 가장 타당하고 신뢰할 수 있는 자료나 데이터의 수집을 가능하게 한다. 또한 하나의 지표로서 측정하기 어려운 복합적 개념의 측정을 가능하게 한다.

그러나 측정 대상이 추상적인 것이 많기 때문에 모든 것을 측정할 수는 없다. 특히 질적인 속성의 수량화 과정에 많은 오류가 개입될 수 있어 신뢰성을 담보할 수 없는 경우도 있다.

제2절 척 도

1. 척도의 개념

연구대상의 속성을 파악하기 위하여 숫자 또는 기호를 부여하는 것이 측정이라면, 척도(scale)란 측정하고자 하는 대상에게 부여된 숫자/기호들의 체계를 의미한다.

측정대상에 일정한 수치를 부여하기 위하여 규칙을 표시한 것이 측정도구이다. 즉, 몸무게를 재기위한 체중계, 속도를 재기위한 속도계 등이 측정 도구이다. 이러한 단순 측정이 가능한 것을 단일 측정도구라고 한다. 그러나 사회복지에서 측정 대상자의 만족도, 태도, 참여도 등은 단일 측정도구의 사용이 어렵고 복수의 측정도구를 사용하게 된다. 이렇게 경험적 논리적으로 연관되어 있는 여러 개의 문항 또는 지표로 구성된 복합 측정도구를 통칭하여 척도라고 한다.

2. 척도의 유형

앞에서 언급하였듯이 측정은 일정한 규칙에 의하여 어떠한 대상의 속성을 수량화하는 것이다. 여기서 규칙이란 척도(scale)를 의미하며, 척도는 수량화를 위한 측정도구라고 일컫는다. 척도의 유형은 측정의 수준과 척도의 구성에 따라 분류하게 된다.

1) 측정의 수준에 따른 분류

측정의 수준과 그 측정에 쓰이는 척도는 측정하고자 하는 대상에 수치를 부과하는 규칙에 의하여 결정된다. 즉, 규칙의 정교화 정도에 따라 그 수준이 결정되는데 명목수준, 서열수준, 등간수준 그리고 비율수준으로 분류된다.

(1) 명목측정과 척도(분류화)

명목측정은 측정이 가장 초보적인 수준이며, 이를 수행하는 도구가 명목척도이다. 측정대상의 유사성과 상이성에 대한 근거를 제시할 수 있도록 측정 대상에 숫자 또는 기호를 부여하는 것이다. 명목측정은 분류를 위한 수단으로 모든 질적인 측정은 명목척도에 의하여 수행된다.

명목척도는 속성의 측정에 있어서 기초가 되는 분류방법으로 경험사회에서 타당하고 신뢰할 수 있는 자료를 얻기 위해 숫자나 기호를 붙이는 방법이다. 그러나 숫자나 기호가 단지 존재의 유·무만을 나타내고 숫자의 크기가 양의 크기를 나타내는 것이 아닌 동일 범주 내의 대상임을 표현할 뿐이다. 예를 들어 성명, 학번, 성별, 전화번호, 대학전공, 출신지역에 대한 조사가 이에 해당 된다. 각각의 구분에 있어서 서로 다른 임의 숫자를 부여하는 것이 통상적 이다. 성별에 ① 남성이, ② 여성이 배정된 경우 숫자는 범주를 구분하는 기능만이 존재하고 다른 의미는 없다. 범주간의 상호배타성의 원칙과 포괄성의 원칙이 적용된다.

명목척도는 논리적으로 어떠한 한 범주에 변수가 속하는 귀속성(a=a, b=b), 한 범주 안에서 변수들 간에 교환적으로 대칭되는 대칭성(a=b, b=a), 그리고 한 범주 안에서 세 변수의 논리적 조합에 의한 이행성(a=b, b=c, c=a)이 요구된다.

명목척도에 의하여 측정된 자료 분석 방법은 빈도분석, 최빈값, 교차분석, 그리고 비모수검증 등이 있다.

(2) 서열측정과 척도(서열화)

서열측정은 유사성에 따른 측정 대상의 분류뿐만 아니라 순위를 측정할 수 있도록 기호 또는 숫자를 부여하는 것을 말한다. 서열측정은 정확한 정량화가 요구되지 않는 태도, 선호도 등을 측정하는 데 이용된다. 때문에 서열측정을 통하여 측정 대상자 속성의 정도와 방향을 알 수 있다.

사회복지에서 측정하고자 하는 변수 가운데 순위를 부여하고 비교하고자 하는 속성들이 많다. 이러한 측정은 기호로 크다(〉), 작다(〈)로 나타낼 수 있으며, 매우 크다, 크다, 작다 등의 순위로도 매길 수 있는 척도를 사용하며 이러한 척도를 서열척도라고 한다.

서열척도는 어떠한 대상의 속성을 명목척도와 같이 범주로 분류하고 범주간의 비교가 가능할 정도의 서열을 매긴다. 서열척도도 숫자를 부여할 수 있지만 그 숫자의 크기가 속성의 양적 차이를 나타내지는 못한다. 왜냐하면 수치 자체가 어떠한 절대적인 수 또는 양의 크기 정도를 나타내는 기능이 없고 단지 서열만을 나타내기 때문이다. 사회복지 분야에서 다루는 서열척도로 서열적 측정을 시도해야 할 변수들이 많다. 예를 들어 사회복지 서비스에 대한 만족도에 관한 조사에서 ① 매우 불만족, ② 불만족, ③ 보통, ④ 만족, ⑤ 매우 만족으로 설문한 결과 ④ 만족에 응답한 사람은 ② 불만족에 응답한 사람에 비하여 2배 정도 만족도가 높다고 할 수 없고 단지 만족도가 높다라는 사실만을 인지할 수 있다.

서열척도의 특징은 어떠한 범주에 변수가 속한다는 것보다는 어떠한 요인은 다른 변수보다 크다 또는 작다로 표현되는 비귀속적(a〉b, 또는 b〈a), 한 범주 안에서 변수들 간에 교환적으로 대칭되지 않는 비대칭성(a〉b이면 b〈a이다), 범주 안에서 세 요인의 논리적 조합에 의한 이행성(a〉b, b〉c, a〉c)이 요구된다.

〈그림 8-1〉 서열척도와 속성

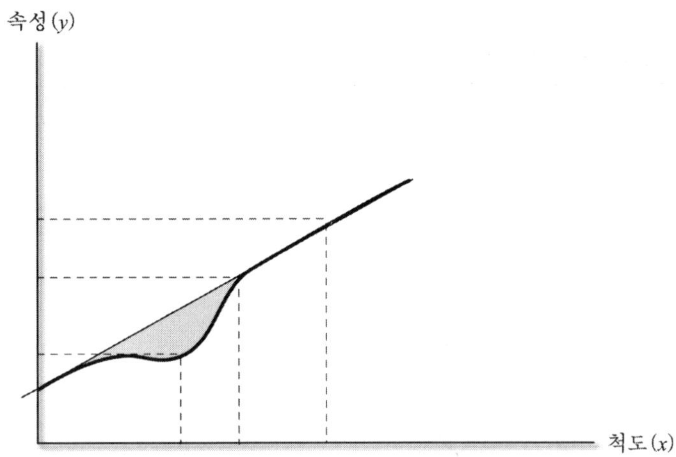

대표적인 서열척도는 리커트(Likert)와 거트만(Guttman)척도이며 중앙값, 순위상관관계, 비모수검증 등의 자료분석방법에 이용된다.

(3) 등간측정과 척도

등간측정은 측정 대상의 유사성에 따른 분류와 서열화뿐만 아니라 범주(집단)간의 간격이 동일하도록 수치 또는 기호를 부여하는 것이다. 등간측정은 시간, 거리 등과 같은 자연현상을 측정하기 위하여 만들어진 단위나 물가, 생산성, 주가와 같이 임의로 만들어진 지표나 지수 등이 이에 속한다.

이러한 측정을 위하여 구성된 등간척도는 서열척도의 서열뿐만 아니라 범주간의 차이를 정확하게 측정할 수 있는 측정도구이다. 즉, 어떠한 측정대상의 속성을 크다(>), 작다(<)의 구분뿐만 아니라 크다는 작다보다 얼마만큼 큰지를 정확하게 표현한다.

예를 들어 토익점수에 대한 조사에서 ① 200 이하, ② 201~400, ③ 401~600, ④ 601~800, ⑤ 801 이상에서 ① 200 이하에 학생과 ⑤ 801점 이상의 학생은 600점 차이의 계산적 구조에 의하여 산술적 설명이 가능하다. 그러나 토익점수가 800점인 학생은 200점의 학생에 비하여 실력이 4배라고 말하기는 힘들다. 또한 토익 점수가 0점이라 할지라도 영어실력이 0이라고 할 수 없다.

〈그림 8-2〉 등간척도와 속성

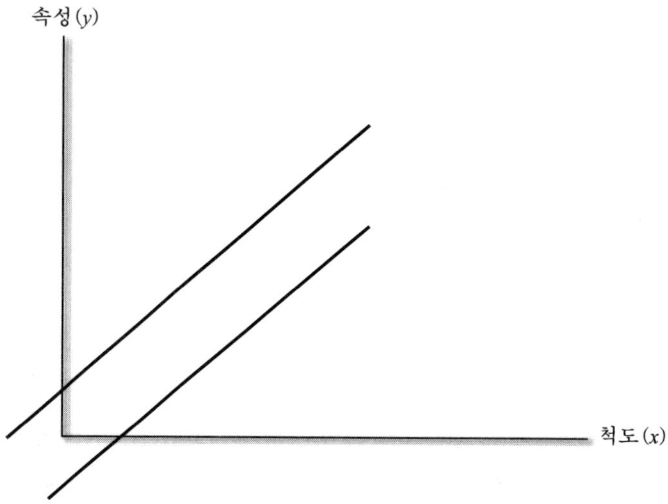

바꾸어 설명하면 등간척도는 측정 대상에 기호 수준의 허수가 아닌 실수를 부여하는 과정이다. 즉, 상대적인 영점이 존재하여 척도에 부여된 숫자는 산술적인 조작이 가능하나 속성 자체는 산술적이지 않다. 즉, 측정하고자 부여된 실수에 일정한 수의 더하기와 빼기가 가능하다. 이러한 현상을 논리적으로 설명하면 다음과 같다.

첫째, 특이성으로 한 범주 안에서 변수 a와 b가 실수를 의미한다면 a+b와 a×b도 하나의 실수로 나타낼 수 있다.

둘째, 대칭성으로 한 범주 안에서 변수들 간에 a=b이면 b=a형식의 교환적으로 대칭된다.

셋째, 전환성으로 a와 b가 실수를 의미한다면 a+b=b+a와 ab=ba 관계가 성립된다.

넷째, 상치성으로 a=b이고 a+c=d이면 b+c=d이다. 또는 a=b이고 ac=d이면 bc=d가 성립된다.

다섯째, 조합성으로 a, b, c가 모두 실수를 의미한다면 (a+b)+c=a+(b+c)이고 (ab)c=a(bc)이다.

등간측정을 위한 척도는 서스톤(thurstone)척도가 대표적이며 평균값, 표준편차, 적률상관관계, 비모수검증, 모수검증 등의 자료 분석방법이 사용된다.

(4) 비율측정과 척도

비율측정은 속성의 분류, 서열, 간격뿐만 아니라 절대 영 값을 측정할 수 있다.

비율척도는 수의 본질적인 측면에 가까운 측정구조를 나타낸다. 절대 영점을 갖춘 척도이기 때문에 산술적인 계산이 가능하다. 산술적 계산이 가능하다는 것은 덧셈(가), 뺄셈(감), 곱셈(승), 나눗셈(제)의 연산이 가능하다는 의미이다. 사회복지를 포함한 사회과학분야에서 측정의 정확성을 추구하는 이상적인 척도로 간주한다. 예를 들어 월급을 200만원 받는 사람은 100만원 받는 사람에 비하여 2배의 월급을 받는다고 할 수 있다.

〈그림 8-3〉 비율척도와 속성

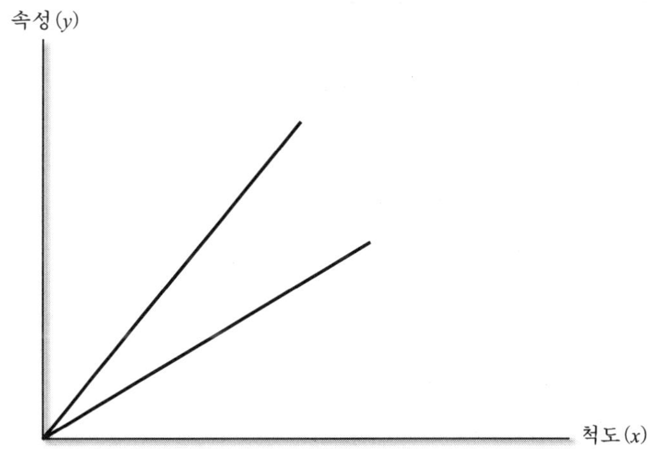

〈표 8-4〉 측정수준과 척도의 비교

측성/측정방법		명목수준	서열수준	등간수준	비율수준
측정 작용		분류체계	분류체계 등급서열	분류체계 등급서열 등간, 균등간격 가감	분류체계 등급서열 등간 가감승제 절대영점
전형적인 예		성명, 학번, 성별, 전화번호, 대학전공	사회계층, 상품품질 상품선호도	성적, 학력, 연령대, 빈도수, 인지도	소득, 매출액, 나이
구체적인 예		대학전공 인문-1 사회-2 공학-3	사회계층 상류-1 중류-2 하류-3	TOEFL성적 401-450 451-500 501-550 551-600	월임금격차 0-20만원 21-40 41-60 61-80 81-100
측정 대상 속성 관계 규정	유목	o	o	o	o
	순위	x	o	o	o
	등간	x	x	o	o
	절대 영점	x	x	x	o
비교방법		확인, 분류	순위비교	간격비교	절대적 크기비교
평균의 측정		최빈치	중앙값	산술평균	기하/조화평균
분석방법		빈도, 교차분석 비모수통계	서열상간 비모수통계	모수통계	모수통계

2) 척도의 구성에 따른 분류

일반적인 척도의 구성에 따른 분류는 평정척도, 차별척도, 층화척도, 누적척도 등으로 분류한다. 척도의 구성은 주어진 속성을 여러 질문 문항으로 측정할 경우 동일한 수준의 척도를 사용한다.

(1) 평정척도(rating scales)

① 평정척도의 개념

평정척도는 가장 보편적으로 사용하며 주어진 설문 문항의 응답을 평정하는 형태이다. 설문으로 주어진 대상, 인물, 문장 등과 같은 것을 일정한 연속선상의 한 점, 또는 배열된 범주들 가운데 하나를 선택함으로 자신의 견해를 밝히는 방법이다.

평정의 형태는 응답자가 가장 유사한 문항을 선택하는 문항평정법, 비교 기준에 의한 비교평정법, 응답자 스스로가 평가하는 자아평정법 등이 있다.

② 문항평정법(itemized rating)

문항평정법은 항목편정법이라고도 한다. 어떠한 대상에 대한 속성을 나타내는 항목 또는 사건/현상에 대한 의견을 표출을 문장의 형태로 주어지고 응답자의 견해와 일치하는 문장을 선택하게 한다.

예) 혼전 성관계에 대한 질문입니다. 귀하의 의견과 가장 일치하는 문장에 ○표해 주세요.

1	2	3	4
혼전 성관계는 용납할 수 없다.	결혼할 사람과의 혼전 성관계는 용납할 수 있다.	남자친구와의 혼전 성관계는 용납할 수 있다.	누구와의 혼전 성관계도 용납할 수 있다.

③ 비교평정법

비교평정법은 어떠한 비교 기준을 제시하고 그에 근거하여 평가하는 방법으로 문장 또는 그림 등으로 제시할 수 있다.

예) 서비스제공 결정에 대한 사회복지사의 의사결정권에 대한 설문에서 25%, 50%, 75%, 100%에 속하는지를 표시하게 되어 있다.

④ 자아평정법

응답자 자신이 스스로 자신을 측정의 대상으로 삼아 측정하는 방법이 자아평정법이다. 자신이 느끼는 의식이나 자신이 속한 단체의 현상을 측정하는데 이용된다. 일반적으로 그림 또는 문항평정법이 사용된다.

⑤ 그림평정법

가장 흔하게 쓰는 방법으로 일직선상에 일정한 범위의 수를 배열한 그림에 자신의 의견을 O 또는 V 등의 형태로 표시하게 된다. 다양한 형태의 그림으로 만들 수 있으며 대표적인 방법은 라이커트척도이다.

예) 지방차치단체가 복지재단을 설립하는 것에 대한 귀하의 의견은?

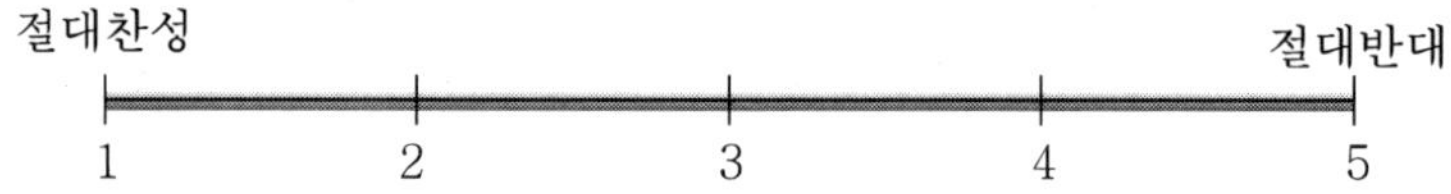

⑥ 평정척도의 장 · 단점

평정법은 만들기가 쉽고 사용하기가 간단하며 비용과 시간이 적게 들고 적용범위가 넓은 것이 장점이다.

(2) 차별척도

① 차별척도 개념

사회복지조사연구에서 속성을 측정하고자 쓰이는 대부분의 척도는 서열수준을 넘지 않는 것이 일반적이다. 그러나 자료분석을 위하여 등간수준을 요구하는 경우가 있다. 즉, 어떠한 속성에 관계없이 기술적인 척도의 구성에서 절차를 통하여 등간성을 확보하게 되는데 이것이 서스톤 척도이다.

서스톤(Thurstone)척도는 차별척도의 대표적인 방법이다. 서스톤척도의 두 가지 중요한 측면은 척도구성을 위한 문항을 어떻게 선택할 것인가?와 각 문항에 대한 척도 점수를 어떻게 부여할 것인가이다.

② 차별척도의 구성 방법

척도구성 방법은 다음과 같다.

첫째, 연구주제와 관련된 문항을 수백 개 정도 만든다.

둘째, 평가자 집단을 구성하여 그들에게 일정의 점수를 부여할 수 있는 범주를 제시하여 문항을 평가하도록 한다.

셋째, 극단점수를 배제한 평가점수를 평가자 수로 나누고 평균한 중위값을 척도값으로 이용한다. 대표적인 예로 미스코리아 선발대회, 피겨스케이팅, 체조 경기의 평가 방법 등이 있다.

③ 차별척도의 장·단점

장점으로는 많은 평가자와 극단적인 점수를 배제한 후 평가함으로 객관성의 확보가 용이하다.

단점으로는 첫째, 문장을 분류하는 평가자의 편견이 개입될 우려가 있다. 둘째, 실질적으로 절차가 복잡하고 문장이나 평가자가 많아야 하므로 시간과 경비가 많이 드는 단점이 있다.

(3) 총화평정척도(summated rating scale)

① 총화평정척도의 개념

여러 종류의 척도 중 총화평정척도는 가장 실용성이 높은 척도로 간주된다.

총화평정척도는 각각의 설문 문항에 대한 의견의 강도를 설문지에 점수로 표시하게 한 후 전체 문항들의 평점을 총화(summated)하여 척도값을 산출한다. 하나의 개념이 복합문항에 의하여 측정되며, 복합문항의 총합이 개념의 현실화 점수가 된다.

사회과학 연구에서 가장 많이 이용하는 척도로 라이커트척도(likert scale)가 대표적이다. 통상적으로 설문문항에 대한 응답은 홀수로 5~7개의 범주로 구성된다. 응답지에 주어지는 응답의 범주들 간에 등간성이 있다는 것으로 간주되나 실질적으로 등간성의 확인이 불가능함으로 서열측정의 결과로 나타난다.

② 총화평정척도의 구성방법

총화평정척도의 대표적인 척도인 리커트척도의 구성방법은 다음과 같다. 리커트척도는 개념의 변수 값을 다양하게 구성하여 정밀한 측정을 하기 위하여 고안되었다. 어떠한 개념측정을 위한 각각의 문항은 그 개념의 속성을 표현하는 데 기여하는 정도는 동일하다는 전제와 각각의 문항이 동일한 개념을 측정한다면 문항 간에 높은 상관관계가 있다는 것을 전제로 한다. 라이커트척도의 구성 절차는 다음과 같다.

첫째, 조사하려는 개념을 명확히 한다.

둘째, 조사하려는 개념을 우호적과 비우호적으로 분류하여 3점, 5점, 7점으로 나열한다.

셋째, 문항이 만들어지면 사전 검사를 실시한다.

넷째, 표집된 표본으로부터 응답을 받는다.

다섯째, 부정적인 질문 형태로 구성되면 역순으로 배열 및 코딩한다.

예) 사회복지사의 직업 만족도에 관한 조사에서

1. 내가 노력한 만큼의 승진기회가 주어졌다.

매우 동의 안함　동의 안함　잘 모르겠음　동의함　매우 동의함

③ 총화척도의 장·단점

장점으로는 첫째, 평가자의 주관을 배제할 수 있고 시간 비용이 적게 든다.

둘째, 척도구성이 간편하여 편리하다. 번거로운 절차를 거치지 않고 척도의 구성이 가능하다.

셋째, 측정의 정밀성이 확보되고 비교적 신뢰성이 높다.

단점으로는 첫째, 중간점수에 민감할 수 없고 엄격하게 범주간의 간격이 동일하다고 간주하기가 어렵다.

둘째, 점수의 총화에 의하여 다른 소수의 의견이 묻혀 버린다.

셋째, 문항선정 과정에서 내적일관성이 담보될 수 있지만 최종 선정된 문항이 측정하고자 하는 것을 정확히 측정했는가 하는 타당도의 문제가 대두된다.

(4) 누적척도

누적척도는 앞에서 언급한 총화척도에 비하여 좀더 발전한 형태라고 할 수 있다. 일정한 기준에 근거하여 문항들을 논리적으로 서열화가 가능하다고 가정하고, 응답자들 또한 그들 문항에 따라 순위로 배열할 수

있다는 가정을 할 수 있다.

즉, 누적척도는 각각의 설문문항을 논리적으로 서열화하여 응답자의 의견을 유형화한다. 대표적인 누적척도로는 보가더스사회거리척도(Gogardus social distance scale)와 거트만척도(Guttman scale)가 있다.

가. 보가더스 사회거리 척도(Bogardus social distance scale)

보가더스 사회거리 척도는 사회집단간 또는 집단 구성원 간의 사회관계 측정, 즉 친밀감을 측정할 때 이용된다. 설문문항을 사회적 거리가 가장 먼 것으로부터 가까운 순서로 배치한다. 일반적으로 적용범위가 넓고 단기간에 결과를 산출할 수 있는 장점이 있으나 사회적 친밀순위만 나타내지 친밀 강도의 측정은 어렵다.

예) 아래의 주어진 민족 중 귀하가 경험한 평균적인 사람들을 생각하여 사회적 관계형성 정도를 ○표를 해주세요. 깊은 사고가 아닌 즉각적인 반응에 따라 응답해 주세요.

사회적 관계	민 족(국적)			
	미국인	중국인	일본인	이라크인
결혼하고 싶다				
친구가 되고 싶다				
이웃이 되고 싶다				
관심 없다				

나. 거트만척도(Guttman scale)

평가하고자 하는 어떤 속성이 하나의 차원을 구성하고 있는지를 확인할 수 있는 척도이다. 즉, 설문 문항을 구성할 때 적합성을 평가할 때 사용된다. 거트만척도는 어떠한 개념을 측정할 때 문항들을 질문의 강도에 따라 순서대로 배열하여 구성한다.

예) 1일 기준으로 컴퓨터 게임의 정도를 파악하기 위하여 누적척도를 이용하여 다음과 같은 질문들을 할 수 있다.

① 귀하는 컴퓨터 게임을 하십니까?

② 귀하는 컴퓨터 게임을 하루에 한 시간 이상 하십니까?

③ 귀하는 컴퓨터 게임을 하루에 5시간 이상 하십니까?

질문이 진행됨에 따라 컴퓨터 게임의 시간이 늘어남을 알 수 있다. ① ② ③번 중 어느 하나의 질문 문항을 선택하게 되면 그 이하의 모든 문항을 인정하게 된다.

그러나 거트만척도는 다음과 같은 단점을 지니고 있다. 첫째, 누적척도이기 때문에 다른 변수와의 관계를 분석한다면 비교적 방법이 단순한 총화척도와 비슷한 결론이 도출된다. 결론이 비슷하다면 복잡한 거트만척도를 사용할 필요가 없다.

둘째, 일정한 표본을 사용하여 얻은 결과를 근거로 척도구성 가능성을 사후적으로 검증하기 때문에 한 집단에서 척도구성 가능성이 확보된다고 해도 다른 집단에 적용을 위한 일반화 가능성에는 문제가 있다.

다. 기타 변형척도

〈Q분류법〉

Q분류법 또는 Q방법론은 서스톤(Thurstone)척도법을 변형한 한 형태이다. Q분류법의 사용목적은 사회복지정책에 대한 태도, 또는 현상/사물에 대한 이미지 등을 파악하기 위하여 사용된다. 서스톤척도는 평가자가 기준에 의하여 문장의 순위를 정하는 데 비하여 Q분류법은 응답자 스스로 그들의 태도를 일정한 범주로 분류하는 것이 다르다. Q분류법의 절차는 다음과 같다.

첫째, 조사연구를 하고자 하는 변수를 이용하여 여러 개의 문장 또는 진술을 제시한다.

둘째, 이들 문장 또는 진술을 응답자들이 9~11개의 범주로 분류하도록 한다.

셋째, 분석을 위한 점수 범위는 -5(좌극), 0(중립), 5(우극)를 부여한다.

넷째, 응답에 참여한 인원만큼 순위 유형이 도출된다.

다섯째, 이들을 상관시켜 요인 분석한다.

여섯째, 이들 문장이 담고 있는 태도의 차원을 가려낸다.

연 습 문 제

1. 측정을 개념적으로 정의하시오.

2. 측정의 과정을 설명하시오.

3. 척도의 개념을 설명하시오.

4. 측정과 척도의 개념을 비교하시오.

5. 측정수준에 따라 척도의 유형을 분류하시오.

6. 명목, 서열, 등간, 비율척도를 비교하시오.

7. 평정척도의 개념과 유형을 설명하시오.

8. 차별척도의 개념과 유형을 설명하시오.

9. 총화척도의 개념과 유형을 설명하시오.

10. 누적척도의 개념과 유형을 설명하시오.

11. 리커트(Likert)와 거트만(Guttman)척도를 비교하시오.

제9장

측정도구 작성

제 1 절 설문지 작성

1. 설문지의 개념

설문지는 단시간에 다수의 사람들에 대한 의견, 의식, 태도 등을 조사할 수 있게 하여 효과적으로 연구목적으로 달성하게 하는 방법 중의 하나이다. 설문작성은 일정의 원리나 이론보다는 경험적·기술적인 차원이 강조된다. 설문 이용의 장점으로 표준화된 설문지이용은 결과의 비교 가능성이 높고, 단기간에 핵심적인 정보의 선별이 가능하며, 비교적 객관적, 정확한 정보 취득이 가능하다.

설문지는 대상자의 응답을 얻어내는 직접적인 도구이므로 조사연구의 성패를 좌우한다고 볼 수 있다. 즉, 설문지가 잘못 만들어지면 조사연구목적에 적합한 자료의 수집이 불가능하며 또한 분석결과를 신뢰할 수 없게 된다.

2. 설문지 작성절차

〈그림 9-1〉 설문지 작성절차

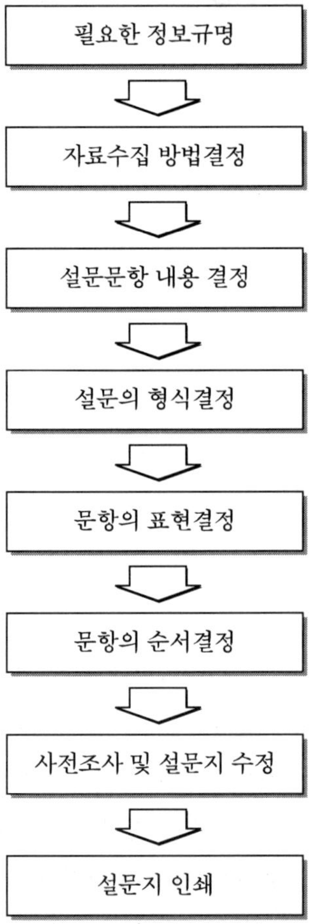

1) 필요한 정보를 규명

조사연구의 목적, 조사 내용과 관련된 이론, 변수, 개념, 가설 등을 파악한다.

2) 자료수집의 방법결정

어떠한 방법으로 자료를 수집할 것인지 결정한다. 모든 조사연구에 적용이 가능한 자료수집 방법은 없다. 각각의 자료수집 방법의 장·단점을 비교하여 가장 적절한 방법을 선택한다.

3) 설문문항의 내용결정

최소단위의 범주에 대한 구체적인 설문 문항 내용을 구성한다. 통상적으로 설문지에 포함되는 내용은 대상자의 사회경제적 요인과 연구주제와 관련되어 구성된다.

4) 설문의 형식결정

연구의 목적과 자료분석 방법을 고려하여 설문 형식을 고려한다. 동일한 설문일지라도 설문의 형태에 따라 응답이 달라질 수 있다.

5) 문항의 표현결정

각각의 설문 문항의 표현을 결정한다. 연구자가 연구하고자 하는 내용의 범위 내에서 설문 대상자의 충분히 이해할 수 있는 수준을 고려한다.

6) 문항의 순서결정

설문지의 전체적인 틀을 갖추도록 문항을 순서에 맞게 배열하고 지시문을 작성한다. 누락된 설문이 없는지 신중하게 검토한다.

7) 사전조사 및 설문지 수정

사전조사를 실시하여 난이도, 응답의 편리성 등을 찾아낸다. 사전조사는 본조사의 대상자들을 대상으로 하며 약 10명 내외로 실시한다. 사전조사 후 수정할 문항은 수정하고 문항도 재배열시킨다.

8) 설문지 인쇄

설문지의 전체 양식과 문항 배열 등을 최종 편집하여 인쇄한다. 조사연구에 필요한 설문지보다 약 20%가량 더 인쇄한다. 조사연구 과정뿐만이 아니라 그 이후에도 필요한 경우가 있다.

3. 설문지의 배치 및 내용

설문지는 설문지 표지, 설문문항, 설문에 대한 감사인사 순으로 배치한다. 구체적인 설명은 다음과 같다.

1) 설문지 표지

통상적으로 설문지의 표지는 대수롭지 않게 생각하는 경향이 있는데 설문지 회수율에 많은 영향을 미치게 된다. 설문지 표지에는 인사말을 쓰게 되고 인사말에는 조사연구기관, 연구목적과 중요성, 비밀보장, 연구결과 활용 등에 대하여 언급한다. 경우에 따라서 표지에는 조사자가 식별할 수 있는 설문지 고유번호를 기입하기도 한다. 설문지 표지의 예는 다음과 같다.

예)

안녕하십니까?

귀하의 무궁한 발전을 기원합니다.

본 설문은 한국의 노인복지 현장에 도입 정착되고 있는 케어 매니지먼트(사례관리)의 실태 파악을 위한 실증적인 연구로서 노인종합사회복지관/노인복지회관의 재가노인복지 서비스를 담당하고 있는 사회복지사를 대상으로 하고 있습니다.

○ 케어 매니지먼트란

법률 및 규정에 근거하여 클라이언트와 그들 보호자의 선호도를 고려한 욕구사정에 의하며, 욕구사정을 근거로 지역사회내의 다양한 서비스를 통합/조정 및 서비스를 개발하는 메커니즘이다.

귀하께서 응답하신 내용은 일체의 비밀이 보장되며 순수 학술상의 목적 이외는 사용하지 않을 것을 약속드리며 설문에 협조를 부탁드립니다. 고맙습니다.

○○ 대학교 사회복지학부
○○○ 교수(e-mail, 전화번호)

2) 설문내용

(1) 설문내용 개발의 원칙

설문문항의 개발은 연구목적과의 관련성, 개별문항들의 기여도, 회수율, 문항작성의 적절성 등을 고려하여 이루어지게 된다. 다음은 설문내용 개발을 위한 일반적인 원칙들이다.

① 가치의 중립성의 원칙이다.

조사연구자의 가치 판단을 배제하고 중립적인 설문이 되어져야 한다. 예를 들어 장애우복지시설이 사회적으로 문제가 되고 있는데 우리 마을에 장애우복지시설 설립에 대한 견해는? 장애우복지시설이 사회적으로 문제가 되고 있다는 가치를 전제로 설문이 이루어지고 있다. 그리고 특정 응답을 유도하는 질문 또는 편견을 유도할 수 있는 어휘 등의 사용을 삼가야 한다.

② 균형성의 원칙이다.

응답이 상반되게 나타날 수 있는 설문은 한쪽으로 치우치지 않게 주의한다. 예를 들어 어린이집교사의 체벌은 나쁘다고 생각하십니까?는 어린이집교사의 체벌에 대하여 어떻게 생각하십니까?로 바꾸어야 한다.

③ 설문범주의 동일성의 원칙이다.

폐쇄형 설문에서 설문/응답 범주가 동일해야 한다. 서비스에 대한 만족도 조사에서 설문/응답 범주를 매우만족, 만족, 보통, 불만족으로 구성되었다면 매우 불만족한 응답자는 혼란을 겪게 된다.

④ 간결 및 명료성의 원칙이다.

설문이 길면 설명과 구별이 되지 않아 응답자가 혼란을 경험하게 된다. 경우에 따라서는 긴 설문도 허용되나 주의가 필요하다.

또한 설문의 내용이 명료해야 한다. 설문의 시기, 범위 등이 명확해야 한다. 예를 들어 귀 대학의 학생수는 몇 명입니까?라는 설문에 현재 등록학생 수인지 휴학생을 포함한 전체학생 수인지 혼란을 겪게 된다.

⑤ 가정적 설문회피 원칙이다.

응답자가 인지하고 있다는 가정 하에 설문을 개발하는 경우 신뢰할 수 있는 응답을 기대하기 어렵다. 예를 들어 "귀하는 장기요양보험에 대하여 찬성하십니까?"라는 설문을 한다면 대상자가 장기요양보험에 대하여 어느 정도 인지하고 있다는 가정 하에 주어지는 설문이다. 이러한 설문을 요구할 때는 장기요양보험에 대한 정확한 정보가 주어진 후에 설문을 하든지 조건부 설문으로 바꾸어야 한다.

⑥ 규범적 설문회피의 원칙이다.

설문의 응답에 규범적인 요인이 영향을 미칠 수 있는 설문은 피해야 한다. 예를 들어 미혼여성에게 이성과의 성경험이 몇 번 있습니까?라고 설문한다면 정확한 응답을 기대할 수 없다.

⑦ 기타: 약어 사용금지 원칙, 정중한 설문의 원칙 등이 있다.

(2) 설문문항 배치요령

설문을 어떻게 배치하여야 하는가에 따라 면접의 분위기를 좌우할 수 있기 때문이다. 구체적인 설문문항의 배치의 요령은 다음과 같다.

① 설문문항은 자연스럽게 물 흐르듯이 순서화가 되도록 배열한다.

쉬운 설문 또는 흥미를 유발할 수 있는 설문은 앞에 배열하고 민감한 문제는 뒤에 배치한다. 시간적 순서에서는 과거, 현재, 미래의 연속선 순으로 배열한다.

② 통상적으로 개방형에서 폐쇄형으로, 일반적 설문에서 특수한 설문으로 옮겨간다.

③ 논리적인 순서에 의한 배열을 시도한다. 개연성이 있는 설문들은 그에 적합한 순서대로 배열한다. 설문의 흐름이 매끄럽게 진행되도록 설문을 내용별로 범주화하여 배열한다. 그러나 앞의 설문에 대한 기억을 없애기 위하여 의도적으로 완전히 새로운 설문문항으로 전환하는 경우도 있다.

④ 응답자의 고정반응을 막기 위해 항목들을 적절하게 배치하며, 신뢰도 측정을 위한 설문문항 짝들은 분리하여 배치한다.

3) 설문지의 마지막 부분

응답에 대한 간단한 감사의 인사말을 적는다.

4. 설문의 유형

설문지는 여러 가지 설문형태를 조합하여 만들어지게 되는데, 설문의 유형은 목적달성, 시간과 비용, 설문의 민감성 등을 고려하여 작성하는 기본적인 작업이다.

1) 폐쇄형 설문과 개방형 설문

(1) 개방형(open-ended) 설문

개방형 설문은 조사 대상자가 자유로이 응답할 수 있도록 구성된 설문으로 일명 주관식 설문이다. 일반적으로 예비조사와 같은 탐색연구 또는 전문적인 의견/자료 수집을 위한 전문연구를 위하여 사용하는 방법이다.

장점으로는 조사 대상자가 자유로이 응답할 수 있고, 많은 생각 가운데 현실적이고 생생한 응답을 기대할 수 있다. 반면에 응답자의 진술에 의한 응답은 상당한 부담을 작용할 수도 있고 어느 정도의 사고력을 요구하게 된다. 연구자에게는 이러한 자료를 범주화와 계량화의 어려움이 있다.

개방형 설문의 예는 다음과 같다.

관장님은 귀 기관 근무하는 사회복지사들의 가장 큰 불만이 무엇이라고 생각하십니까? 자유롭게 적어 주세요.

(2) 폐쇄형(closed-ended) 설문

폐쇄형 설문은 연구자가 구조화시켜 놓은 설문 문항에 대한 내용을 조사 대상자가 선택하는 방법으로 흔히 우리가 이야기하는 객관식이다. 장점으로는 응답자의 편의와 회수율을 높일 수 있고, 선택의 보기를 제시함으로써 명확한 의미전달이 가능하다. 자료처리과정에서 부호화 과정을 거치지 않고 컴퓨터에 입력이 가능하여 양적 분석에 매우 편리하다. 그러나 응답자는 생각하지 않고 기계적으로 응답하여 의견/태도를 충분히 반영할 수 없는 단점이 있다. 폐쇄형 설문의 예는 다음과 같다.

예) 귀하는 사회복지실천 기법에 대하여 얼마나 알고 있습니까?

① 매우 잘 안다 ② 잘 안다 ③ 잘 모른다 ④ 매우 모른다

2) 선택형 설문

대표적인 선택형 설문은 서열측정을 현실적인 구체화한 리커트(likert)형 설문이다. 리커트형 설문은 여러 가지 방법으로 구성될 수 있다

(1) 단어 나열로 서열이나 등급을 표시

폐쇄형 설문의 형태로 단어의 나열로 서열 또는 등급을 알 수 있게 하는 방법이다.

예를 들어 "성폭력범의 이름 공개에 대한 귀하의 견해는?"
① 절대적 찬성 ② 찬성 ③ 그저 그렇다 ④ 반대 ⑤ 절대적 반대

(2) 다이어그램(diagram) 또는 숫자로 표시

사용단어의 의미상의 정도를 서열로 파악할 수 있게 하는 방법이다.

예를 들어 "성폭력범의 이름공개에 대한 귀하의 견해는?"

(3) 응답자가 스스로 순서를 정하는 방법

설문에 응답할 수 있는 변수들을 나열하고 응답자 스스로 순서를 기입하게 하는 방법이다.

예를 들면 성폭력범의 이름 공개 방법에 대한 귀하의 견해를 순서대로 기입하시오.
(　　　　) 1. 신문/방송 2. 인터넷 3. 관보 4. 동사무소 게시판

3) 매트릭스형(matrix) 설문

매트릭스형의 대표적인 것은 거트만척도이다.

예를 들어 사회복지 학생의 장애인에 대한의 조사의 경우

	많다		적다
☞ 장애인을 보면 돕고 싶다	①	②	③
☞ 장애인을 위한 자선기금을 낸다	①	②	③
☞ 장애인관련 서적에 관심이 있다	①	②	③

4) 여과형 설문

설문의 내용에 따라 문항을 여과식으로 구성하는 방법이다.

예를 들어 "1. 귀하는 자원봉사에 참여한 경험이 있는가?"

① 있다 ② 없다 ③ 기억이 없다.

2. 1번에서 "② 없다"에 답한 사람만 답하시오.

연 습 문 제

1. 설문지의 개념을 설명하시오.

2. 설문지 작성절차를 설명하시오.

3. 설문문항의 배치요령을 설명하시오.

4. 설문문항의 개발원칙을 설명하시오.

5. 설문유형을 분류하고 설명하시오.

제10장

타당도와 신뢰도

연구자는 측정대상의 속성을 파악하기 위하여 측정도구를 사용하게 된다. 측정도구를 사용하여 얻어진 측정의 결과는 신뢰성과 타당성의 문제에 직면하게 된다. 즉, 측정의 질을 판단하는 기준이 타당도과 신뢰도이다. 타당도는 연구자가 측정하고자 하는 대상의 속성을 측정하였는가에 대한 의문이고, 신뢰도는 측정하고자 하는 것을 일관성 있게 측정하였는가 하는 의무에 대한 대답이다.

제 1 절 타당도(validity)

1. 타당도의 개념

검사/측정 도구 자체가 검사/측정하고자 하는 개념이나 속성을 정확히 반영할 수 있는가를 나타내는 것으로 검사결과로부터 무엇을 추론하고 해석할 것인지 말해 준다. 즉, 조사/측정 도구가 조사에서 측정하고자 하는 것을 얼마만큼 충실하게 측정하였는가의 문제로 도구의 적합성과 관련된 문제이다.

예를 들어 삶의 만족도 조사를 하기 위한 도구가 죽음에 대한 불안감에 대한 내용이 포함되어 있다면 타당도가 없거나 떨어진다고 할 수 있다.

2. 타당도의 종류

어떠한 연구대상의 특징/속성을 밝히고자 먼저 개념화를 시도한 후 변수로 변환시켜 측정도구를 만들게 된다. 이 과정에서 개념의 정밀한 변수화를 위하여 측정하고자 하는 지표를 명시하는 조작화 과정을 거쳐 조작적 정의를 하게 된다. 이러한 모든 과정을 측정이라고 하며, 측정에 쓰이는 도구, 지표 등을 사용하여 측정 대상의 속성을 정확하게 측정하였는가의 판단 기준이 타당도이다. 이러한 타당도를 평가하기 위한 여러 방법들이 개발되고 있다. 주요한 타당도의 종류는 내용타당도, 기준타당도 그리고 구성타당도 등이 있다.

1) 내용타당도(content validity)

내용타당도는 측정내용의 명확성(self evidence)과 관련이 있으며 내용타당도(content validity)에는 액면타당도(face validity)와 표본타당도(sample validity)가 있다.

측정하고자 하는 내용을 구체적인 측정이 얼마나 잘 반영되었나 하는 것이다. 즉 측정하고자 하는 개념을 액면 그대로 측정되었는가 하는 액면타당도(face validity)이다. 예를 들어 지역사회욕구 조사에 대하여 알아보고자 한다면 욕구에 대한 개념적 정의를 하고 구체적인 조작적 정의가 필요할 것이다. 그러나 추상적인 용어인 욕구를 정의할 때 욕구를 충분히 설명할 수 있는 범위를 숫자로 표현하기는 쉬운 일이 아니다. 때문에 추상적인 욕구에 대한 전집(전체 욕구범위)을 구성하는 것은 매우 어렵다. 그러나 전집구성에 있어서 사회복지관에서 제공하는 서비스 만족도 조사의 경우 비교적 어렵지 않다. 사회복지관에서 제공하는 일반적인 서비스에 추가 제공되는 특별 서비스를 통합하여 전집으로 간주하면 되기 때문이다.

전수조사가 이루어질 경우는 내용 타당도는 문제가 되지 않지만 표집에 의한 조사가 이루어질 경우 어떠한 내용이 포함되어져야 하고 그것이 측정하고자 하는 속성을 대표할 수 있는가 하는 문제가 대두된다. 즉 측정도구로 어떠한 대상의 속성을 측정하고자 하는 내용이 정확하게 그 속성의 요소의 모집단을 대표한다고 할 수 있는가를 판단기준으로 삼는다. 때문에 표집타당도(sample validity)라고도 한다.

측정이 얼마나 타당한가를 내용면에서 판단하는 것은 일반적으로 해당분야의 전문가들이 조사도구가 타당하게 구성되었는지를 근거로 주관적으로 판단하게 되어 여러 가지 문제점을 야기한다.

첫째, 전문가의 전문성 정도에 의하여 타당도가 결정되는 문제점이 있다.

둘째, 측정하고자 하는 개념에 대한 규정을 완전하게 합의하기가 어렵다.

셋째, 사회복지와 관련된 대부분의 개념은 다차원적으로 구성되어 어떠한 차원에서 다루어야 하는지 판단이 쉽지 않다.

내용타당도를 높이기 위한 방법으로 선행연구나 이론을 판단근거로 사용하는 방법, 패널을 통한 토의, 워크숍 등을 활용하는 방법이 있다.

2) 기준타당도(criterion validity)

기준타당도는 실제 조사연구 결과의 경험적 근거로 기술적인 수준에서 실용적인 판단을 내리고자 하는 측정도구의 타당성을 평가하는 것이다. 즉 기준타당도는 어떠한 측정의 타당도를 판단하는 기준이 된다. 예를 들면 기준 타당도는 대학 입시를 위한 수학능력고사 성적이 우수하면 대학에서도 수학능력이 우수할 것이라는 것과 같이 경험적인 근거를 통한 타당도를 확인하는 방법이다.

어떤 개념에 대한 새로운 조사도구와 기존에 널리 통용되던 조사도구를 비교하여 타당도를 판단하는 방법이다. 새로운 도구와 기존도구의 상관관계가 높으면 새로운 도구의 타당도가 높은 것으로 판단한다. 기준 타당도는 검사결과의 효과 발생 기간에 따라 동시발생기준타당도(concurrent validity)와 예측기준타당도(predictive validity)로 구분된다.

① 예측기준타당도

예측기준 타당도는 검사결과가 관련된 개념의 예측하는데 쓰이며, 관련 개념이 예측기준이 되어서 검사도구에 대한 타당성을 확인하는 방법이다. 즉, 현재의 검사 결과를 가지고 미래 상황을 예측하는 것이다. 직장에서의 입사시험, 대학입시 등이 좋은 예이다.

예측기준타당도는 새롭게 만들어진 조사도구를 대상자를 조사한 다음 일정기간이 지난 다음에 조사대상자의 행위 결과를 조사하여 상관관계로 판단한다. 일반적으로 상관계수가 0.7 이상이면 높은 타당도로 간주한다.

② 동시발생기준타당도

동시발생 기준 타당도는 검사에 의한 결과가 현재의 그것과 관련이 있다고 믿어지는 다른 변수와 상관관계를 통해 확인하는 방법이다. 미래상황의 예측보다는 현재상황의 진단에 목적을 두고 있다. 새로이 만들어진 조사도구와 동시에 기존에 사용하던 조사도구를 사용한 조사결과의 상관관계를 조사하여 판단한다. 운전면허 시험, 심리검사 등이 대표적인 예이다.

기존에 사용하던 조사도구의 사용이 불편하거나 비용이 많이 드는 경우에 조사도구를 개선할 목적으로 이용된다. 동시발생기준타당도를 조사하기 위하여 타당도가 높은 기존의 조사도구를 사용해야 하는 데 이러한 조사도구를 발견하기가 쉽지 않다는 어려움이 있다.

3) 구성타당도(construct validity)

구성타당도는 측정하고자 하는 추상적인 개념이 측정도구에 의하여 측정되는 정도를 의미한다. 연구를 위하여 구성된 이론들과 이를 측정하는 측정도구 또는 수단 간에 일치하는 정도를 의미한다.

구성타당도는 검사도구에 대한 타당도를 경험적으로 검증하는 가장 고차원적인 방법으로 조사 연구자가 제시하는 이론과 개념화의 틀 자체의 맥락 속에서 타당도를 판단한다. 즉, 검사도구가 이론적 구성과 특성을 측정하고 있는가에 대한 타당성 검사이다. 검사와 관련된 이론들을 수집/정리하여 체계적 위계로 분석하는 것이다. 정리된 이론-하위 개념의 설정-문항연결 변인 도출-경험적 자료의 비교 검증 순서를 거치게 된다. 예를 들어 우울증을 측정하는 지표로서 X_1과 X_2를 사용하고 이론의 틀 안에서 우울증과 차분한 성격간에 정적 상관관계가 있다는 가설을 설정했다 하자. X_1 지표를 사용한 조사연구에서 우울증과 차분한 성격이 정적 상관관계를 보인 결과를 얻었다. X_1 대신에 X_2 사용하여 똑같은 가설을 검증한 결과 정적 상관관계를 보였다면 두 지표들의 개념이 구성타당도를 확인한 것이다.

4) 세 가지 타당도의 비교

내용타당도는 너무 주관적이기 때문에 실용적인 기준을 근거로 경험적으로 타당성을 평가하는 것이 기준타당도이며, 측정이나 관찰의 결과를 이론의 합리성을 근거로 판단하는 것이 구성타당도이다. 이러한 3가지 타당도는 일종의 단계적 성격을 띠는 것을 알 수 있다. 즉 구성타당도를 판단하려면 내용타당도와 기준타당도를 근거하여야만 한다.

제 2 절 신뢰도

1. 신뢰도의 개념

측정이 타당한 수단에 의하여 수행되었다면 그 측정에 대한 신뢰도는 그리 문제가 되지 않을 것이다. 측정의 수단과 관련하여 정확하게 이루어졌는가라는 의문에 신뢰도를 따지게 된다. 즉 측정한 결과를 얼마나 믿을 수 있나?라는 질문에 대한 긍정적인 대답의 정도라고 할 수 있다. 동일 대상을 동일 또는 유사한 도구로 반복측정 하였을 때 측정값이 일정하게 나타나는 결과에 대한 확실성, 안정성, 의존가능성, 예측성의 정도를 의미한다. 바꾸어 말하면 측정의 오차가 얼마나 존재하나?라는 질문에 대한 대답일 수 있다. 예를 들어 어떤 학생의 지능지수를 동일 측정 도구로 4번 조사했는데 98, 140, 123, 108이 나왔다면 측정에 사용된 도구를 신뢰할 수 없다. 왜냐하면 정형화된 경향이 나타나지 않았기 때문이다. 어떤 현상에 대한 측정에 대한 결과의 측정오차는 필연적으로 나타날 수밖에 없으나 일정한 경향을 보이게 될 것이다. 이때 측정 결과는 두 가지 요소를 가지게 되는데 하나는 참 값이요 하나는 오차값이다. 신뢰도 검사는 주로 설문지를 보완할 목적으로 이용되며 신뢰도가 낮은 설문문항은 수정보완 또는 삭제하기도 한다.

2. 신뢰도 저해요인

측정치는 참값과 오류 값의 합으로 구성되어진다. 참값은 측정대상이 오차가 없이 얻어진 점수이다. 측정치는 한 사람이 같은 대상을 여러 번 반복 측정하여 얻은 점수의 평균치이다. 신뢰도는 측정을 통하여 얻은 측정치에 대한 참요소의 비율이라고 해석할 수 있다.

오류 값을 높이는 신뢰도 저해 요인은 측정 수단, 측정 대상자, 관찰/연구자 측면에서 살펴볼 수 있다.

첫째, 측정 수단 측면에서 신뢰성 저해요인은 측정에 사용되는 도구를 적절하게 사용하지 못할 때 발생한다.

둘째, 측정 대상자가 개인적 환경 또는 조사환경에 영향을 받아 신뢰성이 저해되게 된다.

예를 들어 대상자의 피로, 기분, 경험 등이 측정에 영향을 미치게 되면 신뢰서이 저해되게 된다.

셋째, 관찰/연구자 측면에서 연구자의 객관성이 요구된다. 둘 이상의 연구자가 같은 주제를 같은 방법에 의하여 측정한 결과가 같지 않다면 신뢰성이 있다고 볼 수 없다.

3. 신뢰도 검사기법

신뢰도를 검사는 방법으로는 검사-재검사기법(test-retest method), 유사양식검사기법(parallel-form method), 반분기법(split-half method), 그리고 알파계수기법(cronbach alpha method) 등이 있다. 신뢰도 계수는 0과 1 사이에 값을 가지며 1에 가까울수록 신뢰도가 높다. 신뢰도 계수가 어느 정도 되어야 신뢰할 수 있느냐는 학자의 주장 마다 다르다. 그러나 일반적으로 r=.70 이상이면 신뢰할 수 있다는 것이 일반적인 견해이다.

1) 검사-재검사기법(test-retest method)

검사-재검사기법은 신뢰도 검사에 가장 널리 사용하는 방법으로 매우 단순한 신뢰도의 의미를 이해할 수 있다. 동일한 검사 대상에게 동일한 검사를 일정 시간적인 가격을 두고 두 번 반복하여 실한 결과를 평균 내는 방법이다. 즉 검사-재검사는 측정도구를 반복하여 사용하여 일관된 정도를 나타내는 안정성(stability)을 의미한다.

설문 또는 실험을 통한 검사는 두 번 같은 설문지로 반복하고 관찰을 통한 검사는 두 번 이상 반복을 하게 된다. 두 번 측정된 점수에 대한 상관관계로 신뢰도를 판단하게 된다.

〈그림 10-1〉 검사-재검사기법

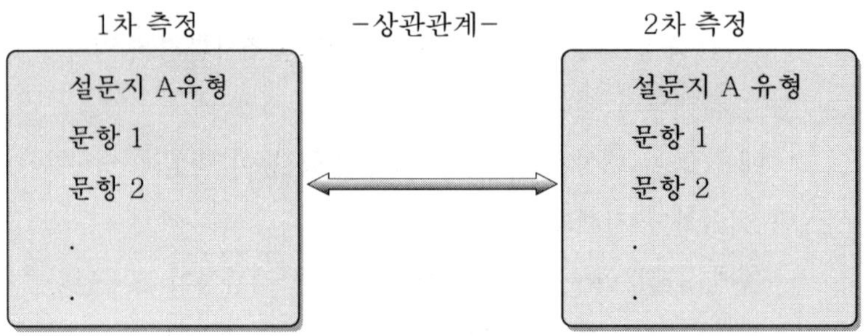

문제점으로는 다음과 같은 것들이 지적된다.

첫째, 첫 번째와 두 번째 검사 기간의 시차로 인하여 측정하고자 하는 속성이 변할 수 있다.

둘째, 두 검사간의 시차와 관련된 문제가 제기된다. 검사기간이 긴 경우 검사 대상자는 다양한 경험을 하게 되어 재검사 결과에 영향을 미칠 수 있고 재검사 기간이 너무 짧을 경우 검사 대상자가 첫 번째 검사내용을 기억하여 과도한 신뢰도를 보일 수 있다. 때문에 검사-재검사 신뢰도를 사용할 경우 검사 간격을 명시해야 한다. 검사-재검사 기간은 검사의 성격에 따라 1주일, 1개월, 3개월 등 다양하게 제시되고 있으나 6개월이 넘지 않도록 권고하고 있다.

2) 유사양식기법(parallel-forms method)

검사-재검사기법의 약점을 보완하기 위한 방법으로 측정하고자 하는 대상의 속성은 동일하지만 검사 문항을 다르게 하여 시차를 두고 다른 시기에 검사하는 방법이다. 이 방법은 동일 대상자를 조사한다는 점에서 검사-재검사기법과 유사하다고 할 수 있으나 양식이 다르다.

유사양식검사 기법을 위하여 측정 대상의 속성과 측정결과를 같게

할 수 있는 유사양식의 검사도구를 만드는 것이 관건이다. 즉 두 검사 양식의 등가치성을 어떻게 확보할 것이냐가 관건이다. 두 번 이상의 검사 결과의 비교를 통하여 질적 또는 통계적으로 신뢰도를 판단하게 된다.

〈그림 10-2〉 유사양식 기법

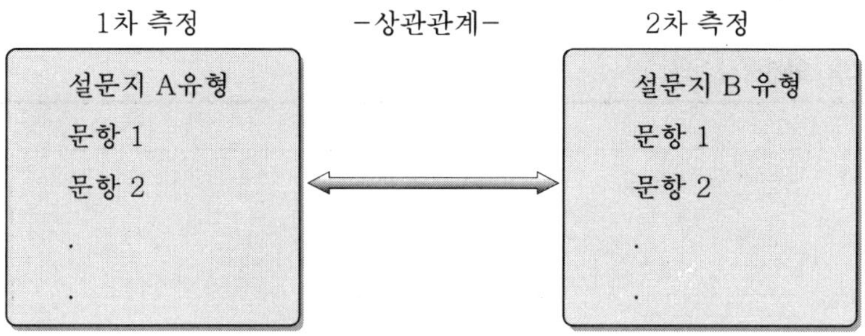

장점으로는 응답자가 과거를 기억함으로서 나타는 오류를 어느 정도 예방할 수 있다. 그러나 시험이나 조사를 두 번 실행함으로써 조사환경이나 응답자의 태도에 차이에서 나타나는 오류를 제거할 수 없다.

3) 이(반)분검사기법(split-half method)

앞의 두 가지 신뢰도 검사방법에서 나타난 검사도구의 시간적 안정성 또는 등가치성의 문제를 해결하기 위해서는 동질적인 도구 또는 동질적이라고 가정되는 측정도구를 사용하면 된다. 이 때 동질성의 의미는 신뢰성의 개념에 기초한다고 볼 수 있다. 이러한 원리가 적용된 신뢰도 검사 기법이 반분 검사법이다.

반분검사기법은 하나의 검사를 문항수와 내용이 비슷하도록 두 개의 검사로 나누어서 상관관계로 신뢰도를 산출하는 방법이다. 검사-재검사기법 또는 유사양식기법은 같은 대상자를 두 번 조사하지만 이분검사기법은 한 번에 조사가 가능하다.

반분된 두 검사지는 서로 독립적인 것으로 간주하며 문항의 난이도를 고려하여 구성되나 과정이 복잡하여 사용하기가 쉽지 않다. 일반적으로 사용하는 반분검사기법은 전반부와 후반부로 반분하는 지속적 반분 기법과 짝(기) 홀(우)수 번호 문항으로 반분하는 기우수반분기법을 이용한다. 예를 들어 20문항으로 구성된 도구의 신뢰도 검사는 먼저 10 문항씩 두 부분으로 나누고 각 대상자들의 검사 점수들 간의 상관계수를 구한다. 검사도구 20문항 전체의 신뢰도가 아니라 절반인 10 문항에 대한 신뢰도 검사가 된다.

〈그림 10-3〉 이분검사기법

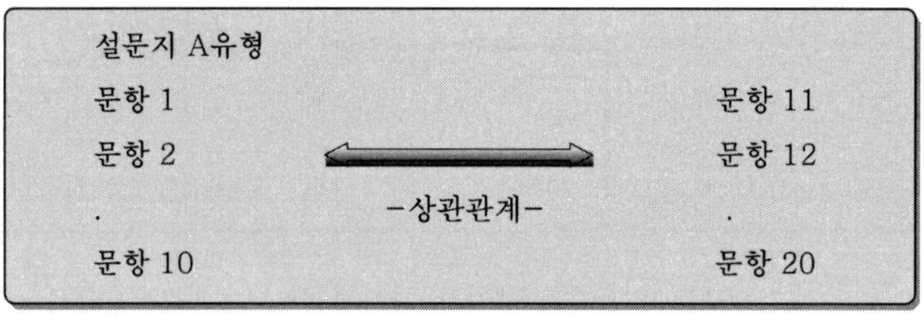

4) 알파계수(cronbach alpha)

앞의 세 가지 검사기법은 검사 전체에 대한 신뢰도를 파악하는데 사용하는 기법인 반면에 크론바하알파(cronbach alpha) 계수는 검사 내에서 검사 문항에 대한 반응이 일관성을 유지하는지 또는 문항 간의 동질성을 유지하는지를 알아봄으로써 신뢰도를 알아보는 기법으로 현재 가장 널리 사용되고 있다. 예를 들어 운전면허 시험에서 동질적인 문항을 난이도가 쉬운 문제에서 어려운 문제 순으로 나열하여 실시하면 응시자의 능력에 따라 일정 문항에서 임계점에 이르게 될 것이다. 그러나 문항이 동질적이지 못하면 맞고 틀리는 문항이 일관적이지 못할 것이다. 여기서 이야기하는 동질성과 일관성의 정도를 신뢰계수라고 한다. SPSS win에서 신뢰도 검사의 방법은 다음과 같다. Statitic→Scale→Relianility Analysis→Alpha 순으로 선택/진행을 한다.

4. 신뢰도 높이는 방법

1) 측정도구의 모호성 제거

측정도구의 모호성을 제거하는 것은 매우 중요하다. 특히 개념을 측정하기 위한 척도, 즉 측정도구를 만들기 위하여 개념적 정의와 조작적 정의가 명확하게 이루어져야 한다. 또한 측정도구의 신뢰도 검사를 통하여 모호한 척도의 항목을 제거하거나 다른 항목으로 대체한다.

2) 측정도구의 항목을 늘림

개념이 추상적 일수록 척도(측정도구)의 항목을 늘려 구체성을 확보하게 된다. 그러나 너무 많은 척도항목은 설문과정에서 현상의 실태를 제대로 반영하기 어려운 측면이 있다. 일반적으로 문항수가 5문항이하인 경우 문항수를 늘리면 신뢰도가 크게 향상되나 10문항 이상에서는 크게 향상되지 않는다.

3) 면접방식과 태도의 일관성

면접방식과 면접 태도의 일관성을 유지함으로써 면접환경에서 나타날 수 있는 오류를 제거함으로써 신뢰도를 확보할 수 있다.

4) 유사질문 문항의 배치

측정도구에 유사질문을 위치를 달리하여 배치함으로써 응답의 일관성 확인을 통하여 신뢰도를 확인할 수 있다.

5) 신뢰도가 인정된 도구사용

사회복지조사연구에서 초보 연구자에게 신뢰도가 담보된 측정도구의 구성은 쉽지 않은 작업 중의 하나이다. 가능하다면 이미 신뢰도가 검증된 측정도구를 사용한다면 그 만큼 시간과 노력을 절약할 수 있을 것이다.

5. 타당도와 신뢰도의 관계

사회복지를 연구하는 연구자가 연구주제 관련 변수나 개념을 측정하는데 있어서 측정의 오차가 발생하는 것은 자연스런 것이다. 때문에 연구자는 연구의 신뢰도와 타당도를 평가하게 된다. 신뢰도와 타당도에 대한 의문은 측정 오차와 관련되어 있다. 측정값은 참값과 오차의 합이라고 할 수 있다(측정값=참값+오차). 여기서 오차는 체계적 오차(systematic error)와 비체계적 오류(random error)로 나눌 수 있다. 체계적 오류는 오차가 일정한 방향으로 작용하며 타당도와 관련이 되어 있고 비체계적 오류는 무작위적으로 발생하며 신뢰도와 관련이 되어 있다.

신뢰도가 높아진다고 하여 타당도가 높아지는 것은 아니나 타당도가 높아지면 신뢰도는 높아지게 된다. 타당도와 신뢰도와의 관계를 그림으로 표현하면 다음과 같다.

〈그림 10-4〉 신뢰도와 타당도와의 관계

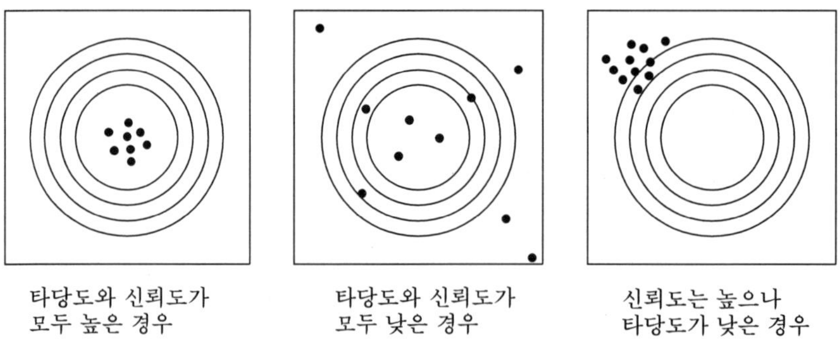

첫째, 타당도와 신뢰도가 모두 높은 경우이다.

측정치가 표적을 중심으로 집중되어 있어 체계적 오류와 비체계적오류가 적은 경우가 해당된다.

둘째, 타당도와 신뢰도 모두 낮은 경우이다.

측정치가 표적을 중심으로 분포되어 있으나 분산이 매우 크다. 신뢰도와 타당도가 모두 낮은 경우이다.

셋째, 타당도는 낮으나 신뢰도는 높은 경우이다.

측정치의 분산은 적으나 측정치가 표적을 중심으로 일정한 방향으로 치우쳐 있다. 이것은 비체계적오류는 작으나 체계적 오류가 큰 경우가 이에 해당된다.

연 습 문 제

1. 타당도의 개념을 설명하시오.

2. 타당도의 유형을 분류하시오.

3. 내용타당도를 설명하시오.

4. 구성타당도를 설명하시오.

5. 동시발생과 예측기준타당도를 비교 설명하시오.

6. 신뢰도의 개념을 설명하시오.

7. 신뢰도 측정기법을 분류하시오.

8. 검사/재검사, 이분법, 유사양식기법을 비교 설명하시오.

9. 신뢰도를 높이는 방법을 설명하시오.

제11장

사회복지 욕구조사

제 1 절 욕구조사의 필요성과 개념

1. 욕구조사의 필요성

사회복지조사연구는 사회문제와 인간의 욕구에 대한 체계적이고 과학적인 해결책을 제시하고자 한다. 어느 사회나 시대에서 사회문제는 존재하였고, 우리가 살고 있는 현대사회를 흔히 정보사회라고 하여 여러 가지 시대적 상황에 관련하여 문제들이 도출되고 있는 것이 사실이다. 사회복지의 궁극적인 목적의 하나라고 할 수 있는 여러 상이한 계층에 있어서 자원의 합리적 배분을 위해 특정 계층에 속해 있는 대상자들의 명확한 욕구설정은 매우 중요하다. 사용하고자 하는 재화나 용역은 항상 제한되어 있고, 이에 대한 사회적 욕구는 무한하다. 이러한 자원의 희소성의 원칙은 효율적 자원의 분배에 대한 준거기준이나 판단을 요구하게 된다. 서비스 대상자들의 욕구를 과학적으로 조사하여 클라이언트가 충족되기를 바라는 서비스를 개발하는 것이 시대적 상황이며, 정부나 민간차원에서 재원을 제공할 때 체계적인 욕구조사에 입각한 결과는 신청 프로그램 예산 선정에 중요한 기준이 되고 있으며, 지역의 특성과 클라이언트에 대한 욕구자료는 기관 활동의 홍보에 중요한 요소가 되고 있다.

최근 사회복지욕구조사에 대한 수요가 점점 증가하고 있는데 이것은 소위 복지국가 위기론으로 표현되는 80년대 초 신자유주의적 경제사조와 관련성이 매우 깊다. 즉, 사회복지 재정의 한계로 인해 사회구성원 욕구를 파악하게 되고 체계화된 욕구를 수렴하여 재화나 서비스를 효율적, 효과적으로 전달하기 위해서 지역주민의 복지욕구에 대한 과학적이고 체계적인 개입 방안이 요구되었다. 사회복지관이나 기타 관련 시설에서 사업을 계획, 평가하기 위해 전문성과 책임성이 더욱 강조되고 있고 욕구조사 활동의 이해가 더욱 중요해질 전망이다.

2. 욕구의 개념

욕구의 의미는 어떤 내용이 기준에 미달되어 그것이 충족되지 못한 상태를 말한다. 욕구는 무엇이 결여된 상태로 인해 불편을 겪고 있는 상황을 의미하며, 당연히 충족되어야 할 것과 실제와의 격차 또는 차이가 존재하는 상태에 놓여 있음을 의미한다. 욕구란 "개인이 느끼고 있는 무엇인가의 결핍 상태를 충족시키기 위하여 필요로 하거나 원하는 상태 또는 상황을 말하며, 이는 현재의 상태와 바라는 상태 사이에 존재하는 격차 또는 조건의 차이"로 정의할 수 있다(정무성 · 정진모, 2001).

욕구를 정의하는 데 있어 중요한 문제는 '누가 기준을 설정하느냐' 하는 것이다. 사회문제를 욕구의 측면에서 접근한 Bradshaw는 이러한 점을 고려하여 사회욕구를 네 가지 유형으로 정리하고 있다(Bradshaw, 1977).

1) 규범적 욕구(normative needs)

전문가가 판단할 때 주어진 상황에서 욕구가 존재한다고 정의하는 것이다. 전문적으로 정해진 기준에 비추어 이에 미치지 못한 상태를 욕구가 있는 상태라고 규정하는 경우이다. 즉 바람직한 수준이 정해지고 실질적으로 존재하는 수준과 비교하여, 개인이나 집단이 바람직한 수준에 미치지 못하면 그들은 욕구상태에 있다고 본다. 예로써, 아동의 일일 영양기준, 정부가 정한 절대빈곤선/최저임금 등이 이에 해당한다.

이러한 욕구의 정의는 객관적인 목표가 정해져 있기 때문에 계량화가 가능하고 구체적인 변화를 설정하여 이에 미치는 여부가 파악되는 장점이 있다. 그러나 그 기준이 사람마다 다를 수 있고 시간에 따라 변할 수 있기 때문에 욕구체제가 경제적 상태, 가치관의 변화를 반영하지 못할 경우 규범적 욕구는 논란의 대상이 된다는 단점이 있다. 즉, 빈곤을 해결하기 위한 빈곤선은 정부가 계량적으로 정의하여 이를 정책에 반영하고 있으나, 시민단체나 빈곤계층이 느끼는 빈곤선은 크게 다를 수 있다.

2) 느낀 욕구(felt needs)

서비스 대상자들이 어떤 특정한 욕구를 느끼고 있는 것은 무엇인가 원함(want)이 있다는 의미이다. 통상 관련된 사람들에게 특정 서비스가 필요하다고 느끼고 있는지 물어보기 위한 사회조사방식의 욕구측정이 이에 해당된다. 느낀 욕구는 서비스대상자들이 자신의 문제나 욕구에 대해 가장 잘 파악하고 있다는 데 근거하고 있다. 즉 서비스 욕구는 해당 당사자들에 의해 느껴지지 않는다면 쓸모가 없거나 비현실적인 것이라고 여기는 것이다. 느낀 욕구는 어디까지나 서비스 수혜자가 스스로 인지적 판단에 의해 욕구의 주관적 지각에 초점을 두고 있기 때문에, 전문가의 판단에 의한 욕구수준과는 차이가 있을 수도 있다.

3) 표현된 욕구(expressed needs)

대상자들이 어떤 서비스가 필요하다고 느끼면서, 이에 대해 충족되기를 요청하거나 요구하는 행동을 취하는 경우에 그 욕구를 말한다. 무엇인가에 대해 수요(demand)는 사람들이 서비스를 실제로 필요로 하고 있는 것이며, 이에 대해 어떠한 형태로 표현을 할 것이라는 가정을 하는 욕구이다. 이러한 욕구의 개념은 사회복지 서비스 욕구측정의 가장 대표적으로 사용되고 있다. 기관들은 일반적으로 클라이언트들이 원하는 욕구의 리스트를 작성하고 파악되지 못한 서비스를 알아내고자 한다. 예를 들면 병원에서 환자의 병을 진단할 때 몇 가지 체크리스트를 만들어 사용하거나 심리학자가 환자의 심리측정을 하면서 MMPI 등 표준화된 측정도구를 사용하는 것이 표현된 욕구를 알고자 하는 시도이다. 클라이언트가 표출하고 있지 못하는 욕구를 겉으로 드러내게 함으로써 참된 욕구를 파악하고자 할 때 사용되는 욕구의 개념이다. 단점으로는 몇 가지 적혀진 리스트만을 체크하게 하므로 클라이언트가 기술된 욕구의 내용에 벗어난 욕구를 가지고 있다면 자신의 욕구를 표출하지 못하게 되는 것이다.

4) 비교 욕구(comparative needs)

서비스 대상자들을 연구함으로써 얻어지는 욕구로, 만약 비슷한 상황에서 어떤 사람들은 복지서비스를 받고 있고 다른 사람은 서비스를 받지 못할 경우, 후자는 욕구상태에 있는데, 이 때의 욕구를 의미한다. 도시빈민이 많이 거주하는 지역에 독거노인의 경우, 한 가구는 국민기초생활보장제도의 수급권자이고 다른 한 가구는 법적으로 자녀가 있다는 이유로 복지서비스를 받지 못할 경우, 이러한 제도적 결함으로 인해 사회복지 사각지대에 놓여 있는 대상자들이 비교 욕구에 처해 있다고 볼 수 있다.

3. 욕구조사의 내용

욕구조사의 내용은 어떤 집단을 대상으로 하는지, 어떠한 목적으로 조사를 하는가에 따라 달라진다. 욕구를 측정하고자 하는 집단이 한 부모가정일 경우 이들이 갖는 욕구나 바램은 장애인이나 노인일 경우와 다른 성격을 가질 것이다. 기본적인 욕구에 관한 것이라면 조사대상 집단들끼리 서로 관련된 내용이 많겠으나, 구체적인 욕구내용은 대상 집단에 따라 질문방식과 척도, 분석방법 등에서 다른 형태로 꾸며져야 할 것이다. 장애인이나 노인을 대상으로 욕구조사를 실시할 경우와 여성가구주나 빈곤계층을 대상으로 할 경우 조사의 내용은 각 집단이 직면한 문제 또는 달성하고자 하는 목표에 따라 달라질 것이다.

욕구조사를 통해 연구자가 파악할 수 있는 내용은 크게 3분야로 분류될 수 있다. (1) 지역사회 및 조사대상 집단의 일반적 특징에 관한 기초 자료를 구하고자 할 때, (2) 욕구파악을 위해 기존 서비스 평가 및 새로운 서비스 개발에 자료를 얻고자 할 때, (3) 지역사회에 부족한 서비스 평가를 위한 자료가 필요할 때 등이다(채구묵, 2005: 344-349). 각 분야별로 조사내용과 사용목적은 다음과 같다.

1) 지역사회 및 조사대상 집단의 특성에 관한 기초자료

욕구조사는 일반적인 설문조사처럼 기본이 되는 자료를 수집하기 위해 사용될 수도 있다. 기초 자료는 조사대상 집단의 일반적인 내용을 담고 있다. 연령, 가족의 크기, 거주 지역, 거주 기간, 직업, 종교, 공공부조의 수급여부 등이 포함된다. 주로 이러한 자료는 조사대상의 일반적인 사회인구학적인 특성을 기술하기 위한 목적으로 사용되나, 단순한 연구가 아닐 경우 독립변수나 통제변수의 역할을 수행할 수도 있다. 이러한 자료를 사용하는 목적은 다음과 같다.

· 대상지역이나 집단의 특성에 대한 개략적인 정보 제공
· 자료분석 시 통제 목적 및 복지수혜 대상 집단 파악에 사용
· 잠재적 서비스 수혜자 비율이 높은 지역 및 집단의 특성 파악
· 대상지역 및 집단 내 하부지역 및 하부집단의 사회-인구학적 구조 파악

2) 서비스 평가 및 새로운 서비스 개발에 필요한 욕구파악을 위한 자료

좋은 효과 또는 치료를 줄 수 있는 서비스가 욕구집단에 잘 알려져 있지 않을 경우 이를 조사하고자 할 때 사용된다. 조사내용은 서비스는 욕구가 있는 사람들에게 알려져 있는가? 잘 활용되고 있는가? 서비스 존재에 대한 홍보 부족 여부는 무엇인가 등이 파악된다. 이에 대한 결과는 기존 서비스 인지를 높이고 활용에 대한 정보 또는 장애요소를 알려준다.

새로운 서비스 개발에 필요한 자료를 파악할 목적으로 욕구조사를 하는 경우이다. 대상지역에서 심각하다고 생각되는 문제(예: 육아문제, 청소년 비행, 학교문제 등)를 파악하여 수혜자들이 원하는 서비스를 제공하고자 조사를 실시하는 경우이다.

3) 활용자원에 관한 자료

대상자에 욕구에 맞는 서비스를 개발했을 때 현실적으로 실천에 옮길 수 있는 가능성을 갖고 있어야 한다. 실행 가능성이 희박할 경우 욕구를 파악한 계획이 문제해결을 하지 못할 뿐만 아니라, 조사 수행과정상의 자원의 낭비만 초래할 것이기 때문이다. 생활정보지, 언론매체, 전단지 등의 지역사회 정보체제를 활용하여 이용이 가능한 서비스를 대상자들에게 알려야 한다.

제 2 절 욕구조사의 종류 및 자료수집

욕구조사는 조사를 실시하는 사회복지기관의 형태나 프로그램의 형태에 따라 달리 구분된다. 여기에서는 수혜자 중심(client-oriented)의 욕구조사, 서비스 중심(service-oriented)의 욕구조사, 지역사회 중심(community-based)의 욕구조사로 구분하여 설명하고자 한다.

1. 수혜자 중심의 욕구조사

수혜자 중심의 욕구조사는 특정한 욕구를 가진 계층(아동, 노인, 장애인 등)을 대상으로 하여 기관에서 바람직한 서비스나 프로그램의 범위와 방향을 설정하기 위해 실시되는 욕구조사이다. 이 조사는 한정된 지역이나 대상자를 표본으로 삼게 되므로 욕구집단의 규정이 선행되어야 하며, 조사결과를 바탕으로 하여 문제의 인식과 필요한 서비스의 내용을 알아내고 기관의 정책적 결정에 도움이 되고자 한다. 지역사회복지관에서 특정 지역의 노인들에게 제공할 서비스의 종류와 내용을 알고자 할 때 유용하게 사용된다.

2. 서비스 중심의 욕구조사

서비스 중심의 욕구조사는 상담서비스 또는 의료서비스 등과 같은 특별한 서비스를 기관이 제공하고자 할 때 실시하게 된다. 이러한 특정 서비스를 필요로 하는 대상자를 표집하여 이들에게 적합한 욕구의 범위를 알고자 할 때 사용된다. 이 조사에서는 먼저 대상 집단이 가지고 있는 특정한 문제를 해결할 수 있는 기관의 시설이 구비되어야 하며 전문 종사자들이 배치되어 이들의 특별한 욕구를 해결할 수 있어야 한다. 따라서 조사결과를 바탕으로 해서 서비스의 종류와 수준을 정하게 된다. 장애인복지관에서 장애인을 대상으로 하는 장애등급과 관련하여 그들의 욕구를 조사하고, 그 결과에 따른 재활프로그램을 계획할 때 이러한 욕구조사를 하게 된다.

3. 지역사회 중심의 욕구조사

지역사회 중심의 욕구조사는 지역사회 주민들의 전반적인 욕구와 문제를 해결하고자 할 때 조사하게 된다. 위의 수혜자와 서비스 중심의 욕구조사가 다양한 인구집단을 포함하지 못하고 지역사회에 존재하는 서비스의 내용을 통합, 조정하는 서비스의 계획이 결여된 점을 보완하기 위해 실시되는 조사이다. 일반적으로 종합사회복지관에서 해당지역의 주민들에게 그들의 욕구와 복지관 이용실태조사를 기본적으로 하는 경우가 이 조사에 해당된다.

이것은 수혜자와 서비스 중심의 욕구조사를 통합하여, 지역사회의 문제를 우선순위를 정하고, 적절한 개입대상 인구와 서비스의 내용을 파악하고자 할 때 유용하게 사용된다. 단점으로는 주민 전체가 욕구파악의 대상이기는 하나 여러 상이한 욕구를 모두 반영하여 프로그램을 실시하는 데 어려움이 있다(최성재, 2005).

4. 욕구조사의 자료수집방법

욕구조사를 위한 자료를 모으는 방법은 일반조사와 매우 비슷하지만, 욕구조사는 대상자의 욕구파악을 전제로 하며 대상이 반드시 해당 당사자일 필요는 없으며 관련된 집단을 통해 여러 가지 형태로 자료수집이 가능하다. 주요한 자료수집방법은 지역사회 공개토론회, 주요 정보제공자조사, 사회지표조사, 일반 인구조사, 표적인구조사, 델파이기법,

2차적 자료분석, 프로그램운영자 또는 서비스제공자조사, 통합적방법 등이 있다(성규탁, 2000: 149-166, 김기원, 2001: 398-403).

1) 지역사회 공개토론회(community forum)

지역사회 공개토론회를 개최하여 어떤 특정 지역사회 내에 거주하는 모든 사람들이 참여하여 해당 주민당사자들로 하여금 그 지역의 욕구나 문제에 대해 의견을 발표하도록 하여 자료를 수집하는 방법이다.

지역사회에 거주하거나 활동하는 사람들은 자신들이 생활을 하는 가운데 직접 경험하거나 관찰하거나 또는 간접적 체험을 통해서 스스로의 문제나 욕구에 대해 알고 있다. 이 방법은 공개 토론회를 가짐으로써 지역사회 주민들이 누구보다도 자신들의 욕구나 문제를 잘 알고 있다는 전제하에서 주민들의 의견을 수렴하여 자료를 수집하고자 한다. 가급적 지역사회의 관련된 주민들 모두가 참석하여 자신들의 문제나 욕구를 파악하고자 한다.

이 방법의 장점은 다음과 같다. 첫째, 상당히 폭넓은 계층과 지역 전체 의견을 수렴하게 되는데 비해 소요되는 비용이 상대적으로 적어 비용이 경제적이다. 둘째, 자료수집에 소요되는 시간도 비교적 적게 들므로 시간상으로 경제적이다. 셋째, 광범위한 지역, 계층 및 집단들의 의견을 수렴할 수 있다. 넷째, 주제에 대한 다양한 의견이 표출됨으로 인해 서베이 조사를 준비하는 탐색적인 기회가 될 수 있다. 다섯째, 프로그램이나 정책 실시상 주민의 지지나 협조를 얻을 수 있는 계기가 된다.

이 방법의 단점으로는 첫째, 의견을 발표하는 사람의 수가 적다. 주민이 모두 참석할 수 없을 뿐만 아니라 설령 참석했다 하더라도 모두 의견을 발표할 수 있는 기회를 갖기 어렵다. 둘째, 관심있는 사람들만 참석하기 때문에 이들만의 욕구가 반영되는 표집자 편의(selection bias)현상을 나타내어 표본의 대표성을 확보하기 어렵다. 셋째, 자기선택(self selection)으로 인한 표본의 편의(bias)현상이 나타나며, 관심 있는 참석자 집단의 견해가 집중적으로 모아질 수도 있다. 이러한 단점을 극복하기 위해 소규모 토론회를 여러 번에 걸쳐 실시하여 여러 지역에서의 의견을 모두 수렴하는 방법이 사용될 수 있다.

2) 주요 정보제공자 조사(key informant survey)

주요 정보제공자 조사는 해당지역의 전문가들로 구성된다. 그 지역의 사회복지단체 전문가, 관련 직종의 전문직 종사자, 지역의 유지, 정치적 지도자, 행정관료 등 해당지역의 문제에 대해 직접적으로 잘 알고 있다고 생각되는 사람들로부터 욕구조사의 내용을 설명하고 의견을 모으는 방법이다. 이 방법의 장점은 비용이 적게 들고, 표본선정이 용이하며, 그 지역의 전반적인 문제를 쉽게 파악할 수 있고, 지역사회의 유지, 행정관청 및 정치적 지도자들이 지지하거나 반대하는 서비스 또는 프로그램을 파악할 수 있으며, 주민들 중 정치적으로 활동적이고 의견 주장이 강한 집단들의 관심사항을 파악할 수 있다는 점이다. 단점으로는 일단의 전문가를 선정하는 과정에서 표본이 편중될 우려가 있고, 이러한 전문가들의 지적사항이 해당주민들의 욕구와 일치하지 않을 수도 있다는 점이다.

3) 사회지표 조사(social indicator analysis)

사회지표는 분석단위나 관찰단위가 개인이 아니고, 개인들의 집합(aggregate)의 어떤 특성에 대한 대표 값을 말한다. 예를 들면, 소득 수준, 빈곤인구비율, 실업률, 영아사망률, 주택보급률, 범죄율, 공공부조 수급자 수 등이다. 이러한 점수는 개인들의 집합체이며 특정 지역이나 특정 계층에 대한 전체를 대표하는 수치들이다. 사회지표는 지리적 범위에 따라 전국지표, 광역시지표, 또는 특정 지역지표 등으로 나누어질 수 있으며, 대상별로도 장애인, 아동, 청소년, 노인 등에 관한 자료로도 나누어질 수 있다.

사회지표조사는 연구자가 자료를 수집하기 위해 대상자를 직접적으로 표집 하는 방법이 아니다. 관심이 되는 특정 지역이나 대상 집단의 생활 상태나 문제에 관한 공공기록문서와 보고서에 기록된 통계자료를 바탕으로 욕구를 추정하는 방법이다. 이러한 자료에 나타난 사회경제적 상태나 빈곤수준 등을 파악할 수 있다. 일반적으로 가장 잘 알려진 사회지표조사는 5년에 한 번씩 실시하는 인구조사보고서이다. 여기에는 인구밀도, 연령, 소득, 직업종류, 주거 형태, 거주기간 등과 같이 인구와 주민의 특성에 관한 자료가 있다. 보건복지통계연보를 통해 사회보험, 공공부조, 사회복지서비스에 관한 지표를 조사할 수도 있다.

4) 일반인구 조사(general population survey)

일반인구조사방법은 해당되는 지역주민들을 대상으로 하여 직접적으로 정보를 수집하는 방법이다. 주로 전체 주민들 가운데 표본조사를 통해 선정된 지역주민들에게 면접 또는 질문지를 가지고 욕구를 알아내고자 한다. 일반인구조사방법은 다음과 같은 장점이 있다. 조사도구가 정확할 경우 실제적인 서비스 수혜자 또는 잠정적인 수혜자가 인식하는 욕구 파악이 가능하며, 표본의 대표성이 갖추어질 경우 표본을 통하여 대상자 전체의 욕구를 파악할 수 있다는 점이다. 단점은 비용이 많이 들고, 우편으로 설문지를 송부하는 경우 회수율이 낮고, 사회적으로 바람직한 응답만을 얻게 되는 문제가 발생할 수 있다.

이 방법을 통해 다음에 관한 정보를 얻을 수 있다.

1) 주민 개개인이 인정하는 문제, 2) 문제를 가진 개인들과 이들의 특성, 3) 개개인이 이용할 수 있는 서비스 또는 혜택, 종류, 이를 이용할 의욕 및 이용하는 데 장애가 되는 요인, 4) 사회문제와 서비스 또는 혜택제공자에 관한 정보 등이다.

5) 표적인구 조사(target population survey)

표적인구 조사는 일반인구 가운데 일정한 특성을 가진 사람들만 선정하여 이들의 욕구를 조사하는 방법이다. 예를 들어, 노인, 청소년, 장애인, 여성인구 등을 중심으로 하여 이들의 소득수준, 연령, 건강상태, 거주 지역, 수혜요건 등을 조사하고자 할 때 사용된다. 표적인구 조사의 절차는 일반인구 조사의 방법과 거의 비슷하다. 모든 사람들이 관심의 대상이 아니므로, 일반인구조사에 비해 표본의 크기가 작다.

어떤 특정집단의 문제나 욕구에 대한 조사가 주된 목적이므로 특정인구집단의 문제, 충족되고자 하는 혜택에 대해 구체적이고 면밀한 조사가 가능하다.

표적인구 조사방법의 장점은 유사한 조사에서 사용된 조사방법과 조사도구를 활용할 수 있고, 조사결과의 타당성이 상대적으로 높다. 단점으로는 표적인구로부터 얻은 정보는 그 집단 이외에는 적용할 수 없고, 표적 집단이 이미 혜택을 받고 있을 경우 이들을 대상으로 한 욕구는 프로그램개발자에게 커다란 영향을 주지 못한다는 점이다.

6) 델파이 기법

이 기법은 어떤 문제에 대한 올바른 판단을 도출하기 위해 전문적인 지식을 가지고 있는 주요 정보제공자들 사이에 공통적인 인식을 확보하여 지역문제나 욕구를 해결하고자 하는 방법이다. 델파이 기법은 체계적으로 만들어진 몇 단계의 질문을 사용한다.

델파이 기법은 광범위하고 장기적인 정책을 세우는 데 널리 사용되고 있으며, 집단의 판단을 체계적으로 유도해 내서 정리하기 위한 기법으로 세 가지 특색이 있다. 첫째, 설문에 대한 응답을 무기명으로 하고, 둘째, 반복 또는 통제된 환류를 정보 수집 과정의 여러 단계에서 제공하고, 셋째, 집단의 반응을 통계분석해서 집약할 수 있다.

이 방법의 장점은 1) 참가자들이 무기명으로 의견을 내기 때문에 발언권이 세고 우세한 참가자의 영향력을 줄일 수 있고, 2) 환류를 체계적으로 통제하기 때문에 개인 이권행사로부터 오는 부정적 영향력을 최소한으로 줄일 수 있으며, 3) 참가자의 익명성이 보장되기 때문에 집단의견에 개인의 의견을 순종시키려는 집단의 압력을 줄일 수 있고, 4)

응답자가 독립적으로 의견을 제출만 하면 되므로 시간을 효율적으로 쓸 수 있다.

단점은 반복적인 과정으로 의견수렴을 거쳐야 하므로 시간이 많이 걸리고 예외적인 의견은 합의 도출과정에서 소멸된다는 점이다.

델파이 방법은 다음과 같은 절차로 진행될 수 있다.

1) 학자, 관련 사회복지사, 기업인, 지역지도자 등 관련 전문가를 선정한다.

2) 주요 관심사에 관한 설문지를 작성한다.

3) 개방형(open-ended) 설문지를 발송한다. 전문가들은 해당 문제에 대해 자신들의 관점을 깊이 있게 응답(in-depth answer)해 줄 것을 요청받는다.

4) 응답내용이 회수되면 응답내용을 합의된 부분과 합의되지 않은 부분으로 나누어 집계한다.

5) 초기분석의 결과에서 합의도가 낮으면 그 결과를 다시 선정된 전문가들에게 보내서 1차분석의 결과를 참조한 각자의 의견을 묻는다.

6) 회수된 응답을 재분석한다. 이러한 과정을 거치면서 일정한 정도의 합의점에 도달할 때까지 반복 응답케 한다.

7) 2차적 자료분석(secondary data analysis)

1차적 자료분석방법은 지역사회주민이나 전문가들로부터 직접 자료를 수집해 분석하는 방법이다. 이에 비해 2차적 자료 분석은 지역사회 내의 사회복지기관의 서비스 수혜자에 관련된 기록을 검토하여 욕구를 간접적으로 파악하는 방법이다. 연구자가 사전에 연구계획을 갖고 조사를 시작하는 1차적 자료수집 방법과 달리, 이미 조사된 내용을 갖고 자료를 분석하게 된다. 이러한 2차적 자료가 될 수 있는 것은 인테이크 자료, 면접상황기록표(face sheet), 기관의 각 부서별 업무일지, 서비스 대기자명단(waiting list) 등이다. 비록 대상자들로부터 직접적 도출된 자료는 아니지만, 서비스 욕구, 현재 발생하고 있는 사회문제, 서비스의 수요 등의 추정이 가능하다. 예를 들어, 가정복지기관의 기록을 분석한 결과 이혼문제 상담이 많이 늘어나는 경향이 발견되었다면 부부문제의 심각성을 알 수 있고, 부부문제 치료서비스의 수요를 산정할 수 있다.

이 방법은 직접적으로 조사를 하여 자료를 도출할 필요가 없기 때문에 비용이 적게 들고, 대상자의 선정이나 자료수집 상의 문제점이 존재하지 않으므로 조사에 신축성을 기할 수 있으며, 다른 욕구조사방법을 보완할 수 있다. 단점은 첫째, 그 자료의 비밀보장 필요성 때문에 기관 외부에서의 접근이 어렵다. 둘째, 기관간의 자료 분석의 기회가 주어진다 하더라도 자료의 기록양식 등이 통일되어 있지 않아 필요한 자료를 통일되게 정리하기 어렵다. 셋째, 2차적 자료 분석은 사전에 이미 특정 목적을 가지고 조사된 내용을 갖고 분석하게 되기 때문에 여기서 얻은 결과를 전체 수혜대상자가 원하는 욕구인지가 불분명하다.

8) 프로그램 운영자 또는 서비스 제공자 조사

프로그램 운영자나 서비스제공자를 통해 간접적으로 지역사회 주민이나 대상 집단의 욕구를 파악하는 방법이다. 이 방법은 약물중독자나 학대아동, 위기에 처한 부부 등과 같이 사회적으로 접근하기 어려운 대상 집단의 욕구나 문제에 관한 정보를 얻을 수 있다. 이들을 대면하고 있는 현장 전문가들로부터 대상 집단의 욕구나 문제를 조사하는 것이다. 단점으로는, 이들이 제공한 욕구내용이 제공자의 계급적 편견에 의해 영향을 받을 수 있으며, 전문가의 좁은 식견으로 판단된 내용일 수도 있다.

9) 통합적 방법

통합적 방법은 일반인구, 주요정보제공자, 표적 집단 등의 여러 가지 욕구조사방법을 각각 별도로 시행한 다음 그 결과를 종합하여 전체적인 시각으로 지역사회 주민이나 대상 집단의 욕구를 파악하는 방법이다. 이 방법은 타당성과 신뢰도가 있는 유용한 욕구자료를 얻을 가능성이 매우 높으나, 시간과 비용이 많이 들고 일관된 조사결과가 나오지 않을 경우 판단이 어렵게 된다.

연 습 문 제

1. 사회복지 욕구조사의 필요성이 대두하게 된 배경에 대해 논하시오.

2. Bradshaw의 사회적 욕구 4가지 유형을 설명하시오.

3. 사회지표 조사가 다른 욕구조사와 가장 큰 차이점이 무엇인지를 설명하시오.

4. 제2차적 자료분석조사를 통한 욕구조사의 장・단점을 설명하시오.

5. 지역사회 중심의 욕구조사를 설명하시오.

6. 사회지표 조사와 일반인구 조사와의 차이점을 설명하시오.

7. 델파이 기법의 특징과 장・단점을 설명하시오.

제12장

사회복지 프로그램평가조사

제 1 절 프로그램평가의 정의 및 중요성

1. 프로그램평가의 정의

프로그램은 설정된 목표나 바람직하다고 여겨지는 가치를 실천하기 위해 계획된 일련의 행동체계라고 할 수 있고, 평가란 프로그램을 통해 성취하고자 하는 활동에 관해 정보를 수집하고 분석하며 해석함으로써 그 가치를 판단하는 것이다. 프로그램 평가란 프로그램의 효과성, 효율성, 적절성, 만족도 등을 체계적으로 분석하여 결정권자로 하여금 합리적인 결정을 내릴 수 있도록 정보를 산출하는 사회적 과정이다.

사회복지기관에서 실시하는 여러 가지 프로그램은 수혜자에게 만족을 주어야 할 뿐만 아니라, 제한된 예산범위 내에서 책임성, 효과성, 효율성 등을 고려해서 시행되어야 한다. 프로그램에 대한 평가는 사회복지기관의 목적달성과 정체성 확립에 직접적으로 영향을 미치며, 사회복지기관의 사회적 책임성과도 밀접한 관계를 갖고 있다. 즉, 서비스 대상자의 욕구와 특성에 적합한 프로그램을 실시하기 위해 관련 정보를 체계적으로 수집하고 분석이 필요하게 되었다. 또한, 프로그램의 재정적 후원을 하고 있는 공적 및 사적 관련단체에 프로그램이 본래의 의도대로 수혜자들에게 혜택이 돌아가고 있음을 입증해야 한다.

프로그램 평가조사는 응용조사의 한 형태이며, 사회복지기관에서 실시된 프로그램을 평가하기 위한 조사이다. 프로그램 평가는 사회복지 관련 단체들의 책임성을 증명하기 위해서 효과성, 효율성, 수행능력, 내용의 문제들을 다루는 방법론 중의 하나(Lohmann & Lohmann, 2002)이며, '사회과학적 조사방법론을 사용해서 사회프로그램이 성취하려는 목적을 성취하였는지를 그 프로그램이 소속되어 있는 정치, 사회, 경제적 조건 하에서 체계적으로 조사하는 것'(지은구, 2005)이라고 정의하기도 한다.

특정 프로그램에 관한 평가조사는 매우 다양한 영역을 포함하고 있다. 주요한 관심은 계획된 목표가 얼마나 성취되었는가를 알아내고자 하는 데 있지만, 다음과 같은 분야도 평가연구의 대상이 된다. 의도한 표적 집단에 대해서 적절한 서비스가 제공되었는지, 설정된 목표에 대해 결과(성과)가 어떠한지를 따져보는 프로그램의 효율성과 효과성에 관한 영역, 애초에 설정한 시행계획과 시행결과 사이의 차이에 대한 비교, 실제 프로그램의 시행 과정상의 평가를 통해 문제점이나 수정내용에 관한 평가연구도 포함된다. 응용조사의 형태를 띠고 있으므로 예상하지 못했던 부정적 영향은 없었는가에 대한 비판적 연구까지 다양한 영역이 평가될 수 있다.

2. 프로그램평가의 중요성

복지예산의 쓰임새에 대한 책임성 문제의 고조와 더불어 대상자들에게 만족을 극대화하고 주어진 목표가 제대로 달성되었는지에 대해 평가조사의 중요성이 더욱 부각되고 있다. 사회복지 책임성에 대한 사회적 요구가 심각히 제기되는 시기에 프로그램 평가는 중요시된다. 역사적으로 볼 때, 사회복지 지출비용이 증가할수록 복지프로그램에 대한 효율성과 책임성 문제가 대두되었다. 자원의 희소성으로 인해 복지예산은 한정적으로 사용될 수밖에 없고, 이에 따른 프로그램의 평가도구의 개발이 시대적 요청으로 여겨지고 있다. 사회복지사업을 단순히 행하는 데 목적을 두는 것이 아니고, 사회복지사업이 사회적으로 공인된 목표를 달성하는 데 어떠한 적절한 수단이 사용되었는가에 대한 의문을 해결해 주고자 한다. 대상자 누구를 성공적으로 도와주었다는 단순한 사례보고식의 사업설명으로는 정부나 관련단체로부터 사업의 당위성을 인정받기가 힘들다는 점이다. 기관들이 수행하고자 하는 프로그램에 투입한 사업비가 얼마나 사회에 공헌하는가를 입증할 필요가 있다. 이것은 사회복지 기관이 수행하는 일이 사회에 대해서 책임성을 지녀야 한다는 것이다(최일섭・이창호, 1993).

평가조사는 일반조사와 방법론상에서 많은 부분을 공유하고 있으나 다음과 같은 몇 가지 측면에서 차이가 있다(오혜경, 1998: 70-71).

1) 일반조사는 궁극적으로 일반화를 시도하기 위해 이론적 지식을 축적하고자 하나, 평가조사는 이론적 지식을 창출하는 것보다는 대상자들에게 개입의 효율성 등을 점검하는 응용조사의 성격을 띠고 있다.

2) 일반조사는 연구자의 관심대상이 되는 문제를 탐구하고자 하지만, 평가조사는 정책집행자나 사회복지기관의 사회복지사가 프로그램을 실시하고자 할 때 의도된 목표가 제대로 달성되었는지에 초점을 두고 있다.

3) 일반조사는 결국 객관화가 가능한 진리를 발견하고자 하지만, 평가조사는 이미 알려진 사실과 새로이 개입된 프로그램의 결과를 비교하여 개입여부의 타당성을 따지고자 한다.

4) 일반조사에서는 조사자가 독립변수를 조작하여 자유롭게 실험적 상황 설정이 자유롭지만, 평가조사에서는 주어진 프로그램의 내용을 평

가하기 위한 목적이므로 프로그램 조사절차의 변경이 허용되지 않는다.

5) 일반조사의 결과는 과학사회에 널리 알리고자 하나, 평가조사의 결과는 일반적으로 발표되지 않는다.

3. 프로그램평가의 목적

프로그램결과와 프로그램운영에 대한 평가는 다음과 같은 세 가지 목적을 지닌다고 볼 수 있다. 즉, 1) 정책의 결정 및 집행에 필요한 정보를 제공하였는가? 2) 책임성을 제대로 이행하였는가? 3) 이론을 형성하는데 기여하였는가?에 대한 목적이다(성규탁, 2000: 187-189).

첫 번째 목적으로 정보제공여부는 프로그램계획이나 운영과정에 필요한 정보를 확보하여 이 과정이 바람직하게 추진되도록 노력하는 것으로서 프로그램 과정상의 환류기능을 담당할 목적이다. 평가는 운영자에게 프로그램의 중단, 축소, 유지, 확대여부를 결정하는 데 필요한 정보를 제공하게 된다. 프로그램의 내용을 수정해야 할지, 효율적인 운영에 필요한 정보가 무엇인지에 대해 알려주게 된다. 프로그램이 의도했던 효과를 발생시켰는지, 효과보다 비용이 더 들어갔는지 등을 프로그램의 효과성과 효율성 척도로 평가한다. 효과성이 낮으면 중단하거나 축소할 수 있고 효과성이 높으면 유지 또는 확대할 수 있는 판단의 근거가 된다. 그리고 프로그램의 효과성과 효율성을 따져서 프로그램의 내용수정을 가능하게 해 준다. 프로그램목표의 수정은 여러 개의 프로그램목표들 중 비용과 효과면을 고려해서 보다 바람직한 목표를 다시 선정하거나 그 내용을 변경할 수가 있다.

두 번째 평가의 목적은 프로그램 과정상의 책임성을 이행하게 하는 것이다. 프로그램운영에 대해서 사회복지조직체가 책임성을 진다는 것은 사회복지제도의 가장 중요한 원칙을 제대로 준수하고 있다는 것이며, 사회복지 재원의 공공재에 대해 정당한 책임성을 인식하고 있다는 의미이다. 책임성의 이행 여부는 세 가지로 분류할 수 있다. 첫째로는,

재무 회계적 책임으로서 운영과정에서 법에 합치되도록 수행하여야 하며, 재무 회계규정에 따라 자금이 사용, 지출되고 있음을 말한다. 둘째, 관리상의 책임성은 수행과정의 평가를 통해서 운영계획, 절차, 활동 등을 살펴서 집행 관리자에게 보다 효과적이고 능률적인 관리를 하게끔 자극, 유도, 강제함으로써 이행할 수 있을 것이다. 마지막으로 정치적 책임성은 정치체제의 당국자가 국민들에게 지는 책임인데, 많은 자금을 투입한 프로그램이 효과가 없다거나, 비능률적으로 집행되었다고 평가된다면 선거에서 집행담당자를 교체함으로써 그 책임을 물을 수가 있다.

마지막으로, 프로그램 속에 내재된 변수들 간의 인과관계를 검증하여 이론형성에 기여하고자 하는 목적이다. 프로그램 평가는 프로그램 운영방법에서부터 프로그램 결과에 이르는 인과경로를 검토, 확인, 검증을 가능하게 해 준다. 검증결과 타당성이 있는 것으로 확인된 가설들은 법칙이 되고 법칙들이 집합되어 이론이 형성된다. 이에 따라 과거의 이론 중에서 틀린 부분에 대해서는 수정도 가능하게 해줄 것이다.

4. 프로그램평가의 기준

프로그램의 목표와 목적설정에 따라 다양한 평가 내용에 대한 기준이 존재하기 마련이고, “3E”라고 부르는 노력(effort), 효과(effectiveness), 효율(efficiency)과 관련된 정보는 프로그램을 평가할 때 기준으로 공통적으로 사용되고 있다.

1) 노력성

노력은 프로그램 수행을 위해 투입된 모든 노력을 말한다. 복지사업을 위한 투입의 양과 질 전체를 일컫는 개념이다. 클라이언트의 수와 종류에 관한 정보, 사회사업의 종류 및 요원의 노력, 소요된 자금 및 기타 자원, 법으로 규정된 사업운영한계 및 기대가 포함된다. 프로그램 진행자의 노력을 포함한 프로그램에 투입되는 모든 비용을 총합한 것이다. 노력은 계획된 목표의 달성을 위하여 필요한 프로그램 활동의 양과 종류를 말하는데, 투입시간, 금전적 및 물질적 자원의 배분 및 사용이 포함된다. 또한, 클라이언트의 참여, 프로그램 담당자의 제반활동, 이외 프로그램 실시 동안의 기회비용까지 사업에 투입되는 모든 노력이 포함된다.

2) 효과성

효과성은 프로그램을 실행한 후에 얻어진 결과에 의해 결정된다. 즉 프로그램의 목표가 실제로 달성된 정도를 의미한다. 프로그램을 시작하였을 때 기대되었던 것에 비해서 프로그램 실시 후 실제로 나타난 바가 어느 정도였는가를 판단하는 것이다.

3) 효율성

이는 투입(노력)과 산출의 비율로서 투입을 프로그램의 비용으로 보고, 산출을 효과로 보면 된다. 효율성은 산출/투입 혹은 효과/비용으로 표현된다. 효율적으로 프로그램이 수행되었다면 적은 비용이나 투입요소에 비해 많은 효과나 산출이 일어난 경우이다. 그러나 효율성은 모든 비용과 혜택을 화폐단위로 환산해야 한다는 어려움이 있다.

제 2 절 프로그램평가의 종류와 내용

프로그램평가는 일반적으로 총괄평가모델과 형성평가모델로 나눌 수 있다(성규탁, 2000: 189-196). 프로그램결과를 평가대상으로 하는 것이 총괄평가모델이며, 운영과정을 평가대상으로 하는 것이 형성평가모델이다. 총괄평가모델은 대개 프로그램의 효과성을 알고자 하나, 비용까지도 고려하는 효율성평가도 포함될 수 있다. 형성평가모델은 집행과정 전반을 파악하여 바람직한 운영전략을 수립하고자 하는 데 그 목적이 있다.

1. 총괄평가모델(summative evaluation model)

총괄평가는 목적지향적 평가(objective-oriented evaluation)라고도 한다. 연역적, 객관적으로 어떤 기관의 정책이나 프로그램이 달성하고자 했던 목표를 얼마나 잘 성취했는가의 여부를 조사하는 것이다. 총괄평가조사는 프로그램 운영이 끝난 후에 행해지는 평가조사로서 프로그램이 의도한 목적을 달성했는지, 예기치 못한 부정적인 효과는 없었는지 등을 평가한다. 이는 어떤 프로그램을 시작해야 하는지, 이미 시행중인 프로그램을 지속할 것인지, 두 개 이상의 대안들 가운데 어떤 쪽을 택해야 할지 등 총괄적인 의사결정을 할 경우에 유용하다. 총괄평가는 프로그램이 원래 의도한 목표달성을 따지는 효과성과 비용을 고려하는 효율성이 평가의 주요한 내용을 차지하고 있고, 대개 프로그램 시행이 종결된 후에 실시한다.

2. 형성평가모델(formative evaluation model)

형성평가는 평가의 목적이 프로그램을 형성하는 자체에 초점을 두기 때문에 형성평가라고 말한다. 과정지향적 평가(process-oriented evaluation)라고도 하며 서비스의 전달방법의 개선이라든지, 프로그램 결과의 향상, 서비스의 효율성을 증진시킬 목적으로 실시한다. 형성평가조사는 프로그램 운영 도중에 이루어지는 조사로서 프로그램의 수정, 보완을 통해 프로그램의 개선을 목적으로 하는 평가조사이다. 과정평가를 함으로써 그 결과 얻어진 내용들이 향후 프로그램 개선을 위한 피드백의 역할을 수행하게 된다. 결국, 서비스나 그 전달계획을 증진시키거나, 프로그램의 결과를 향상시키고, 궁극적으로 서비스의 효율성을 증진시키는 목적으로 실시되는 평가이다.

연 습 문 제

1. 프로그램 평가의 정의에 대해 설명하시오.

2. 프로그램 평가가 중요하게 된 배경에 대해 논하시오.

3. 프로그램 평가의 효과성과 효율성의 차이점을 설명하시오.

4. 프로그램 평가의 목적 중에서 책임성의 이행에 관해 논하시오.

5. 총괄평가 모델을 설명하시오.

6. 형성평가 모델을 설명하시오.

제4부

사회복지조사연구의 자료수집 및 보고서 작성

제13장

사회복지 양적자료수집

제 1 절 양적자료수집의 개념

1. 양적자료수집방법의 개요

자료수집은 연구자가 면접, 전화 등의 방법을 이용하여 직접 자료를 수집하는 1차 자료, 기존에 연구가 수행되어 출판된 보고서, 간행물, 선행연구물인 2차 자료, 그리고 메타분석(meta-analysis)을 수행하기 위한 종합연구물인 3차 자료로 분류하는데 양적자료 수집은 1차 자료의 수집을 의미한다.

양적자료수집에서 1차 자료는 연구문제를 적절하게 해결하기 위하여 작성한 조사연구 설계를 근거로 가장 효율과 효과적으로 연구목적의 달성과 연구결과의 신뢰도와 타당도를 담보할 수 있는 장점이 있다. 그러나 2차와 3차 자료의 이용보다는 비용과 시간이 많이 드는 단점이 있다.

2. 양적자료수집방법의 선택기준

양적자료수집은 방법이라기보다 전략이라는 표현이 옳을 것이다. 조사연구자는 자료수집의 전략 안에서 자료수집 방법을 선택하게 된다.

양적자료수집 방법에서 응답에 영향을 주는 요인으로는 응답자의 인구사회학적 요인(성별, 나이, 직업 등), 조사연구를 위한 설문의 주제, 조사연구자의 인구사회학적 요인 등이 영향을 주게 된다.

양적자료수집방법은 조사연구의 목적, 조사연구내용, 조사대상, 비용과 시간의 경제성, 설문의 민감도 등을 근거로 장단점을 고려하여 결정하게 된다. 가장 흔하게 사용하는 양적 자료수집 방법으로는 우편조사, 대인면접, 전화면접, 전자서베이 등이 이용된다.

제 2 절 양적자료수집의 유형

1. 우편설문(postal questionnaires)

1) 우편설문 개요

우편설문은 아마도 가장 일반적으로 양적자료를 수집하는 데 사용하는 방법 중의 하나이다. 설문지와 반송봉투를 동봉하여 대상자에게 발송 및 수거를 통하여 자료를 수집하는 방법이다. 경우에 따라서는 팩스를 이용하기도 하며 회수율을 높이기 위하여 방문하는 경우도 있다.

우편설문은 설문지 이외에 조사연구의 목적, 중요성 등을 설명하고 협조를 당부하는 소개편지를 동봉한다. 설문지와 봉투에 비밀번호를 기입하고 독촉편지는 왕복 우송기간에 3~4일이 지난 다음에 우송한다.

일반적으로 광범위한 지역을 대상으로 대규모에 사용되는 우편설문지는 다른 우편물에 비하여 환영받지 못하는 경우가 대부분이다. 우편설문의 응답은 설문주제와 설문내용의 길이에 영향을 받게 된다. 이러한 응답률은 성별, 나이, 인구사회학적 요인 등에 영향을 받지 않는 것으로 알려져 있다.

2) 우편설문의 장 · 단점

(1) 장점

우편설문의 장점을 간략하게 정리하면 다음과 같다.

첫째, 경비의 경제성이다. 최소의 경비로 광범위한 지역에 대한 조사가 가능하다는 것이다. 고위층과 같이 접촉이 어려운 대상자에게도 접근이 가능하다. 우표, 반송봉투, 필기도구, 또는 기념품을 위한 경비만 지출된다. 또한 숙련된 면접요원이 필요하지 않음으로 인건비 면에서 크게 절약할 수 있다.

둘째, 익명성에 대한 보장이다. 대상자는 익명성에 대한 확신과 여유있는 시간으로 성실한 응답을 유도할 수 있다. 장기간에 응답을 하고자 하는 사람, 혼자서 응답하고자 하는 사람 등에게 성실한 답변을 기대할 수 있다.

셋째, 면접자의 개인차 오류를 배제할 수 있다. 면접자간, 면접자와 대상자간의 통제 오류를 감소시킬 수 있다. 면접자의 개성에 의한 영향을 배제할 수 있고 대인면접과는 달리 질문이 주어지는 형식이 일률적이다.

넷째, 대표성과 외적타당도를 높일 수 있다. 지리적 또는 시간적 한계를 어느 정도 극복할 수 있음으로 많은 사람의 표본이 가능하고 이것은 대표성과 외적타당도를 확보할 수 있는 방법 중의 하나이다.

(2) 우편설문의 단점

우편설문의 단점으로는 첫째, 설문주제의 제한성이다. 설문지면에 기록된 문자만을 통한 설문이 진행됨으로 대상자가 설명내용을 이해할 수 없을 때도 있다. 또한 설문지 이외의 추가적/보충적 설문이 불가능하다는 점이다. 때문에 첫 번째 응답이 최종응답이 된다.

둘째, 응답자의 통제가 어렵다. 설문을 누가 작성했는지 알 수가 없다. 실제로 대상자가 작성했는지 또는 대리로 다른 사람이 작성했는지 구별할 수 없다. 그리고 응답자의 응답제공 능력과 수용의도에 의하여 자료의 타당성이 좌우된다.

셋째, 낮은 회수율이다. 통상적으로 우편설문은 20~40%의 회수율을 보이며 50%정도면 매우 성공적이라고 평가한다.

넷째, 설문문항의 독립성의 확보가 어렵다. 설문을 시작하기 전에 설문지 전체를 읽어보고 시작함으로 조사연구자가 의도한 문항순서의 효과를 감소시킨다.

다섯째, 복잡한 설문은 한계가 있다. 설문지에 인쇄된 설문문항만을 읽고 응답이 요구됨으로 문항은 간결한 문장을 사용하게 된다. 때문에 복잡한 내용과 형식의 설문문항은 구성하기 힘들다.

여섯째, 기타 주소불명, 무응답, 응답환경의 차이 등은 또 다른 단점들로 지적되곤 한다.

3) 응답률에 영향 미치는 요인

우편설문에서 응답률에 영향을 미치는 요인들은 다음과 같다.

첫째, 후원자 전략(단체, 기관)이다. 적절한 후원자 거명은 중요성과 정당성이 확보되어 성의 있는 응답을 유도할 수 있다. 공신력이 없거나 불신되는 단체, 기관, 개인에 대하여 비협조적이다.

둘째, 응답의 유인책을 쓴다. 응답자의 선의에 호소, 선물, 이타적인 감정에 호소 등의 방법을 동원한다.

셋째, 설문지 양식과 우편발송 방법들을 이용한다. 모양, 색깔, 길이(고급용지)-짧은 설문일수록 응답률 높다. 설문지의 모양과 색깔 등을 고급화한다.

넷째, 겉표지 편지는 설득력을 높인다. 연구의 목적과 용도, 왜 응답이 중요한지, 익명성 보장 등이 기술되며 설득력 있는 문장으로 작성한다.

다섯째, 우편의 유형이 중요하다. 우표가 부착된 반송 봉투를 동봉한다.

여섯째, 후속독촉 방법도 있다. 3-4회의 독촉 편지와 전화로 70%까지 회수율을 높일 수 있다.

일곱째, 발송 시기에 유의한다. 농민들에게 농번기에 우편설문을 한다면 매우 낮은 회수율을 보일 것이다.

2. 대인면접(personal interview)

1) 대인면접 개요

대인면접은 조사자가 응답자를 직접 대면하여 정보를 획득하는 방법이다. 대인면접을 위하여 완전구조화 설문지, 반구조화 설문지 그리고 개방형 설문지를 이용하게 된다. 대인면접은 30~60분 정도가 적당하나, 경우에 따라서는 2~3시간 정도 이루어질 수 있다.

대인면접은 거리에서의 면접, 방문면접 등 다양한 장소에서 실시될 수 있다. 방문 면접의 경우 방문 전에 전화 또는 우편으로 방문시간의 약속을 하게 된다.

2) 대인면접의 장 · 단점

(1) 장점

대인면접의 장점으로는 첫째, 설문의 유연성 확보이다. 대상자의 불확실한 응답은 그 자리에서 재차 확인이 가능하고, 다소 복잡한 설문도 자세한 설명과 여러 번의 질문으로 처리할 수 있으며, 상황에 따라 문제를 바꾸어 설문할 수 있다. 응답자로 하여금 좀더 정확한 응답을 할 수 있는 기회를 가질 수 있다.

둘째, 인터뷰 상황을 비슷하게 통제할 수 있다. 면접자는 의도적으로 유사상황 또는 환경을 조성하여 설문할 수 있다. 응답의 일관성, 신뢰성 있는 자료수집이 가능하다. 면접과정에서 상호작용에 의하여 자료가 수집됨으로 앞뒤가 맞지 않는 응답이 있을 때 수정이 가능하다.

셋째, 높은 응답률이다. 면접자와 응답가자 친밀관계를 형성할 기회를 갖기 때문에 면접에 응할 동기부여가 가능하다. 면접 대상자가 면접을 거절하는 경우 설득하여 차기에 방문하여 설문할 수 있어 대표성의 확보가 가능하다.

넷째, 면접자는 응답에 대한 신빙성의 판단이 가능하다. 면접전후에 여러 가지 주변 환경을 직접관찰이 가능하여 응답의 신뢰성을 높일 수 있다. 또한 응답자의 이해도 등의 능력을 파악할 수 있어 적절하게 난이도를 조정할 수 있다.

다섯째, 응답자에 대한 의존율을 줄일 수 있고, 제 3자의 개입을 방지할 수 있다. 우편설문과는 달리 설문의 진행상황을 전적으로 응답자에게 의존하지 않고 어느 정도는 조사자에 의하여 진행될 수 있다. 또한 설문과정에서 옆에 있는 사람이 끼어드는 것을 예방할 수 있다.

(2) 단점

대인면접의 단점으로는 우선 다른 자료수집방법에 비하여 비용과 시간이 더욱 많이 든다. 직접 대상자를 만나야 하고, 대상자의 편리한 시간을 고려하여 허락을 받아야 한다. 또한 다수의 면접자가 상당 시간을 투입해야 한다.

둘째, 면접자의 편견 문제가 대두된다. 면접자가 여러 명일 경우 면접자간의 능력과 개별적인 편견에 의하여 오차를 발생할 수 있다. 또한 면접자와 대상자의 상호작용에 의하여 면접이 이루어짐으로 상호작용의 정도에 따라 응답의 질이 결정되고 응답의 질적인 편차가 발생한다. 특히 면접자의 훈련정도에 따라 신빙성 있는 자료수집이 결정되기도 한다. 이러한 현상은 응답의 타당도와 신뢰도에 영향을 미치게 된다.

셋째, 익명성 부재와 관련된 문제이다. 현대인들은 사생활에 민감하며 이러한 경향은 설문내용이 제한적이고 응답의 충실도에도 문제가 있다.

넷째, 설문환경에 영향을 많이 받는다. 설문대상자가 많을 경우 설문환경을 일괄적으로 통제가 어려워 타당성과 신뢰성 문제를 야기시킨다.

다섯째, 민감한 주제의 설문이 어렵다. 익명성이 보장되지 않는 면접기법이기 때문에 개인사, 개인적 또는 사회적으로 민감한 문제에 대하여 응답을 기피하기 쉽다. 또한 즉각적인 대답이 요구됨으로 압력을 느끼면 왜곡된 응답을 할 수 있다.

3) 대인면접 수행의 원칙

면접 대상자가 유쾌하고 만족스런 느낌을 갖도록 배려하고, 연구주제가 가치 있는 것으로 생각할 수 있도록 유도하며, 면접에 대한 장벽을 극복하도록 유도한다.

3. 전화면접

1) 전화면접 개요

전화면접은 전화통화를 이용하여 면접하고 자료를 수집한다. 즉각적인 결과가 요구되는 선거에서 정당 선호도의 변화, 여론조사 등에 널리 이용된다. 전화면접은 특성상 20여분 정도가 적당하며 질문이 무겁지 않아 쉽게 응답할 수 있는 설문조사에 적격하다.

전화면접은 전화번호부를 표집틀로 이용하는 것이 일반적이며 대표성 있는 대상자와의 면접이 중요하다. 전화 면접에서는 대부분 면접방법의 시간과 주제의 한계로 인하여 구조화된 설문지를 이용한다.

최근 휴대전화의 보급으로 전화면접은 새로운 양상을 보이고 있다. 대표적인 변화로 표본의 대표성이다. 가정에 위치한 전화인 경우 전화번호로 지역을 구별할 수 있었으나 이동전화의 경우 조사대상자의 지역을 정확히 알 수 없다.

2) 전화면접의 장 · 단점

(1) 장점

전화면접의 장점으로는 첫째, 간편하고 신속하게 진행된다. 대인면접보다 지리적인 접근성이 뛰어나고 또한 낯선 사람의 방문을 경계하는 심리적인 접근성도 용이하다고 볼 수 있다.

둘째, 시간과 비용의 경제성이다. 소수의 면접자가 많은 수의 대상자를 면접할 수 있다. 조사연구자는 조사지역을 대인면접과 같이 방문할 필요가 없기 때문이다. 셋째, 비교적 자료의 질이 높은 편이다. 면접의 효과로 인하여 수집 자료의 정확성이 대면면접에 비하여 크게 뒤지지 않는다. 또한 수퍼바이저의 일괄 통제 하에 면접이 이루어짐으로 일정한 질문에 대한 답변이 일관적일 수 있다. 다섯째, 익명성이 보장된다. 대인면접과는 다르게 직접 얼굴을 마주하고 설문을 하지 않기 때문에 대상자가 정직하고 편안한 마음으로 응답할 수 있다.

(2) 단점

전화면접의 단점으로는 첫째, 자료의 대표성이다. 일단 전화를 소유한 사람에게 한정된다는 점이다. 최근 이동전화의 보급으로 보급률이 매우 높기는 하지만 아직도 전화를 소유하지 않거나 등록되지 않는 사람들이 많기 때문이다. 둘째, 특정 주제는 전화면접이 불가능하다. 대화를 통한 자료수집 뿐만 아니라 시각적인 보조자료 수집이 필요한 경우에는 부적절한 방법이다. 또한 복잡하게나 난해한 설문은 오해가 생길 수 있다. 셋째, 대상자가 면접을 거절할 수 있다. 면접 중에 시간상 또는 감정적인 이유로 면접 중에 전화를 끊을 수도 있고 자동 응답기의 이용이 늘어감에 따라 전화면접을 어렵게 하기도 한다.

4. 전자면접(PC)

1) 전자면접의 개요

최근 컴퓨터의 급속한 보급으로 전자면접이 널리 이용되고 있다. 전자면접은 전자메일(e-mail) 또는 웹브라우저(web browser)를 통하여 응답하게 하고 내용이 면접자의 컴퓨터에 전달되게 되는 방식이다.

전자메일을 통한 자료의 수집은 우편을 통한 자료수집과 유사하다.

전자면접은 표집틀의 형태에 따라 접근방법이 달라질 수 있는데 회원면접, 방문자면접, 전자메일면접으로 분류된다.

(1) 회원면접

이미 구축되어 있는 카페와 같은 사용자 풀에 가입하여 회원을 대상으로 면접대상자를 추출하여 면접하는 경우이다. 등록회원의 포괄적인 범위와 추출된 대상자의 응답 충실도가 성패를 좌우한다.

(2) 방문자면접

온라인에 구축된 특정 사이트에 설문지를 게재하여 방문자의 자발적인 참여를 통하여 면접하는 방식이다. 신문사 또는 방송사 사이트에서 실시하는 간이설문 형태이다.

(3) 전자메일면접

설문지를 작성하여 전자메일을 통하여 발송하고 응답자는 설문을 작성하여 전자메일로 회신한다.

2) 전자면접의 장 · 단점

전자면접의 장점으로는 발송, 회수 비용이 들지 않는 비용의 경제성, 설문입력의 편의성, 후속독촉의 용이성, 편리한 시간에 응답할 수 있어 응답의 질을 제고할 수 있고, 전 지구촌을 대상으로 할 수 있는 광범위성 등이 장점이고, 단점으로는 가입자에 한정적으로 면접이 가능하며 가입자의 적극적 참여 없이는 불가능하다.

연 습 문 제

1. 양적자료수집의 선택기준을 설명하시오.

2. 우편설문의 장 · 단점을 설명하시오.

3. 우편설문 응답률에 영향을 미치는 요인들을 설명하시오.

4. 대인설문의 장 · 단점을 설명하시오.

5. 대인면접 수행원칙을 설명하시오.

6. 전화설문의 장 · 단점을 설명하시오.

7. 전자(PC)설문의 장 · 단점을 설명하시오.

제14장

사회복지 양적자료수집 기술

제 1 절　양적자료수집의 과정 및 기술

양적자료수집은 면접요원을 선정하는 면접의 준비단계, 면접의 실시단계 그리고 면접 정리단계의 3과정으로 정리된다.

〈표 14-1〉 양적자료수집과정

면접의 준비단계
⇩
면접의 실시단계
⇩
면접의 정리단계

1. 면접의 준비단계

1) 면접요원의 선정

자료수집 과정에서 면접요원의 역할은 매우 중요하기 때문에 면접요원의 선발은 신중을 기할 필요가 있다. 면접요원은 역할수행을 위한 교육/훈련이 잘 이루어지고 경험이 풍부한 사람을 선정하는 것이 유리하다. 그러나 조사연구나 자료수집을 전문으로 하는 기관이 아니면 전문적인 면접 요원을 채용하는 것은 경제적인 문제로 쉽지가 않다. 자원봉사자를 포함한 비전문가를 채용할 경우 훈련과 교육을 통하여 훌륭하게 면접을 수행할 수 있도록 하여야 한다. 면접요원을 선정하는 데는 조사연구의 주제가 영향을 미치게 되는데 구체적인 내용은 다음과 같다.

첫째, 면접요원의 성, 연령, 언어능력, 외모 등을 고려한다.

조사연구의 성격에 따라 남성 또는 여성이 적격한 경우가 있다. 연령이 너무 어리거나 너무 많으면 면접과정에서 어려움을 겪게 된다. 언어는 또박또박 논리적으로 설득력이 있게 구사할 수 있으면 유리하다. 외모는 대상자에게 혐오감을 주어서는 안 된다.

둘째, 면접요원의 성격, 품성, 지적수준 등을 고려한다.

처음 만나는 사람과의 면접을 통하여 자료를 수집하게 됨으로 대인관계에서 긍정적인 태도와 성품을 가진 사람이 유리하다. 지적 수준도 최소한 고등학교 졸업정도는 되어야 자료수집을 효과적으로 수행할 수 있다.

셋째, 내면적인 특질은 융통성과 적응력, 정직성, 정확성과 정밀성, 정서적 안정성, 편견적이지 않은 사람이 유리하다.

2) 교육내용 및 교육과정

(1) 교육내용

면접요원의 교육은 면접의 절차와 기법과 같은 기술적인 측면뿐만 아니라 사명감 같은 심리적인 측면의 강화를 통하여 면접 요원들을 표준화 행동을 유도한다. 구체적인 내용은 다음과 같다.

첫째, 연구에 대한 배경을 설명한다.

둘째, 면접의 원리, 기술, 윤리, 사명감 등을 주지시킨다.

셋째, 면접과정에서 필요한 규범, 돌발 상황에 대처 요령을 교육한다.

(2) 교육과정

면접요원의 교육과정은 일반적으로 3단계 과정을 거치게 된다. 구체적인 과정은 다음과 같다

첫 번째 단계에서는 조사연구의 전반에 대하여 이해시킨다.

조사연구와 관련된 자료를 배포하여 읽어보게 하고 설명한다. 면접요원이 많을 경우 지침서를 작성하여 면접의 통일성을 유지한다. 지침서에는 면접 전, 과정, 면접후의 모든 일정과 복장 태도, 휴대품 목록과 같은 면접과 관련된 환경에 대한 각종 정보를 수록한다. 두 번째 단계는 설문지와 면접 상황의 숙지에 대한 교육이다.

대상자에게 어떠한 설문이 주어지는지를 미리 숙지하여 설문지를 여러 차례 보지 않고 설문할 정도로 교육한다.

세 번째 단계에서는 면접 실기와 현장실습을 진행한다. 면접요원들끼리 짝을 지어 역할 연습을 하고 고쳐야 할 점을 서로 토론한다. 현장에서 설문 대상자와 비슷한 대상자 군을 대상으로 실습한다.

(3) 면접요원의 윤리

면접과정에서 발생할 수 있는 윤리적인 문제에 대한 교육은 매우 중요하다. 이러한 윤리적인 문제에 적절하게 대처하지 못하여 조사연구의 실패를 초래할 수 있기 때문이다. 구체적인 내용은 다음과 같다.

첫째, 조사연구 설계에서 제시된 면접대상자와 면접 방법을 임의로 바꾸어서는 안 된다.

연구대상자의 선정은 조사연구의 전체적인 틀을 고려하여 선정되었기에 임의로 대상을 바꾸면 신뢰성에 영향을 주게 된다. 또한 우편면접을 전화면접으로 면접 방법을 바꾸게 된다면 면접의 일관성이 결여되어 외적 타당도에 심각한 영향을 주게 된다.

둘째, 면접 시 친구나 가족 등을 동반하지 말아야 한다.

면접자이외의 다른 사람이 동반될 경우 면접 대상자는 비밀유지를 염려하여 정확하게 응답하지 못하게 된다.

셋째, 특정 응답을 유도하거나 무엇인가 언질을 해서는 안 된다.

또한 면접한 내용을 가감 없이 그대로 메모해야 한다.

넷째, 면접의 과정과 면접의 결과를 통하여 알게 된 어떠한 사항도 연구목적 이외에 그 어떠한 목적에도 이용해서는 안 된다.

2. 면접의 실시단계

1) 현장면접 준비

현지면접을 실시하기 전에 사전협조를 구해야 한다. 면접요원들에게는 증명할 수 있는 신분증을 만들어 준다. 사전에 발송한 협조공문의 사본을 지참하게 한다. 면접요원이 많은 경우에 일정지역을 중심으로 조장을 임명하여 면접을 지휘하도록 한다. 면접요원은 대상자들의 명단과 연락처에 관한 정보가 제공된다. 면접대상자가 탈락하는 경우를 상정하여 10% 정도 초과 표집하여 명단을 면접요원들에게 제공한다.

2) 면접계획 및 실시

현장면접을 실시하다 보면 시간과 경비 면에서 계획보다 초과하게 될 수도 있다. 면접의 기간은 최대 2주를 넘지 않게 한다. 이보다 길어지면 조사결과에 영향을 줄 수 있다. 조장은 매일매일 면접진행 상황을 체크하고 메모한다.

3) 면접기술

(1) 라포(rapport)형성기술

면접자는 면접의 동의와 협조를 얻어야 하는데 대면과 동시에 인간적인 친밀감, 즉 라포(공감대)를 어떻게 형성하느냐에 성공의 여부가 달려 있다. 라포 형성을 위한 몇 가지 기술은 다음과 같다.

첫째, 단정한 용모와 옷차림을 유지한다.

면접자의 외모는 첫인상에 절대적인 영향을 주게 된다. 주위를 두리번거리거나 과장된 웃음은 대상자에게 의심을 사게 된다.

둘째, 간단하게 인사소개하고 방문목적을 설명한다.

면접자는 조사기관을 정확히 알려주고 신분증을 제시하여 신뢰감을 확보한다.

셋째, 대상자로 선정된 과정을 설명하고 비밀보장을 확약한다.

면접 대상자의 불안감을 해소하게 하고 소요시간을 설명하여 편안하게 면접에 임하게 한다.

넷째, 대상자가 면접을 거절할 경우 진지하게 설득한다.

협조요청과 함께 개인적, 사회적인 공헌과 간접적인 이익에 대하여 설명한다.

(2) 면접진행기술

라포가 성공적으로 형성되면 본격적으로 면접을 진행하게 된다. 이 단계에서는 형성된 라포가 계속 유지될 수 있도록 노력해야 한다. 구체적인 기술은 다음과 같다.

첫째, 대상자가 이해할 수 있도록 설문을 정확히 한다. 불필요한 설명이 추가되면 대상자는 설문의 본질을 오해할 수 있다.

둘째, 설문이 끝나기 전에 대답하지 않도록 유도한다.

셋째, 면접의 적절한 속도를 유지한다. 초당 2단어 정도가 적절하며 천천히 설문함으로써 생각할 시간을 준다.

넷째, 필요한 경우 캐어묻기를 한다. 명료화, 해명, 자세한 설명이 요구되어지면 캐어묻기를 할 수 있다.

다섯째, 원활한 면접을 위하여 보조 자료를 제공한다. 보조 자료는 조사자 임의로 제공할 수 없으며 지침서의 지침에 의거하여야 한다.

여섯째, 면접과정에서 대상자와 우호적인 관계를 유지한다.

일곱째, 면접내용을 정확히 기록한다.

여덟째, 면접 종료 시에 대상자의 양해를 구하고 처음부터 리뷰한다.

아홉째, 떠나기 전에 기념품을 건넨다.

열 번째, 면접이 종료되면 밖으로 나와서 소요시간, 지역, 일련번호, 분위기 등을 면접일지에 기록한다.

(3) 질문대처기술

면접을 전후 또는 과정에서 대상자는 예기치 않는 질문을 할 수 있다 구체적인 사항은 다음과 같다.

첫째, 본 조사의 주관기관은?

주관기관과 연구진을 간략하게 설명하고 신분증을 제시한다.

둘째, 주소를 어떻게 알게 되었나?

표집 틀을 설명하고 무작위에 의하여 선정되었음을 설명한다.

셋째, 조사해서 무엇에 쓰이나?

연구의 목적과 처리과정을 설명한다.

넷째, 왜 내가 응답해야 하며 다른 사람이 대신하면 안 되나?

면접에 응해야 하는 이유와 표본추출에 의한 대표성을 설명한다.

여섯째, 관심이 없어서, 조사기관 또는 면접에 대한 반감, 시간상 등의 이유에서 거절한다면 인내를 가지고 설득한다.

3) 면접요원 소지품

현장으로 떠나기 전에 면접요원은 여행준비를 하게 된다. 면접 책임자는 요원들의 소지품을 체크한다. 구체적인 품목은 다음과 같다.

◎ 약 10%가 추가된 설문지와 설문에 딸린 보조자료
◎ 면접 대상자의 명단, 주소 및 전화번호
◎ 면접일지 및 필기도구
◎ 면접요원의 신분증
◎ 조사기관의 협조공문 사본 및 소개편지
◎ 대상자에게 제공될 기념품
◎ 현지지도 및 교통 안내서
◎ 면접 실시에 필요한 제반 경비
◎ 비상 연락망
◎ 기타 여행에 필요한 개인용품

3. 면접의 정리단계

면접의 정리단계는 면접과정을 되돌아보고 면접내용을 요약정리하며 진행되지 않은 설문문항에 대하여 보완한다.

연 습 문 제

1. 양적자료수집의 과정을 설명하시오.

2. 면접의 준비단계를 설명하시오.

3. 면접의 실시단계를 설명하시오.

4. 면접요원의 교육내용을 제시하시오.

5. 면접요원의 윤리에 대하여 설명하시오.

6. 면접요원이 준비해야 할 소지품을 설명하시오.

7. 라포형성기술을 설명하시오.

8. 면접기술을 설명하시오.

제15장

사회복지 질적조사연구와 자료수집

제 1 절 질적조사연구의 개관

1. 질적조사연구의 개념

질적조사연구는 사회복지와 관련된 현상이나 사건을 직·간접적으로 관찰하는 방법으로 현장 조사연구라고 할 수 있다. 일반적으로 질적 조사연구는 양적자료인 계량 및 통계를 사용하지 않고 조사연구의 결과를 산출하는 모든 방법을 의미한다. 그러나 질적 조사연구를 한마디로 정의하기 어렵기 때문에 양적 조사연구와 대비하여 연구문제형성, 조사연구설계, 자료수집방법, 자료분석방법 등을 설명함이 질적조사연구를 이해하는 데 도움이 될 수 있다.

첫째, 연구문제의 형성과정에 차이가 있다.

연구문제의 형성에 있어서 양적조사연구는 사전에 명확하게 정리되지만 질적조사연구는 탐색수준에서 방향성만을 제시하고 조사연구가 진행되는 과정에서 구체화되는 경우가 많다.

둘째, 조사연구설계의 엄격함에 차이가 있다.

양적조사연구는 조사연구설계를 명확하게 하고 외생변수들을 엄격하게 통제하는 반면에 질적조사연구에서는 조사연구 설계가 엄격하게 조직화되어 있지 않아 다양한 변수들을 탐색적으로 수용한다.

셋째, 자료수집 방법에서의 차이가 있다.

양적조사연구는 자료수집을 위한 표본이 매우 큰 반면에 질적 조사연구에서는 표본이 매우 작다. 뿐만 아니라 양적조사연구보다는 질적조사연구는 매우 구체적인 자료를 수집하게 되며, 특히 관찰과 같은 질적 조사연구는 조사연구 대상자와 매우 밀착상태에서 자료를 수집하게 된다.

넷째, 자료분석 방법에서의 차이점이다.

양적조사연구에서는 유형화된 자료를 풀어서 설명을 시도하나 질적조사연구는 흩어진 자료를 유형화하여 설명을 시도하는 경우가 많다. 양적조사연구에 비하여 질적조사연구는 연구결과를 상세하게 조사연구결과를 진술하게 된다.

2. 질적조사연구의 접근방법

질적조사연구방법은 학문적 영역의 특성에 따라 다양한 방법이 도입된다. 그러나 공통적으로 질적조사연구는 자연스럽게 주어진 환경에서 조사연구의 주제를 탐구하기에 적격하여야 한다.

조사연구자가 포괄적인 관점, 즉 절차의 유연성, 과정에 대한 관심, 귀납적인 방법, 등에서 접근할 수 있는 장점은 있으나 일반화의 한계를 갖는다.

질적조사연구방법에는 학자마다 여러 가지로 분류하고 있으나 본서에서는 광의의 분류로 관찰, 문헌연구, 사례연구만을 알아보기로 한다.

제2절 관　찰

1. 관찰의 개념

앞에서 언급된 양적조사연구를 위한 자료수집의 방법과는 다르게 관찰은 응답자가 아닌 관찰자가 자료를 산출하는 방법으로 특정 행동이나 상황적 특성을 파악하기 위한 자료수집과 관련된 질적접근이라고 할 수 있다. 그러나 연구의 목적에 따라 구조화된 관찰 기록지를 이용하여 양적인 접근이 시도되기도 한다. 때문에 관찰에 의한 자료 수집을 통하여 객관적인 계량화를 위하여 관찰의 목표가 구체화되어져야 하고 기록체계가 잘 구축되어져야 한다.

관찰은 과학적 조사연구에서 광범위하게 이용되는 방법이다. 관찰이 가능한 모든 사건/현상을 대상으로 하며 실험과 비실험조사연구에서 모두 사용된다.

관찰을 통하여 어떤 행동에 대하여 처음부터 끝까지 완벽하게 추적하는 것은 거의 불가능하다. 때문에 어느 시점을 결정(time-sampling schedule)하여 관찰이 이루어지게 되며 연역법과 귀납법 모두를 사용한다

관찰의 주요한 특성은 주어진 조사 환경 내에서 오감을 통하여 조사자에 의하여 직접적으로 이루어진다는 점이다. 때문에 관찰은 피조사자의 내면에 대한 특성 파악보다는 겉으로 드러나는 현상적인 특성파악에 적격하다는 특성이 있다.

2. 관찰의 유형

관찰의 유형은 관찰자의 참여정도, 관찰정도의 환경과 구조화 정도 등에 의하여 분류된다.

1) 참여관찰과 비참여관찰

관찰은 개인이나 집단의 가치이해에 주안점을 두는 참여 정도에 따라 참여관찰과 폐쇄회로나 일방향 거울(one-way mirror) 등을 사용하는 비참여관찰로 분류한다.

참여관찰(participant observation)은 연구자가 연구주제에 대하여 심도 깊은 지식이 없을 뿐만 아니라 선행연구물이 부족한 경우에 사용하는 탐색적 연구에 적합하다.

참여관찰은 연구자가 관찰을 위한 대상 집단의 내부에 들어가 구성원이 되어 관찰하는 방법이다. 관찰대상자를 통제하지 않는 비통제적 관찰방법으로 관찰자가 사회복지사나 슈퍼바이져로 참여하는 경우도 있고, 피관찰자와 같은 위치에서 관찰할 수도 있다. 즉, 관찰자는 장기간 관찰 대상자와 생활하든지, 늘 그들과 함께 할 수 있어야 한다. 관찰의 기간은 프로그램에서 처음부터 관찰할 수도 있지만 연구의 목적에 맞게 일시점에서 일정기간 관찰할 수도 있다.

참여관찰은 관찰자가 관찰 대상자들의 실질적인 생활에 참여하기 위하여 그들의 언어와 습관과 같은 것을 배우기도 하며, 사회적 상호작용 과정에서 조사연구 주제를 파악할 수 있도록 관찰을 위한 조건을 형성하여 가며 관찰한다. 참여관찰은 공개-비공개, 공식-비공식, 적극적-소극적 관찰자로 분류하기도 한다.

장점으로는 세세한 자료의 수집이 가능하나 연구결과의 객관성을 유지하느냐가 관건이다. 일반적으로 시간이 많이 소요되고 동일대상에 대한 반복관찰이 쉽지 않다. 관찰자는 자기의 관심 영역에서의 관찰에 한정하며 집단내의 활동으로 관찰에 제약을 받게 된다.

비참여관찰(non-participant observation)은 관찰대상자의 활동에 직접개입하지 않고 일정의 거리를 유지하는 관찰이다. 때문에 비참여관찰은 관찰과정에 대한 계획을 작성하여 체계적으로 관찰이 가능하여 참여관찰에 비하여 표준화하기가 용이하다. 그러나 계획표에 의한 체계적인 관찰의 범위가 한정적이다.

예를 들어 장애아를 위한 유치원 프로그램의 관찰에서 기술적으로 모니터를 통하여 장애 어린이들의 행동 관찰이 가능하다.

비참여관찰의 장점으로는 일정한 공간에서 관찰이 이루어짐으로 특정 행동에 대하여 집중적인 관찰과 반복관찰이 가능하다.

연구자는 상황에 따라 자신의 신분을 밝힐 수도 있고 밝히지 않을 수도 있다.

2) 구조적관찰과 비구조적관찰

관찰대상의 환경에 따라 첫째, 신체의 행동과 같은 비언어적(nonverval)인 행동의 관찰, 둘째, 공간적인(spatial) 행동으로 자신을 둘러싼 공간을 구조하는 시도, 사람들이 움직임, 이동성의 범주, 빈도 등에 대한 관찰, 셋째, 언어 외적(extralinguisitic) 행동으로 말의 회수, 크기, 발음의 독특성에 대한 관찰, 넷째, 언어적(linguistic) 행동의 관찰 등이 있다.

관찰은 구조화의 정도에 따라 구조적관찰(structured observation)과 비구조적관찰(unstructured observation)로 구분된다. 관찰의 구조화정도는 조사연구의 주제나 성격들과 밀접한 관계가 있다. 풍부하고 다양한 선행연구들에 의한 구체적 가설 도출이 가능한 경우에는 구조화가 강한 도구를 이용한 관찰이 이루어진다.

구조적관찰은 관찰대상을 구체적으로 정하고 관찰도구를 사용하여 관찰을 하게 된다. 구조적관찰은 주로 인과관계 설명을 위한 기술 또는 설명목적으로 사용하게 된다.

비구조적관찰은 관찰기준은 사전에 마련하지 않고 결과의 표준화를 시도하지 않는다. 비구조적관찰은 인과관계의 파악보다는 탐색목적으로 사용된다.

3. 관찰의 과정

〈그림 15-1〉 관찰의 절차

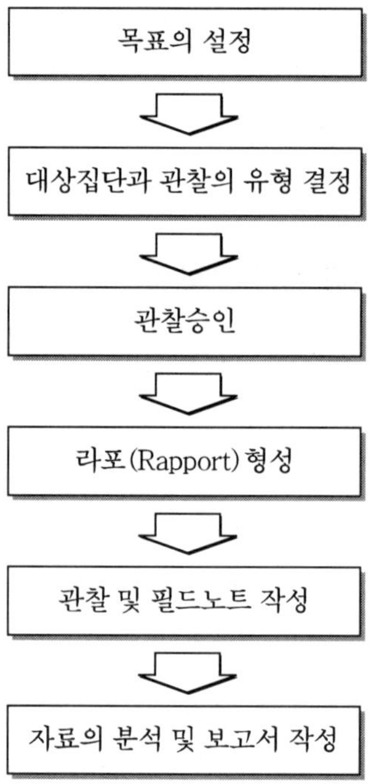

1) 목표의 설정

어떠한 형태의 조사연구에서와 마찬가지로 관찰에서 조사연구의 목적을 달성하기 위하여 구체적이고 명확한 목표설정은 첫 번째 이루어지는 과정으로 매우 중요하다.

2) 대상집단과 관찰의 유형결정

가설 또는 조사연구 문제를 근간으로 관찰대상 집단을 선정하고 관찰의 유형, 참여/비참여관찰, 직접/간접관찰, 구조적/비구조적관찰 등을 결정한다.

3) 관찰승인

관찰대상 또는 관찰대상의 보호자들로부터 사전 승인이 요구된다. 조사연구자가 본인이 관찰자임을 피관찰자에게 알리고 관찰을 시작할 것인지 알리지 않고 관찰을 시작할 것인지에 따라 승인을 받아야 할 대상이 다를 것이다.

4) 라포(유대감)형성

관찰 대상자와의 유대감 형성은 매우 중요하다. 특히 참여관찰을 통하여 관찰자가 독립변수의 조작을 시도할 경우 유대감의 형성은 무엇보다도 중요하다.

5) 관찰 및 필기노트 작성

관찰을 언제 기록할 것인가는 관찰 환경에 의하여 결정된다. 일반적으로 관찰 후 기록을 하게 되며 필기노트 작성은 매우 중요하다. 일지의 내용은 구체적이고 간결해야 한다. 응답자의 대답을 있는 그대로 기록하여야 하며 가능하면 녹음기, 캠코더, 비디오를 이용한 녹취/녹화가 이루어져야 한다.

기록의 형식은 대화적 서술, 척도에 따른 등급기록, 일정한 범주체계에 따른 기록 등이 있다.

6) 자료의 분석 및 보고서 작성

조사연구자는 선행연구를 통하여 조사연구 관련 대상자의 행위유형을 확인하고 관찰기록을 정리한다. 관찰 기록의 정리 후에 관찰 대상자들이 갖고 있는 상호작용 유형의 유사성과 일반적 규칙에서 벗어나는 차이점을 분류하고 정리한다. 일반적으로 상호작용 유형의 유사성은 빈도, 크기, 구조, 과정, 원인, 결과의 6가지로 분류한다.

자료분석 시 유의할 점은 다음과 같다. 첫째, 자료를 자신의 편견에 의한 해석에 유의한다. 둘째, 조사연구자가 과도한 감정적 반응이 개입된 해석에 유의한다. 셋째, 관찰하는 문화에 동일시되어 객관적 분석의 어려움에 유의한다.

보고서 작성 시에는 비밀유지와 신빙성에 대한 근거의 제시에 유의하도록 한다.

4. 관찰의 타당도와 신뢰도 문제

관찰은 직접적인 자료수집인 관계로 신뢰할 수 있다는 생각이 일반적이다. 그러나 관찰에서도 신뢰도와 타당도를 좌우하는 요인들이 존재한다.

(1) 타당도에 영향을 주는 요인

첫째, 기대하는 요인들을 중심으로 관찰이 이루어진다. 지식습득 과정에서 선별적 관찰의 오류를 야기하게 된다. 즉, 편견이 개입된 관찰과 기록이 이루어질 개연성이 크다.

둘째, 관찰자는 상황에 대한 개입과 피관찰자의 반작용의 자극에 영향을 받게 된다. 반작용의 자극에 의하여 본래에 설정한 관찰 요인들에 영향을 주게 된다.

셋째, 관찰자의 긴장, 피로와 같은 컨디션에 의하여 타당도를 담보한 관찰을 어렵게 할 수 있다.

넷째, 관찰을 위한 지각기관은 한계가 있다. 인간은 지각기관을 통하여 한번에 여러 가지의 관찰이 불가능하다. 때문에 녹음기와 캠코더와 같은 보조기기를 사용하게 된다.

다섯째, 관찰 범위의 불명확에 의한 관찰의 오류와 기록과정에서의 오류가 타당도에 영향을 주게 된다.

(2) 신뢰도에 영향을 주는 요인

첫째, 관찰하고자 하는 행동. 현상의 접근이 직접적으로 이루어지는 직접관찰이 관찰자의 상호 주관적 관찰이 용이하다. 관찰 대상이 간접적인 접촉 또는 추상적이면 왜곡의 가능성이 높아진다.

둘째, 관찰의 범위가 좁을수록 관찰의 추리가 적게 작용하여 신뢰도의 확보에 유리하다. 또한 관찰자의 정신적·신체적 조건이 신뢰도가 높은 자료 수집에 영향을 주게 된다.

5. 관찰의 장·단점

1) 장점

관찰을 통한 조사연구의 장점은 다음과 같다.

첫째, 즉각적인 자료 수집이 가능하다. 관찰은 실시간에 자료가 수집되기 때문에 편견이나 기억에 의한 심각한 자료의 왜곡을 시키는 매개변수의 영향을 줄일 수 있다.

둘째, 자연스런 환경이다. 서베이를 통한 조사연구는 인위적 상황설정이 부자연스러움을 유발할 수 있지만, 관찰을 통한 조사연구는 인위적이지 않은 환경임으로 자연스럽다.

셋째, 비언어적 상황에서도 조사연구가 가능하다. 의사소통이 불가능한 언어 장애우 또는 의미전달이 어려운 특정 행동을 하는 사람을 연구 대상자로 할 경우도 가능하다.

넷째, 종적분석이 가능하다. 시간의 경과에 따른 자료수집이 가능하여 시간적 변수 도입이 용이하다. 또한 장기간에 걸쳐 자료가 수집됨으로 종적 분석이 가능하다.

다섯째, 귀납적 자료수집방법이다. 예비조사/사전조사연구에 유용하며, 상황에 따른 폭넓은 자료수집과 추가자료 수집이 용이하다.

여섯째, 다양한 관찰 기법을 통한 접근의 다양성 확보가 가능하다. 주된 목적인 기술적 목적뿐만 아니라 탐색의 목적, 보완을 위한 연구목적, 연구의 수정목적 등 다양하다.

2) 단점

단점으로는 첫째, 관찰의 대상 제한되어 있다. 예를 들어 부부간의 관계에 대한 주제에 대한 조사연구를 실시할 때 관찰을 통한 자료 수집은 한계가 있을 수밖에 없다.

둘째, 변수의 통제가 어렵다. 자료수집 과정에서 변수의 통제가 어려워 결과가 어떤 외부적인 영향에 의한 것인지 판별이 어렵다.

셋째, 내면적 의식파악이 어렵다. 현상학적 접근으로 내면의 의식에 대한 접근은 한계가 있다. 예를 들면 겉으로는 웃으나 속으로는 슬플 수도 있다.

넷째, 익명성의 부재로 조사연구 대상자가 의식적 행동이 유발되어 조사연구 결과가 왜곡될 수 있다. 타인에게 드러내기 거북한 행동은 자연스럽게 표출되기 어렵다.

다섯째, 관찰자의 주관이 개입될 수 있다. 관찰자의 주관의 개입은 신뢰도와 타당도 문제가 제기되곤 한다.

여섯째, 조사연구 결과의 수량화의 한계가 있다. 관찰한 자료는 실험 또는 표본조사의 자료보다 수량화가 쉽지 않다.

일곱째, 표본크기의 제한이 있다. 관찰은 즉시성의 장점이 있는 반면에 수량의 확대에는 한계가 있다. 대규모의 집단을 한번에 관찰이 불가능하며 이것은 결과의 일반화의 한계를 초래한다. 대규모 자료를 수집한다고 해도 처리과정에 상당한 시간이 요구된다.

여덟째, 허락의 어려움이 있다. 보안을 필요로 하는 집단의 경우 접근이 금지되며, 접근이 가능하다고 할지라도 자료의 수집에는 한계가 있다.

아홉째, 경제적 시간적으로 부담이 많이 된다. 자연스러운 관찰은 장시간이 요구되며 관찰을 위하여 장기간 체류하게 되어 시간과 경비가 많이 소요된다.

제 3 절 문헌연구

어떠한 형태의 연구이든 기본적으로 문헌의 고찰로부터 시작된다고 할 수 있다. 연구자가 양적연구를 시도한다고 할지라도 경험적 자료수집에 앞서 연구의 주제와 관련된 선행연구 또는 이론을 고찰하게 된다.

순수한 문헌연구 입장에서 본다면 자료수집 뿐만 아니라 분석까지도 문헌을 통하여 이루어지게 된다. 즉, 문헌을 참고로만 사용하지 않고 내용을 정밀하게 분석하고 논의하여 결론에 이르게 된다.

1. 문헌자료의 종류

1) 정기간행물

정기간행물은 넓게는 주간, 월간, 분기별 그리고 연간 정기적으로 발행되는 모든 간행물을 의미하며 좁게는 정기적으로 발행되는 학술지를 의미한다.

정기간행물, 특히 좁은 의미의 정기간행물(학술지)은 가장 신뢰할 수 있는 문헌이라고 할 수 있다. 왜냐하면 학술지에 게재된 논문의 경우 일정수의 그 분야에서 권위 있는 심사위원들의 심사를 거쳐 치기 때문이다. 최근에는 학술지 수준의 정도를 알 수 있도록 한국학술진흥재단(http://www.krf.or.kr)에서 심사를 거쳐 등제지, 등제후보지 등으로 분류하고 있다. 전국규모 학술지의 경우 학술단체연합회에 등록하여 일반학술지로서 인정받을 수 있다.

대부분의 국내논문의 경우 한국교육학술정보서비스 KERIS (www.riss4u.net)나 한국학술정보(주)(http://search.koreanstudies.net)에서 검색이 가능하다.

외국학술지의 경우 예술 및 인문학의 경우 ANHC(Arts and Humanities Citation Index), 자연과학은 SCI(Science Citation Index), 사회과학과 응용사회과학은 SSCI(Social Science Citation Index)와 각 분야의 확장지(예, SSCIE, Social Science Citation Index Expended) 등으로 분류하여 학술지의 권위정도를 나타내고 있다. 외국학술지의 경우 연구자들의 인용 빈도수로 학술지의 권위 등급이 매겨지게 된다. 이들 자료는 http://scientific.thomson.com에서 확인할 수 있다.

선진외국의 경우 논문을 데이터베이스화해서 유료서비스를 제공한다. 예를 들어 영국의 경우 BIS(Bath Information System)에 일정의 비용 및 수수료를 제공하면 팩스(fax), 우편, 인터넷 출력으로 자료를 받아볼 수 있다. 국내에서 외국논문을 검색할 경우 전자저널을 제공하는 학술정보데이터베이스 NDSL(www.ndsl.or.kr)를 이용하면 편리하다.

2) 단행본

단행본은 흔히 말하는 공식. 비공식적으로 출판된 책을 중심으로 출판된 보고서를 포함한다. 단행본은 저서, 편저, 편역, 역서, 보고서 등이 있다. 단행본은 공공 또는 대학 도서관 또는 연구소 도서관 등에서 찾을 수 있으며, 일반적으로 연구자들은 대학도서관, 국회도서관, 서초동 국립도서관, 사회과학 도서관 등을 이용한다. 최신국내 단행본 구입의 경우 인터넷 서점 또는 대형서점 홈페이지를 이용하며, 양서의 경우 아마존(http://www.amazon.com)과 같은 인터넷 서점을 이용할 수 있다.

3) 석·박사 학위 논문

석사와 박사학위 논문은 일정수의 심사위원에 의하여 심사를 거치기 때문에 연구 성과물로서 상당한 권위를 인정받을 수 있다. 석・박사 학위 논문은 여의도 국회도서관에 가장 많이 소장되고 있으며 복사 및 출력이 가능하다. 외국학위의 경우 국제학위논문초록집(Dissertation Abstract International)에서 확인이 가능하며, UMI(University Micro-film Index)(http://www.umi.com)에서 유료로 논문제공 서비스를 받을 수 있다.

4) 정부 및 연구기관 보고서

정부/지방정부 및 관련 연구소에서 출판된 보고서 및 간행물은 해당 관청/연구소의 도서관에서 자료를 찾을 수 있다. 정부출연 연구소(예, 한국보건사회연구원) 간행물은 대형서점의 연구소 간행물코너에서 구입이 가능하다.

5) 학술대회 발표논문

대부분의 학회는 정기적으로 춘계와 추계학술대회를 연 2회 개최하며 부정기적으로 세미나, 워크숍, 또는 특강이 이루어지며 결과물을 자료집으로 발간하게 된다. 이 때 발간되는 논문(proceeding)은 심사를 거친 학술지 논문(artical)과는 구별된다.

2. 문헌자료의 장・단점

1) 장점

첫째 접근성이 용이하다. 역사적 사건과 같이 직접적 접근이 불가능한 경우 문헌은 결정적인 연구 자료가 된다.

둘째, 비반응성을 들 수 있다. 연구를 위한 목적으로 이루어지지 않은 문헌인 경우 연구자와 자료원간의 상호작용에 의한 오류가 발생하지 않는다.

셋째, 종적연구 및 분석에 유리하다. 문헌을 통한 연구는 연구주제

설정 시 종단적 시간의 제약을 받지 않고 접근할 수 있다.

넷째, 표본의 크기에 제약을 받지 않는다.

다섯째, 자료의 자발성이다. 관찰과 유사하게 자료가 어떠한 형태의 범주 내에서 한정하는 것이 아니고 자료원의 자발적인 기록들을 연구자가 연구의 주제에 맞게 재해석하게 된다.

여섯째, 저렴한 경제성이 담보된다. 다른 연구방법에 비하여 상대적으로 비용이 적게 든다. 대부분 도서관 또는 인터넷을 통하여 자료수집이 이루어지기 때문에 직접적인 경비가 그렇게 많이 소요되지 않는다.

2) 단점

첫째, 자료원의 편견의 문제가 대두된다. 현재 연구자를 위한 연구의 목적으로 자료들이 만들어진 것이 아니다. 즉, 연구자의 연구목적과 문헌자료의 기술 목적이 일치하는 경우는 거의 없다. 전기 또는 위인전의 경우 인물에 대하여 과장되게 기술되어질 수 있다.

둘째, 자료의 선별적 존재이다. 역사적 자료들이 선택적으로 남아 있는 것이 일반적이다. 자료가 존재한다고 할지라도 보관의 상태에 따라 사용가부가 결정되기도 한다.

셋째, 가용성의 제한이다. 고문서에 대한 접근이 제한되어 있고 어떠한 자료들은 대외비라는 명목으로 분류하여 공개하지 않는 자료도 있다.

넷째, 샘플링의 편견이다. 문헌자료들 그 자체에 편견이 있을 수 있다. 왜냐하면 문헌자료는 모든 사람들에 의하여 쓰여지고 남겨지기 어렵다. 즉, 특정 일부의 사람들에 의하여 글이 쓰이기 때문에 그 자체에 비자발적으로 표집의 편견이 개입되게 된다.

다섯째, 언어적 행동에 제한이 있다. 글로 쓰인 표현들은 말로 표현할 수 있는 행동에 비하여 제한을 받게 된다. 일상적으로 이루어지는 언어 또는 비언어적 표현들을 글로 표현하는 데는 한계가 있다.

여섯째, 표준화된 양식의 부재이다. 문헌의 외형적 형식뿐만 아니라 표현형식까지도 일정치 않기 때문에 구구각색이다. 예를 들어 개인적인 문서와 공공문서를 표준화하여 분석하기는 쉽지 않다.

일곱째, 코딩의 어려움이 있다. 문헌자료는 연구자가 부호화를 하고 코딩을 시도하여야 한다. 이러한 어려움을 해소하기 위하여 내용분석 기법을 개발하였으나 완전한 극복에는 한계가 있다. 이외에도 시계열 자료의 비교가 어렵다. 예를 들어 자료에 대한 기록의 단위가 시간의 변화에 따라 변화한 경우도 있다.

3. 문헌자료 분석의 유형

1) 내용분석

(1) 내용분석의 개념

내용분석의 개념적 정의는 학자마다 조금씩 다르다. 학자들의 공통적인 견해는 다음과 같다. 분석의 내용은 내재한 내용과 외재한 내용으로 분류한다. 외재한 내용은 특정 단어나 색과 같이 객관적으로 우리 눈으로 확인할 수 있는 내용을 말한다. 내재한 내용은 대화중의 행간 뜻과 같이 조사연구자의 판단을 필요로 하는 내용을 말한다. 좀더 구체적으로 살펴보면 다음과 같다.

첫째, 분석의 대상이 인간의 상징적 행동, 언어적 의사소통의 내용, 기록된 언어의 전문, 문서형태의 증거 등이 있다. 출판물, 대중매체, 각종 메시지, 노래, 그림 등 언어적 기호뿐만 아니라 상징적 조형물도 포함된다.

둘째, 분석의 속성에 대하여 의사전달의 일반적 내용에서부터 본문의 흐름, 암묵적·잠재적 내용, 의사소통의 선행 조건까지 포함한다.

셋째, 분석방법의 특징으로는 과학적 방법의 적용, 체계적 기술을 위한 연구기법, 측정수단의 적용하여 본문을 체계적으로 요약하는 작업뿐만 아니라 자료 및 내용의 부호화까지 포함한다.

이러한 내용분석의 속성들을 정리하면 인간의 의사소통을 위한 기록, 기호 등의 내용과 특성을 파악하여 현상(흐름)을 체계적으로 정리/기술하고 그 현상의 원인, 과정, 결과를 분석하는 객관적인 연구방법이라고 할 수 있다.

내용분석은 수량화를 전제로 할 필요가 없다는 주장도 있으나, 최근에는 컴퓨터를 이용한 수량적인 내용분석 기법들이 시도되고 있다.

(2) 내용분석의 목적

첫째, 의사전달의 특성 파악을 목적으로 한다. 둘이상의 자료가 포함하고 있는 특성/내용의 비교, 시계열상 자료간의 특성 비교, 또는 두 가지 이상의 변수들의 관계 분석을 목적으로 한다.

둘째, 의사전달자의 원인, 의도, 선행조건 등의 추리를 목적으로 한다. 이것은 의사전달 내용에 나타나 있는 의미를 그대로 받아들여야 하는 의문에 대한 해답을 찾기 위한 목적이다.

셋째, 의사 전달 내용의 효과에 대한 추리의 목적이다. 문헌을 통하여 전달하고자 하는 내용으로 피전달자에게 얼마나 영향을 주었는가?를 파악하기 위한 목적이다.

(3) 내용분석 기법의 특징

내용분석 기법의 특징은 다음과 같다. 첫째, 인간의 의사전달과 관련된 연구에 적합한 방법으로 단어, 문단, 주제, 특정인물 등을 기록단위로 경제성과 연구 문제에 대한 적합성이 고려되어 선정된다.

내용분석의 범주는 상호 배타적이고 포괄적이어야 하며, 일정한 개념적 틀에 의하여 원 자료를 표준화하고 양적인 형태로 전환시켜 코딩하게 된다. 질적 자료를 수적인 자료로 환산에 어떤 기준 적용의 결정이 우선이며, 계량화의 체계는 유무, 빈도, 공간차지, 강도 등을 고려한다.

(4) 내용분석의 과정

일반적인 내용분석의 과정은 다음과 같다.

〈그림 15-2〉 내용분석 철차

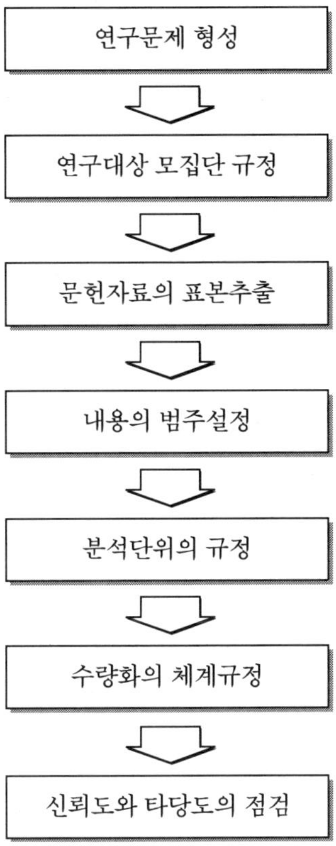

내용분석과정을 구체적으로 살펴보면 다음과 같다.

㉮ 연구문제 형성

내용분석 기법을 적용하여 연구목적을 달성할 수 있는 연구문제를 선택하여야 한다. 어떠한 연구방법보다도 문헌연구를 통해 효과적으로 연구문제를 해결할 수 있다는 것을 전제로 하여야 한다.

㉯ 연구대상 모집단 규정

연구의 문제를 해결하고 목적을 달성할 수 있는 문헌과 기록 등의 종류와 범위를 규정하여야 한다. 예를 들어 책, 논문, 신문 등이 분석 대상이 되는 모집단이 된다.

㉰ 문헌자료의 표본추출

일반적으로 문헌자료의 표본추출은 층화와 군집을 곁들인 다단계 표집을 한다. 예를 들어 학술지의 논문을 분석하고자 한다면 시간을 단위로 몇 년에서 몇 년까지를 표집하고 어떠한 주제를 선택할 것인지를 결정한다. 가능하면 무작위 추출을 권고하지만 시간으로 배열된 자료의 경우 체계적표집이 무작위표집의 효과를 초래할 수 있다.

㉱ 내용의 범주 설정

내용분석에서도 내용의 범주를 정하는 것은 매우 중요하다. 일반적인 범주의 원칙인 범주 간 상호배타적, 포괄성의 원칙, 상호독립성, 그리고 주제와의 상관관계 등이 적용된다. 학술지의 내용분석에서 자주 쓰는 범주는 주제, 저자 수, 한글, 외국어, 연구방법, 분석방법 등으로 분류하여 사용한다.

㉲ 분석단위의 규정

내용의 분석단위는 기록과 맥락단위 두 가지로 분류할 수 있다. 기록단위의 최소단위는 특정 사건에 대한 한번의 기록이며 맥락단위는 기록단위의 명확화를 위한 도구로 내용의 최대 단원을 의미한다. 예를 들어 신문기사에 쓰인 용어가 기록단위라면 그 용어가 한 문장에 몇 개 쓰였는지, 또는 한 문단에 몇 개 쓰였는지 규정하는 것은 맥락 단위라고 할 수 있다. 분석단위는 단어, 용어, 주제, 인물 등 다양하게 연구자가 연구의 주제에 맞게 규정할 수 있다.

㉳ 수량화의 체계 규정

일반적으로 수량화의 체계는 4가지로 분류한다.

첫째, 출현 유무의 체계이다. 연구하고자 하는 특정의 현상 또는 사건의 요소가 출현했는지 안 했는지를 기준으로 수량화한다.

둘째, 빈도의 체계이다. 연구하고자하는 특정 사건이나 현상이 몇 번을 나타났는지 몇 번을 주기로 나타났는지를 수량화한다.

셋째, 시간, 공간 단위 체계이다. 출현 빈도뿐만 아니라 상대적 강조 또는 편향도를 수량화한다.

넷째, 강도체계이다. 주로 태도 또는 의식에 관한 연구를 수행할 때 이용하며 서열 또는 등간의 수량화를 이용한다.

㉴ 타당도와 신뢰도의 점검

문헌자료의 신뢰도와 타당도에 관한 점검은 일반적인 연구에서의 점검과 유사하다. 문헌연구에서 타당도의 쟁점은 내용과 기준타당도 측면에서 강조한다.

첫째, 내용타당도 측면에서 연구자가 직접 기록함으로 내적 일관성의 유지가 가능하며 문장의 스타일을 자세히 관찰할 수 있어 저술자의 진위를 쉽게 알 수 있다.

둘째, 기준 타당도 측면에서 연구 주제와 관련된 사람, 자료 등을 통하여 타당성의 점검이 가능하다.

신뢰도는 비슷한 문헌자료를 두 시점 간 비교 또는 두 연구자의 비슷한 연구물 비교 등에 의하여 이루어질 수 있다.

(5) 내용분석의 장 · 단점

내용분석의 장 · 단점은 다음과 같다.

첫째, 시간과 경제적인 부담을 줄일 수 있다. 모든 연구 과정에 도서관 또는 인터넷상에서 이루어짐으로 시간과 경비의 부담이 적다.

둘째, 안전도를 담보할 수 있다. 표본조사의 경우 한번 실수하면 다시 자료를 수집하여야 하지만 문헌연구의 경우 기존 문헌의 재점검으로 수정과 보완이 가능하다.

셋째, 장기간 발생했던 현상 또는 사건에 대한 조사연구에 적격하며, 반작용에 의한 오류가 발생하지 않는다.

넷째, 상호의사전달과 관련된 기록에 의지한 조사연구에만 적격하다는 단점이 있다.

2) 역사/비교분석

역사적 맥락에서 일정한 유형을 발견하기 위한 연구로 주된 조사연구 자료는 역사적 기록에 의존한다. 연구의 특성상 한정된 인적 또는 물적 자료에 의존할 수밖에 없기 때문에 자료원에서 드러나는 편견에 유의하여야 한다.

자료분석은 현상학적 접근이 아닌 해석학적 접근의 사용이 일반적이다. 역사/비교분석의 장점은 접근성과 경제성에서 효율적이며, 종단적 분석이 가능하다. 그러나 편견의 문제, 선별적인 자료 존재, 표준화된 양식의 부재, 시계열 자료 비교의 어려움이 있다.

제 4 절 사례연구

1. 사례연구의 개념

사회복지분야에서 사례연구는 임상적인 개입 효과를 평가하는 수단으로 흔히 이용하여 왔다. 일반적인 사례연구에 대한 정의는 "개별적인 사례에 관한 정보의 제공과 체계적인 조작방법"이다. 그러나 학자마다 강조점을 어디에 두느냐에 따라 다르게 정의하고 있다. 로프랜드(Lofland)는 "사람, 사건, 조직과정 등의 실제 환경에서 연구가 이루어지는 것으로 그 과정은 발견을 포함 한다"라고 정의함으로써 무엇인가 발견을 위한 과정의 중요성 강조하였다. 반면에 오름(Orum)은 "하나의 사회현상에 대하여 질적인 연구방법을 사용한 심층, 다차원적 연구"라고 정의하여 계량적 연구와의 차이점을 강조하였다. 때문에 사례연구는 하나의 개별 또는 집단 사례를 심층, 다차원적, 종합적으로 발견을 위한 접근방법이라고 정리할 수 있을 것이다.

2. 사례연구의 목적

사례연구는 탐색이나 기술의 기초적인 연구목적으로 이용되기 때문에 일반적으로 연구 주제에 관한 기초지식이 부족한 경우에 사용한다. 즉 설명적 연구를 위한 예비지식습득의 단계에서 사용된다고 할 수 있다.

3. 사례연구의 종류

(1) 사례수에 의한 분류

사례의 수에 따라 단일사례연구와 복수사례연구로 구분된다.

(2) 분석단위에 의한 분류

분석단위에 따른 분류도 개인별사례연구, 집단적사례연구, 사회적가공물사례연구로 구분된다.

(3) 연구목적, 성격, 용도에 의한 분류

연구의 목적에 따라 탐색적, 기술적, 설명적 사례연구와 용도에 따라 연구/교육용사례연구와 연구용사례연구로 분류된다.

(4) 이론화의 정도에 의한 분류

이론화의 정도에 따라 무이론사례연구, 해석적사례연구, 가설창출/또는 이론확장사례연구로 구분된다.

4. 사례연구의 절차

〈그림 15-3〉 사례연구의 절차

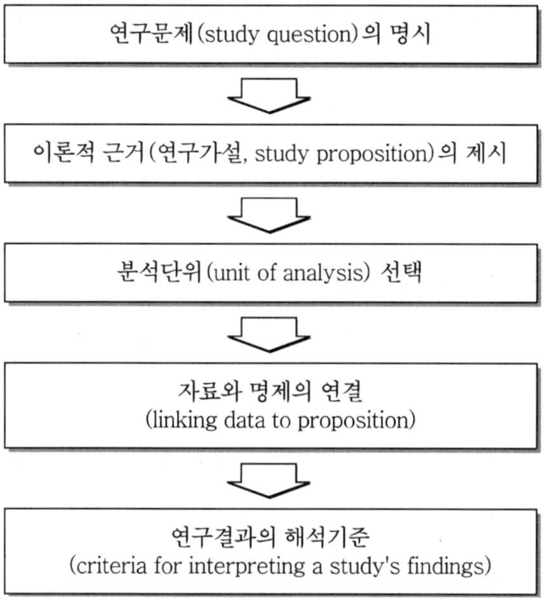

1) 연구문제(study question)의 명시

연구문제의 제시를 통하여 연구 목적과 범위 등을 명확히 할 수 있다.

2) 이론적 근거(연구가설, study proposition)의 제시

사례연구에서는 이론적 근거를 반드시 요구하지는 않지만 연구결과의 일반화, 객관화의 가능성을 위하여 가능한 이론적 근거를 제시하는 것이 합리적이다.

3) 분석단위(unit of analysis) 선택

분석단위는 사례 전체를 분석단위로 설정할 것인지 아니면 사례를 구성하는 하위 단위를 분석단위로 설정할 것인지 결정해야 한다.

4) 자료와 명제의 연결(linking data to proposition)

이 단계에서는 수집된 자료를 바탕으로 연구의 결과를 이론에 연결시키는 단계이다. 설정된 연구의 목적에 맞게 연구결과를 분류하고 유사한 경향을 보이는 연구결과를 유목화한다.

5) 연구결과의 해석기준(criteria for interpreting a study's findings)

사례연구는 연구결과를 구체적으로 해석 및 분석하기 위한 기준이 명백하지 않아 일반화와 객관화가 담보된 과학적인 접근이 쉽지 않다. 이러한 한계를 극복하기 위하여 최소한 두 개 이상의 이론(가설)을 설정하여 비교 후 해석 및 분석을 시도하게 된다.

연 습 문 제

1. 질적조사연구와 양적조사연구를 특징을 비교하시오.

2. 관찰의 개념을 설명하시오.

3. 참여관찰과 비참여관찰을 비교하시오.

4. 관찰의 과정을 설명하시오.

5. 관찰의 타당도에 영향을 주는 요인을 제시하시오.

6. 관찰의 신뢰도에 영향을 주는 요인을 제시하시오.

7. 문헌자료의 종류를 분류/설명하시오.

8. 내용분석의 목적을 설명하시오.

9. 내용분석의 과정을 설명하시오.

10. 사례연구의 과정을 설명하시오.

제16장

조사연구보고서 및 학위논문 작성

제 1 절 조사연구보고서

조사연구보고서는 일반적으로 일정한 형태를 유지하지만 연구보고서 발주 기관, 활용목적, 독자 등 여러 여건에 따라 다르게 작성될 수 있다. 조사연구보고서는 관련분야 전문가들이 독자인 관계로 조사연구방법, 내용, 해석 등이 그들의 수준에 맞게 구성되어져야 한다. 바꾸어 설명하면 조사연구주제와 관련된 분야의 전문적 지식기반체계에 공헌할 수 있는 수준이 되어야 한다. 또한 주제와 관련하여 향후 조사연구방향을 제시할 수 있어야 한다.

1) 보고서 작성

(1) 보고서 형식

가. 겉표지

가) 목차

나) 요약

나. 본문

가) 서론

나) 조사연구방법

다) 조사연구결과 및 해석

라) 결론 및 제언

마) 참고문헌

다. 부록

(2) 보고서 형식

가. 겉표지

가) 표지: 제목, 저자, 출간일, 소속기관

나) 감사의 글

다) 목차: 내용목차, 표목차, 도표목차

나) 요약

조사연구목적, 조사연구방법, 조사연구내용, 그리고 결론 순으로 가능하면 명료하고 간결하게 진술한다.

나. 본문

가) 서론

조사연구를 하고자 하는 주제의 중요성과 이슈들을 중심으로 연구의 필요성에 대하여 언급하고 이에 따른 연구문제 또는 가설을 도출하여 진술한다. 또한 조사연구의 목적에 대하여 진술한다.

나) 연구방법

조사연구설계에서는 조사연구방법, 내용, 질문의 수, 시간, 자료수집기간 등을 기술한다. 표본추출방법은 모집단에 대하여 진술하고 표본의 크기, 대상, 추출방법 등을 기술한다. 설문지와 관련한 내용에서는 설문지의 신뢰도 및 타당도와 관련된 내용을 기술한다.

다) 조사연구결과 및 해석

자료분석방법(%, t-test, Anova 등)을 사용하여 결과를 분석하고 해석 한다(자료분석론 참고).

라) 결론 및 제언

분석결과를 요약하고 논의 및 해석을 근간으로 결론을 도출한다. 조사연구에서 나타난 조사연구방법의 한계점도 진술한다. 제언에서는 조사연구에서 나타난 사실에 대해서만 언급하고 범위를 벗어난 지나친 제언에 주의해야 한다.

마) 참고문헌

보고서 발주기관에 따라 참고 문헌 양식은 다를 수 있다. 국문 참고문헌의 경우 저자명을 근간으로 가나다순으로 영문 참고문헌의 경우 알파벳순으로 정리한다. 참고문헌은 보고서에 인용한 문헌만을 기재하는 것을 원칙으로 하며 인터뷰 및 웹사이트 자료원도 기재한다. 일반적인 방법은 다음과 같다.

교재

· 단독인 경우

김길동(2002), 『사회복지조사론』, 서울: 사복출판사

Challis, F.(2004), *Social welfare research method*, London, Sage

· 2인 공저인 경우

김길동 & 이길삼(2004), 『사회복지조사방법론』, 서울: 사복출판사

· 3인에서 5인인 경우

김길동, 김길삼, & 심상지(2006), 『사회복지조사론』, 서울: 사복출판사

· 6인 이상인 경우

김길동 외 5인(2007), 『사회복지조사론』, 서울: 사복출판사

학술논문

김길동(2004), "사회복지에서 질적 연구방법의 유용성에 관한 연구", *리서치 연구*, 3권 4호, pp. 44-65.

Challis, F(2004), "The factors affecting to the social work research", *Research study*, Vol. 3(4), pp. 54-69.

학위논문

김길동(2004), 재가노인복지기관의 조직풍토성에 관한 연구, 박사학위, 연구대학교

인터넷 웹자료

통계청(2007), 노인인구통계, 2007. 3. 24, http://www.kso.go.kr

신문/잡지

김길동(2007, 4, 24), 노인학대의 유형과 현황, 사복일보, p. 5(사회면)

다. 부록

내용상 보고서의 내용에 담기 어려운 각종 표, 설문지, 조사표 등 조사연구와 직접 관련이 있는 각종 자료를 싣는다.

2) 보고서 작성의 원칙

(1) 조사연구보고서 작성의 기본원칙

① 조사연구보고서를 기술하기 전에 세부계획을 세운다. 일반적으로 형식은 이용자 중심, 내용은 결과 중심으로 기술한 계획을 구상한다.

② 조사연구보고서는 간결하고 정확하게 기술한다.

③ 문장의 시제는 과거와 현재를 병행하여 사용한다. 조사연구방법은 과거형으로 조사연구결과는 현재형으로 기술한다.

④ 표 또는 그라프는 연구내용을 충분히 전달할 수 있도록 적절하게 사용한다.

⑤ 출판할 경우 일반적인 편집양식을 따른다.

(2) 장·절 구성의 원칙

보고서의 구성은 논리적인 순서에 따라 체계적으로 구성하는 데 일반적으로 서론, 본론, 결론으로 구성하고 각각의 부분을 장으로 간주한다. 장은 다시 여러 개의 절로 구성된다. 예를 들어 본론을 하나의 장으로 취급하며, 본론에는 여러 개의 절을 배치할 수 있다. 이때에 하나의 절은 일반적으로 연구목적 하나를 커버하는 내용으로 구성된다. 장의 제목은 절의 제목과 일치하지 않을 수가 있다. 이것은 하나의 장이 여러 개의 절의 내용을 포함할 수 있어야 하기 때문이다.

(3) 계층기호 표시

장과 절과 같은 보고서 내용의 체계적 위계질서의 표시는 기호, 숫자, 문자 등으로 일관성 있게 나타낸다. 위계질서의 범위는 보고서의 양에 의하여 결정되는 경우가 많다. 보고서의 양이 적을 경우 장과 절로 구성되지만 양이 많은 경우, 편, 장, 절, 항, 목까지 구성된다. 이렇게 분류되는 계층의 범위는 들여쓰기를 시도하여 종속관계를 쉽게 확인할 수 있게 한다. 절 이하의 하위제목은 적어도 둘 이상의 경우에만 설정하는 것이 일반적이다.

계층기호를 숫자와 문자 또는 숫자만으로 표시하는 경우에 반드시마침표를 찍어야 하나 괄호를 사용할 경우 마침표를 찍지 않는다.

〈예시 1〉	〈예시 2〉	〈예시 3〉	〈예시 4〉	〈예시 5〉
제 1 편	제 1 장	1.	I.	I.
제 1 장	제 1 절	가.	1.	1.
제 1 절	1.	1)	1.1	1)
제 1 항	1)	가)	1.2	(1)
제 1 목	(1)	①	1.2.1	①
제 1 목	(2)	②	1.2.2	②

(4) 표 작성의 원칙

한눈에 볼 수 있게 하는 표는 내용을 이해하는데 도움이 된다. 표를 작성할 때는 다음사항을 유의한다.

① 표의 상단에 제목을 붙인다.

② 단위는 오른쪽 상단이 표기한다.

③ 2차 데이터를 이용한다면 표 밑부분에 출처를 밝힌다.

④ 표는 일관성이 있게 작성한다.

⑤ 표를 보고 내용을 이해할 수 있어야 하고 꼭 필요한 데이터만 기입한다.

(5) 그래프 작성의 원칙

그래프는 표와 함께 내용을 이해하는데 큰 도움을 준다. 그러나 그래프를 과도하게 사용하면 보고서의 학술적인 면이 반감될 수 있다.

① 그래프는 하단에 제목을 붙인다.

② 2차 데이터를 이용할 경우 출처를 밝힌다.

③ 그래프 자체로 내용을 충분히 설명할 수 있어야 한다.

④ 그래프는 내용의 흐름을 이해할 수 있는 형태를 선택한다.

⑤ X축과 Y축에 눈금이 표시되어야 한다.

⑥ 그래프에는 숫자를 기입하지 않는다.

제 2 절 학위논문

학위논문 작성의 원칙은 여러 가지가 있으나 우리나라 및 세계의 여러 나라에서 많이 사용하는 APA(America Psychological Association) 양식을 중심으로 소개하고자 한다. 강진령 편저(1997)의 APA 논문 작성법을 요약하면 다음과 같다.

1) 학위논문 작성원칙

① 논리의 정연성

학위논문은 연구자가 연구결과를 중심으로 진술하지만 연구자의 생각이 글로 표현되는 과정이기 때문에 논문은 논리적으로 정연해야 한다. 즉, 논문은 연구주제를 근간으로 한 서론에서부터 결론에 이르기까지 논리적으로 연계성의 유지가 중요하다. 논리전개의 연속성을 위하여 다양한 구두점을 사용한다. 독자가 논문을 읽어가는 데 안내자 역할을 한다. 그러나 지나칠 정도의 구두점사용은 독자에게 혼란을 초래할 수도 있다.

② 표현의 유연성

글의 표현을 매끄럽게 하기 위하여 용어의 반복을 피하고 동의어 또는 유사어를 구사한다. 동의어 또는 유사어 사용에는 본래의 의미가 그대로 전달할 수 있는 용어를 사용한다.

논문을 매끄럽게 끌고 가기 위해서는 동사의 시제 사용에 유의한다. 본문에서 선택된 시제는 계속해서 사용한다. 일반적으로 연구의 결과는 과거를 사용하고, 연구결과의 논의 및 결론은 현재시제를 사용한다.

③ 표현의 경제성

논문에서는 짧은 단어/문장이 긴 단어/문장보다는 독자가 이해하기 쉽다. 때문에 전문용어의 사용은 논문은 논문이 간결하여 이해도를 높일 수 있다. 장황한 표현은 비경제적인 표현 중의 하나이다. 창작과 같이 유연하고 부드러운 용어를 장황하게 늘어놓는다면 의미전달에 문제가 일어날 가능성이 많아진다.

독자들의 이해를 증진하기 위하여 중복적인 표현은 피한다. 과도하게 사용하는 중복적인 표현은 독자들의 공감대를 잃게 된다.

④ 정확성/명료성

첫째, 정확한 단어선택은 연구자가 표현하고자 하는 의미를 정확하게 표현할 수 있게 한다.

둘째, 산만한 구어체를 피한다. 구어체는 문맥에 따라 다르게 해석될 수 있다.

셋째, 모호하거나 비논리적인 비교는 삼간다.

2) 학위논문의 구성

(1) 학위논문 구성의 순서

서두
- 겉표지
- 제목 페이지
- 인준서
- 감사의 글
- 목차
- 표 목자
- 그림 목차
- 부록목차
- 논문초록

본문
- 제 1 장 서론
- 제 2 장 이론적 배경
- 제 3 장 연구방법
- 제 4 장 연구결과
- 제 5 장 논의 및 결론

참고자료
- 참고문헌
- 초록
- 부록

2) 학위논문 구성순서의 설명

(1) 서두

① 겉표지

논문의 용도(학/석사학위), 논문의 국·영문 제목, 소속 학교, 소속 학과 및 전공, 논문저자 이름, 논문 제출일을 기록한다.

② 제목 페이지

논문의 겉표지와 유사하다. 반면에 논문의 용도가 생략된다. 논문지도 교수의 이름(지도교수 홍길동)과 논문제출 확인문(본 논문을 사회복지학 석사학위 논문으로 제출함)이 추가된다.

③ 인준서

인준서는 인준문, 심사위원 확인란, 소속 학교명 및 인준일이 표기된다.

예) 홍 길 동의
사회복지학 석사학위 논문을 인준함

심사위원 김길동 인
심사위원 김길성 인
심사위원 김길령 인

○○대학교 대학원. 2006, ○○, ○○

④ 감사의 글

학위논문에서 반드시 필요한 부분은 아니다. 경우에 따라서 논문의 끝부분 또는 부록 다음에 삽입하기도 한다.

⑤ 목차

차례라는 단어로 혼용하기도 한다. 논문전체 내용의 안내역할을 한다.

⑥ 표목차

논문에 실린 표를 쉽게 찾을 수 있도록 표번호, 표제목, 표가 삽입된 페이지 순서대로 기입한다. 표가 부록에 삽입된다 할지라도 표목차에 기록한다. 논문전체에서 표가 하나일지라도 표목차 페이지를 따로 만들도록 권고한다.

⑦ 그림목차

표목차와 마찬가지로 그림번호, 그림제목, 삽입 페이지를 순서대로 기입한다.

⑧ 부록목차

부록번호, 부록제목, 그리고 부록이 시작되는 페이지를 순서대로 기입한다.

⑨ 논문초록

논문초록은 논문전체를 이해할 수 있도록 간략하게 요약한 것이다. 일반적으로 논문 각각의 장 끝부분에 핵심을 추려놓은 것을 요약이라고 하고, 논문전체의 요점을 추려 놓은 것을 초록이라고 한다. 논문초록의 작성 요령은 다음과 같다.

첫째, 정확하여야 한다. 논문에 나타난 내용만을 기술한다.

둘째, 자기 설명적이어야 한다. 약자와 용어는 설명한다.

셋째, 간결, 구체적이어야 한다. 150단어 내외로 300단어를 초과하지 않는다.

넷째, 비평가적이다. 보고하는 형식의 문장을 구성한다.

다섯째, 조리 있고 읽기 쉬워야 한다.

여섯째, 경험적 연구논문초록은 연구문제, 연구대상, 실험방법, 결과, 결론과 시사점 혹은 적용 가능사항을 기록한다.

일곱째, 논평/이론적 논문초록은 주제, 목적 및 범위, 사용출처, 결론 및 시사점 등을 기술한다.

(2) 본문

제 1 장 서론

본문의 서론에 진술할 내용은 연구문제와 연구의 배경 또는 필요성 등에 대한 내용이 기술된다. 각각의 내용은 다음과 같다.

① 문제제기

첫째, 연구의 핵심내용은?

둘째, 연구가설과 실험설계는 연구문제와 어떠한 관계가 있나?

셋째, 연구의 이론적 시사점은?

넷째, 관련영역에서 선행연구와의 관계는?

다섯째, 검증된 이론적 주장은?

여섯째, 이론적인 주장의 도출과정은?

일곱째, 본 연구가 필요한 이유는?

잘 구성된 서론은 한두 단락 정도로 위의 내용을 간략하게 진술한 것이다.

② 연구의 배경/필요성

첫째, 선행연구에 대한 논의는 하되 소모적인 역사적 개관은 포함되지 않는다.

둘째, 선행연구들과 연재의 연구들 사이의 논리적 연계성을 증명한다.

셋째, 논란이 되고 있는 문제와 관련 주제는 공정하게 다룬다.

③ 연구의 목적, 용어정의, 연구가설 등을 진술한다.

제 2 장 이론적 배경

이론적 배경은 선행연구의 검토로 이루어진다. 서론과는 다른 페이지로 시작한다.

제 3 장 연구방법

연구대상자, 실험도구, 연구절차, 자료분석 방법 등이 진술된다.

제 4 장 연구결과

우선 주요한 발견 사실은 간략하게 진술한다. 결론을 정당화할 수 있는 자료는 가급적 상세하게 기록한다. 표, 그림 그리고 통계자료를 제시한다(연구보고서 작성요령 참고).

제 5 장 논의 및 결론

일반적으로 요약, 결론, 시사점, 연구의 한계, 제언 등이 진술된다. 연구결과에 대한 이론적 결과와 연구자가 도출해낸 결론의 타당성을 강조한다.

먼저 간략한 요약으로 독자를 이해시키고 연구자가 세운 가설의 지지 또는 기각에 대한 명확한 입장을 정리한 다음, 연구결과와 선행연구의 유사점과 차이점에 대하여 논의하여 결론을 명확히 한다. 연구의 한계에 대하여 논할 수는 있으나 불필요하게 강조할 필요는 없다.

(3) 참고자료

참고자료 부분에는 참고문헌, 영문 초록, 부록을 기술한다(연구보고서 작성 참조).

3) 학위논문의 기술요령

(1) 구두점

① 마침표

문장이 완전하게 끝나면 찍는다. 마침표는 약자, 인용 그리고 참고문헌을 작성할 때도 찍는다.

② 쉼표

첫째, 세 개 이상의 항목들이 연속적으로 나열될 때 사용된다. 그리고, 와, 또는 앞에 쉼표를 찍는다.

예) 성별, 연령, 또는 학업성적 대하여....

김기동 · 김길성 그리고 기성동(2004)의 연구에 의하면....

둘째, 접속사에 의하여 연결된 두 개의 독립절을 분리할 때 찍는다.

예) 한 사람은 시험지를 나누어 주고, 다른 사람은 감독했다.

셋째, 1,000 이상의 숫자에서 세 자리씩 끊을 때 찍는다.

넷째, 중문에서 두 술어부분 사이에 쉼표를 찍지 않는다.

예) 김길동(2004)이 제시한 모형을 사용하였고 결과가 동일하였다.

③ 세미콜론 (;)

첫째, 접속사에 의하여 연결되지 않은 두 개의 독립절을 분리할 때 찍는다.

둘째, 이미 쉼표들을 포함하고 있는 요소들을 분리할 때 찍는다.

예) 좋아하는 색의 종류는 적, 백, 청; 청, 백, 적; E는 백, 적, 청인가?

김길도 · 김길서, 2004; 김성동, 2005

④ 콜론 (:)

첫째, 앞에 나온 내용을 예시하거나, 확장하는 마지막 구나 절 앞에 찍는다.

둘째, 비율을 표시할 때 사용한다.

셋째, 참고문헌에서 출판지와 출판사 사이에 사용한다.

⑤ 대시(–)

문장의 구두점은 정지를 의미한다. 정지는 구두점의 종류와 길이에 따라 달라진다. 대시는 계속되는 문장 안에서 갑작스런 정지를 필요로 할 때 사용한다.

⑥ 인용부호(“ ”, ‘ ’)

원자료를 인용하는 경우에 더블 코테이션(인용)을 사용하고 그 이외의 사항은 다음과 같다.

첫째, 은어, 새로운 표현으로 사용된 단어 또는 구를 사용할 때 사용한다. 한번 사용하고 그 후에는 사용하지 않는다.

예) 행동이 "정상적인" 것으로 간주된다. 정상적인 행동은....

둘째, 제목이 본문에서 언급되어지는 정기간행물이나 문헌 내부에 포함되어 있는 본문 또는 장의 제목이 시작될 때 사용한다.

예) 김길동 (2004)의 논문, "케어 매니지먼트의 효과성"에 대한....

셋째, 검사문항의 내용에서 피험자에게 주어지는 축어적 지시문에 사용한다.

예) 정기적이란 의미는 "규칙적이라고 기대하는지"

넷째, 중요한 단어를 인용할 때는 이탤릭체로 사용한다.

⑦ 소괄호 ( )

첫째, 구조적으로 독립적인 요소들이 시작될 때 사용한다.

예) 처음 설명은 의도된 것이다(〈표 3〉 참고).

둘째, 문장 내에 참고 문헌이 인용될 때

예) 김길동 (2004)에 의하면

셋째, 약자로 다시 나타낼 때 사용한다

예) 김길동을 사랑하는 모임 (길사모),

⑧ 중괄호[ ]

첫째, 괄호 안에서 다시 삽입할 내용을 묶을 때 사용한다.

예) (통제 그룹의 결과 [8,7]에 의하면)

만약에 내용이 쉼표로 구분하여도 의미가 혼동되지 않는다면 중괄호를 사용하지 않는다.

예) (김길동, 2004, 후속 연구)

⑨ 외래어 표기

교육부의 외래어 표기법에 근거하여 표기한다.

첫째, 발음이 쉬운 경우 외국발음법을 준용하여 표기한다.

예) 케어 매니지먼트(care management)

둘째, 지명의 경우 원어 그대로 표기하거나 발음으로 표기하고 ( )안에 원어로 표기한다.

예) 아브리부르스위스(Abribrswith)

셋째, 이름의 경우 성만 한글로 표기하고 ( )안에 성과 이름을 표기한다.

예) 브라이언 먼데이(Brian Munday)

⑩ 논문내용 중 저자 표기

논문의 내용에서는 경칭/경어를 사용하지 않는다.

예) 타인 인용의 경우에는 ○○○ 교수에 의하면, ○○○ 박사의 연구 결과에 의하면, 예) 자신의 지칭인 경우에는 필자는, 연구자는, 논자는 등으로 표기한다.

⑪ 숫자의 표기

문장 내에서 숫자를 표기할 때 문자 또는 숫자를 일관성 있게 사용해야 한다.

첫째, 종류와 횟수는 한글과 아라비아 숫자를 혼용하지 않는다.

예) 네 번 또는 네 가지

둘째, 관용어의 경우 숫자, 한글 또는 아라비아 숫자를 혼용하여 사용하지 않는다.

예) 三位一體 또는 삼위일체

셋째, 화폐단위의 경우 아라비아 숫자와 한글을 혼용하여 사용할 수 있다.

예) 1,000만 원

⑫ 약자표기

약자를 표기할 경우 완전한 용어를 표기하고 ( )안에 약자를 표기한다.

예) 한국사회복지사협회(한사협)

European Union (EU)

⑬ 인용방법

첫째, 직접인용의 경우 직접 인용한 내용을 " "로 표시한다.

둘째, 간접인용의 경우 ( )를 이용한 내주처리를 한다.

셋째, 두 번째 인용의 경우 여러 형태로 표기된다

예) 상게서 또는 ibid. (바로 앞에서 인용된 것(저자)을 재인용)

전게서 또는 op. cit. (바로 앞의 주보다 더 앞의 내용에서 재이용)

loc. cit. (동일문헌의 동일 페이지를 반복 인용할 때)

⑭ 주달기

첫째, 참조 주의 경우 인용한 내용을 독자가 좀더 세세한 인지를 돕기 위한 것과 다른 사람의 견해를 참고했을 때 내용의 정당성을 확보하기 위하여 사용한다.

둘째, 내용 주의 경우 문맥 속의 특수한 개념 또는 용어를 설명할 때 사용한다.

셋째, 각주는 주를 필요로 하는 페이지 부분의 하단에 표기하는 것을 말하고 후주는 장 또는 절 말미에 표기하게 된다.

참고문헌

국립특수교육원(1996). 『자폐아동교육진단검사』. 도서출판 특수교육.
김경동 · 이온죽(1995). 『사회조사연구방법』. 박영사.
김광운(1983). 『사회과학연구 방법론』. 박영사.
김기원(2001). 『사회복지조사론』. 나눔의 집.
김범종(1988). 『사회과학 연구조사 방법론 워크북』. 석정.
김범종(2005), 『연구조사방법 에센스』, 대경
김병하(1992). 『질적연구의 이해와 실천』. 도서출판 특수교육.
김성이 · 채구묵(1997). 『욕구조사론』. 아시아미디어리서치.
김영필(2001). 『현대철학』. 울산대학교 출판부.
김종천(1999). 『사회복지조사론』. 대학출판사.
김환준(2004). 『사회복지연구조사방법론』. 나남.
김해동(1994). 『조사방법론』. 법문사.
남세진 · 최성재(1988). 『사회복지조사방법론』. 서울대학교 출판부.
박이문(1993). 『과학철학이란 무엇인가』. 민음사.
고성호 외 공역(2002). 『사회조사방법론』. 도서출판 그린.
박정호 역(1984). 『사회과학의 역사』. 한울.
서인해(2003). 『욕구조사의 이론 및 실제』. 사회복지욕구조사 워크샵.
성규탁(1994). 『사회복지행정론』. 법문사.
신용하 · 박명규(1980). 『사회사상사』. 일지사.
오혜경(1998). 『사회조사방법론』. 아시아미디어리서치.
우수명(2002). 『SPSS 10』. 인간과 복지.
우수명(2002). 『TP사회복지조사』. 인간과 복지.
우수명 · 하경환 · 이정하(2001). 「지역사회복지 욕구조사 모델 개발 연구」. HS Research Center 창립 2주년 기념 세미나 논문집.
유태균 역(2001). 『사회복지 질적 연구방법론』. 나남.
이관우(1974). 『신조사방법론』. 형설출판사.
이군희(2001). 『사회과학연구방법론』. 법문사.
이종승(1989). 『교육연구법』. 배영사.
이창호(1991). 「사회복지서비스 프로그램의 계량화」. 사회복지연구, 2, 169-200.

이홍탁(1994). 『사회조사방법론』. 법문사.

임상심리학회(1992). 『K-WAIS 실시요강』. 한국가이던스.

장상희 · 홍동식(1990). 『사회통계학』. 박영사.

장인협 · 이정호(1999). 『사회복지행정론: 이론과 실무』. 서울대학교 출판부.

전재일 · 배일섭 · 이상복 · 박충선(1998). 사회과학조사방법론. 대구대학교 출판부.

정원식(1969). 「가정환경진단검사 실시요강」. 한국교육개발원.

정창수(1996). 『사회과학방법론』. 대영문화사.

채구묵(2003). 『사회복지조사방법론』. 양서원.

채서일(1993). 『사회과학조사방법론』. 학현사.

김명자 역(1999). 『과학혁명의 구조』. 까치글방.

홍경준(2000). 「사회복지욕구조사 워크샵」. 전북대학교 사회복지학과.

홍성열(2001). 『사회과학도를 위한 연구방법론』. 시스마프레스.

Ainsworth, M.(1966). "The effects of maternal deprivation: A review of findings and controversy in the context of research strategy," *Maternal care and health and Deprivation of maternal Care*. NY: Schocken Books.

American Educational Research Association.(1985). *Standards for Educational and Psychological Testing*. Washington DC: American Psychological Association.

Anastas, J. W. & Macdonald, M. L.(1994). *Research Design for Social Worker and the Human service*. NY: Lexington Books.

Anastasi A.(1997). *Psychological Testing* (7th ed.). Englewood Cliffs, NJ: Prentice-Hall.

Apter, S. J.(1997). "Application of ecological theory: Toward a community special education model for troubled children", *Exceptional Children,* 43(6): 366-373.

Babbie, E.(1990). *Survey Research Methods* (2nd ed.). Belmont, CA: Wadworth Publishing.(1999). *The Basic of Social Research*. NY: Wadworth Publishing Company.

Babbie, E. R.(1975). *The Practice of Social Research*. Belmont, CA: Wadworth Publishing.

Bailey, K. D.(1982). *Method of Social Research* (2nd ed.). NY: The Free Press.

Berdnard, H.(1994). *Research methods in culture anthropology*. CA, Sage

Bernal, J. D.(1979). *Science in History*. Cambridge: MIT press.

Bohrnstedt, G. W. & Knoke, D.(1988). *Statistics for Social Data Analysis* (2nd ed.). IL: F. Wiley & Sons.

Bowers, J. W.(1970). Contest analysis in Brooks, W.(Eds.). *Methods of Research in Communication*. Boston: Hougton Miffin Press.

Brandt, T. M.(1972). *Studying Behavior in Natural Settings*. NY: Holt, Rinehart and Winston.

Cambell, D. T. & Fiske, D. W.(1959). "Convergent and discriminant validity by the multitrait-multimethod matrix." *Psychological Bulletin,* 56 : 81-105.

Cambell, N. R.(1957). *Foundations of Science: The Philosophy of Theory and Experiment*. NY: Dover

Carr, E. H.(1960). *The New Society*, London: Macmillan& Co.

Christensen, L. B.(1993). *Experimenta Methodology*. MA: Allyn and Bacon, Inc.

Cohen, P. B.(1980). "Developing Sociological Knowledge: Theory and Method." *Englewood Cliffs*, NJ: Prentice-Hall, Inc.

Dawe, H. C.(1934). "An analysis of two hundred quarrels of preschool children". *Chiled Development,* 5: 139-157.

Denzin, N. K.(1970). *The Research act: A Theoretical Introduction to Sociological Methods*. Chicago, IL: Aldine.

Dilthey, W.(1974). On he Special Characer of the Human Sciences in Truzzi, Marcello(ed.). *Verstehen: Subjective Understanding in the Social Sciences.* Phillipines: Addison-Wesley.

Fegsbach, S. &Singer, R. D.(1971). *Television and Aggression: An Experimental Field Study*. San Francisco, CA: Jossey-Bass.

Feyerabend, P.(1970). "How to be a good empiricist-a plea for tolerance in matters epistemological." in Baruch A. Brody(ed.). "Readings in the Philosophy of Science" (pp.304-305). *Englewood Cliffs*, NJ: Prentice-Hall.

Feyerabend, P.(1975). *Against Method.* The Thetford Press Ltd.

Fischer, Joel.(1978). *Effective Casework Practice: An Eclectic Approach.* NY:McGraw-Hill.

Gibson, J., Ivancevich, J. & Donnelly, J. (1994). *Organization: Behavior, Structure Process* (5th ed.). Piano, TX: Business Publications.

Goode, W. J., & Hatt, R. K.(1952). *Methods in Social Research.* NY: McGraw-Hill.

Graziano, A. M. & Raulin, M. L. (2000). "Research Methods : A Process of Inquiry." *Needham Heights*, MA : Allyn and Bacon.

Halfpennym P.(1982). *Positivism and Sociology: Explaining Social Life.* London: George Allen & Urwin.

Harmon, M. M.(1981). *Action Theory of Public Administration*, NY: Longman.

Hersen, M. & Barlow, D. H.(1979). *Single-Case Experimental Designs: Strategies for Studying Behavior Change.* NY: Pergamon Press.

Holsti, Ole.(1968). Content analysis in G. Lindzey and E. Aronson (eds.) *The Handbook of Social Psychology, Reading.* MA: Addison-Wesley.

______.(1969). *Content Analysis for the Social Sciences and Jumanities Reading.* MA: Addison-Wesley.

Jocob, E.(1987). "Qualitative research traditions: A review," *Review of Educational Research*, 57(1): 1-50.

Johnson, John H.(1975). *Doing Field Research.* NY: The Free Press.

Jones, C.(1977). *An Introduction to the Study of Public Policy* (3rd ed.).

Jordan, L. A., Marcusm, A. C., & Teeder, L. G.(1980). "Response styles in telephone and household interviewing: A field experiment." *Public Opinion Quarterly,* 44: 210-222.

Kerlinger, F. N.(1973). *Foundations of Behavioral Research.* NY: Holt, Rinehart & Winston.

Kounin, J. and Gump, P.(1961). "The comparative teachers upon children's conception of school misconduct." *Journal of Educational Psychology* Ⅰ.Ⅱ : 44-49.

Kuhn, T. S.(1962). *The Structure of Scientific Revolution.* Chicago: the University of Chicago Press.

Lacatos, I.(1974). "Falsificaton and the Methodology of Research Programmes in Lacatos," Imre and Alan Musgrave(eds.) *Criticism and the Growth of Knowledge.* London: Cambridge University Press.

Laswell, H. D.(1965). *The Language of Politics: Studies in Quantitative Semantics.* Cambridge: MIT Press.

Latane, B. & Darley, J. M.(1970). *The Unresponsive Bystander: Why Doesn't He Help*? NY: Appleton-Century.

LeCompte, M. D.(1982). "Ethnographic data collection in evaluation research."

Educational Evaluation and Policy Analysis, 4(3) : 387-400.

Leiter, Kenneth.(1980). *A Primer on Ethnomethodology.* NY: Oxford University Press.

Mark, R.(1996). *Research Made Simple.* Thousand Oaks, CA.: Sage Publications.

Mayer, R. R. & Ernest G.(1980). *Design of Social Policy Research.* NJ: Prentice-Hall.

McBurney, D. H.(2001). *Research Method.* Belmont, CA: Wadsworth/Thomson Learning.

McGaw, D. & George W.(1976). *Political and Social Inquiry.* NY: John Wiley & Sons, Inc.

McGuire, J. E.(1992). Scientific Change: Perspectives and proposals in Merrilee H. Salmon et al.(eds.) "Introduction to the Philosophy of Science." *Englewood Cliffs,* NJ: Prentice Hall.

McMillan, J. H. & Schumacher, S.(1989). *Research in Education: A Conceptual Introduction.* Harper Collins Publishers.

Miller, D. T., Weinstein, S. M., & Karniol, R.(1978). "Effects of age and self-verbalization on children's ability to delay gratification." *Developmental Psychology* 14 : 569-570.

Monette, D. R., Sullivan, T. J., & Dejong, C. R.(2002). *Applied Social Research: Tool for the Human Services.* NY: Harcourt College Publishers.

Moorhead, G. & Griffin, R.(1995). *Organizational Behavior* (3rd ed.). Boston, Houghton Mifflin.

Nachmias, D. & Nachmias, C.(1976). *Research Methods in the Social Sciences,* NY: St. Martin's Press.

Nachmias, Chava & Nachmias, David.(2000). *Research Methods in the Social Sciences* (Sixth edition). Worth Pulishers.

Naisbitt, John & Patricia Aburdene.(1990). *Megatrends 2000: Ten New Directions for the 1990's,* 1st ed., NY: Morrow.

Northcraft, G. & Neale, M.(1990). *Organizational Behavior.* Orlando, FL.: The Dryden Press.

O'Neill, M. & Jones, R. S. P.(1997). "Sensory-perceptual abnormalities in Autism: A case for more research?" *Journal of Autism and Developmental*

Disorders 27(3).

Philips, B.(1997). *Social Research: Strategy and Tactics*. NY: Macmillian.

Piaget, J.(1955). *The Language and Thought of the Child*. NY: World.

________.(1995). *The Origins of Intelligences in Children*. NY: International Universities Press.

Popper, K. R.(1959). *The Logic of Scientific Discovery*. NY: Harper Torchbooks.

__________.(1974). *Conjectures and Refutations: The Growth of Scentific Knowledge*. London: Routledge and Kengan Paul.

Reaves, C. C.(1992). *Quantitative Research for the Behavioral Scences*. NY: John Wiley & Sons, Inc.

Rossi, Peter H., & Freeman, Howard E.(1990). *Evaluation: a Systematic Approach* (4rd ed.). CA: Sage Publications.

Rubin, A. & Babbie, E.(2001). *Research Methods for Social Work*. Wadsworth.

Sekaram, U.(2003). *Research Methods for Business*. NY : John Wiley and Sons.

Selltiz, D., Lawrence S., & Stuart W.(1976). *Research Methods in Social Relations*, NY: Holt, Rinehart & Winston.

Shulman, L. A.(1978). A Study of Practice Skills. *Social Work,* 23 : 274-280.

Smith, H. W.(1975). "Strategies of Social Research: The Methodological Imagination." *Englewood Cliffs*, NJ: Prentice-Hall.

Sternberg, R. J., Conway, B. E., Ketron, J. L., & Bernstein, M.(1981). "People's conceptions of intelligence." *Journal of Personality and Social Psychology,* 41 : 35-55.

Warwick, D. P. & Lininger, C. A.(1975). *The Sample Survey: Theory and Practice*. NY: McGraw-Hill.

Weizmann, F., Cohen, L. B., & Pratt, R. J.(1971). "Nevelty, familiarity, and the development of infant attention." *Developmental Psychology,* 4 : 149-154.

Wolfe, V. V.(1987). "Negative Affectivity in Children: A Multitrait-Multimethod Investigation." *Journal of Consulting and Clinical Psychology*, 55 : 245-250.

Wiliams, L. & Hopps, J.(1987). "Publication as a practice goal," *Social Work*, 373-376.

부 록

제 1 회　모의고사

제 2 회　모의고사

- 난수표
- 이항분포표

부 록

◆ 제1회 모의고사

1. 우편설문의 장점이 아닌 것은?
   ① 비용 저렴
   ② 익명성 보장
   ③ 접근성 용이
   ④ 편리한 응답시간
   ⑤ 문제의 제한성

2. 신뢰도를 높이는 방법이 아닌 것은?
   ① 모호한 측정도구 배제
   ② 측정항목 늘림
   ③ 유사질문 2회
   ④ 신뢰성이 인정된 도구 사용
   ⑤ 면접방식 다양화

3. 설문문항 작성이 적절하지 못한 것은?
   ① 응답자 능력 고려
   ② 질문의 명확성
   ③ 질문과 설명 동시에
   ④ 편견용어 제거
   ⑤ 간결한 서술

4. 확률표본추출 방법이 아닌 것은?
   ① 단순무작
   ② 체계적 표집
   ③ 층화표집
   ④ 군집표집
   ⑤ 편의 표집

5. 비확률 표집의 특징이 아닌 것은?
   ① 인위적 추출
   ② 일반화 어려움
   ③ 시간/비용 절약
   ④ 표본오차 추정불가
   ⑤ 분석의 일반화 용이

6. 올바른 표본설계과정은?

① 모집단확정-표본프레임설정-표본추출방법-표본크기결정-표본추출
② 표본프레임설정-모집단확정-표본추출방법-표본크기결정-표본추출
③ 모집단확정-표본추출방법-표본프레임설정-표본크기결정-표본추출
④ 표본추출방법-표본크기결정-표본추출-모집단확정-표본프레임설정

7. 조사설계의 선택기준으로 틀린 것은

① 독립변인의 조작 가능성 ② 외생변수의 통제 가능성
③ 조사상황의 자연성 ④ 조사결과의 일반화 정도
⑤ 연구자의 취향

8. 순수실험 설계의 장점이 아닌 것은?

① 외생변수 철저통제 ② 대상의 무작위화
③ 재현가능성 높아 ④ 명확한 인과관계검증
⑤ 인위성

9. 순수실험 설계가 아닌 것은?

① 전후시험통제집단 설계 ② 후시험통제잡단설계
③ 솔로몬설계 ④ 일회 사례연구

10. 내적 타당도 저해요인이 아닌 것은?

① 외부사건 ② 성숙효과
③ 도구효과 ④ 편향된 선발
⑤ 플라시보 효과

11. 인과간계의 조건이 아닌 것은?

① 공변성 ② 시간적 우선성
③ 독립변인 통제가능 ④ 필요조건

12. 조작적 정의의 선정조건이 아닌 것은?

① 적절성 ② 정확성
③ 경제성 ④ 추상성

13. 외적 타당도란 무엇을 의미하나?

① 연구결과의 일반화 ② 인과관계확인
③ 측정개념의 내재 ④ 도구의 신뢰성

14. 고향을 기술하여, 경기, 서울, 충청 등으로 나누어 살펴보았다. 어떤 측정 수준인가?

① 명목 ② 서열
③ 등간 ④ 비율

15. "매우 만족, 만족, 그저, 불만족, 매우 불만족" 측정수준은?

① 명목 ② 서열
③ 등간 ④ 비율

16. 연구문제로 적절하지 않은 것은?

① 범위의 적절성 ② 연구의 효용성
③ 검증가능성 ④ 조사의 현실성
⑤ 연구의 광범위성

17. 연구주제의 선정 요건이 아닌 것은?

① 이론의 발전 ② 사회적 요구
③ 조사자의 개인적 가치 ④ 연구의 실용성
⑤ 연구의 다양성

18. 이론의 특성이 아닌 것은?

① 변수에 관심 ② 사회적 규칙성

③ 개인이 아닌 집합체 ④ 단순한 믿음/철학

19. 과학적 지식의 특징이 아닌 것은?

① 재생가능성 ② 경험성

③ 객관성 ④ 추상성

20. 지식습득의 오류가 아닌 것은?

① 부정확한 관찰 ② 과도한 일반화

③ 신비화 ④ 자아개입

⑤ 객관화

◆ 제 2 회 모의고사

국가고시 예상 문제(문제 유형 2)

1. 즉각적 자료수집, 자연스러운 환경, 비언어적 상황, 귀납적 자료수집 등의 장점을 가진 자료수집방법은?

① 전자 ② 관찰
③ 우편 ④ 전화
⑤ 방문

2. 측정도구 자체가 측정하고자 하는 개념이나 속성을 정확히 반영했나를 측정하는 것은?

① 신뢰도 ② 타당도
③ 정확도 ④ 오류
⑤ 내용도

3. 성폭력범의 이름공개에 대한 귀하의 견해는? 절대찬성, 찬성, 그저 그렇다, 반대, 절대반대 형태의 척도는?

① 서스톤 ② 매트릭스
③ 선별형 ④ 라이커트
⑤ 구트만

4. 선택하고자 하는 표본의 집단별 분포를 미리 알고 그에 맞추어 각 집단 내에서 할당된 수만큼 표집하는 방법은?

① 의도적 표집 ② 무작위표집
③ 할당표집 ④ 계층표집
⑤ 눈덩이 표집

5. 표집의 각 단계에서 표집이 획득될 수 있는 표집단위의 리스트는?
① 표집단위 ② 표집틀
③ 연구모집단 ④ 통계치
⑤ 모수

6. 무작위로 실험 집단과 통제 집단을 분류하고 실험집단과 통제집단을 실험전과 실험 후를 동시에 조사하는 실험설계(연구디자인)는?
① 전후시험 통제집단 ② 후시험 통제집단
③ 솔로몬 ④ 플라시보
⑤ 고접집단 비교

7. 내적 타당도 저해요인 중 다음의 설명은? "동일측정의 반복으로 대상자가 익숙해지는 효과"
① 통계적 회귀 ② 편향된 선발
③ 성숙 ④ 테스트 효과
⑤ 외부사건

8. 연구표본, 환경, 절차의 대표성과 관련된 통계적 유의도 저해 요인은?
① 내적 타당도 ② 외적 타당도
③ 내적 신뢰도 ④ 외적 신뢰도

9. 수의 본질적인 측면에 가까운 측정도구로 절대 영점이 존재하는 측정은?
① 명목 ② 서열
③ 등간 ④ 비율
⑤ 라이커트

10. 가설이 설정되면 가설속이 핵심개념을 실제 세계와 결부시켜 측정을 가능하게 하는 것은?

① 조작화 ② 개념화
③ 조작적 정의 ④ 개념적 정의
⑤ 재 개념화

11. 두 개의 변수, 즉 독립과 종속변인과의 관계를 진술하는 것은?

① 개념 ② 가설
③ 변수 ④ 이론
⑤ 모델

12. 연구를 탐색, 기술, 설명, 가설검증과 같은 분류는?

① 연구장소 ② 연구목적
③ 연구방법 ④ 연구시간
⑤ 연구공간

13. 이론-조작화-관찰의 순서로 이루어지는 이론구성 논리는?

① 귀납법 ② 연역법
③ 인식법 ④ 현상법
⑤ 관찰법

14. 개념의 노리적인 집합체로 측정을 통하여 숫자 부여하는 것은?

① 이론 ② 가설
③ 변수 ④ 모델
⑤ 패러다임

15. 재생가능성, 경험가능성, 객관성, 일반화를 강조하는 것은?

① 관념적 지식 ② 과학적 지식

③ 상식 ④ 지식
⑤ 사회과학

16. 귀납법을 중요하며 과학적 지식은 사실적 지식이며 형이상학은 무의미하다 보는 과학 철학은?
① 인식론 ② 실증주의
③ 논리적 실증주의 ④ 반증주의
⑤ 논리적 경험주의

17. 경험한 지식보다는 논리적 타당성과 같은 정신적 통찰에 의한 지식습득은?
① 합리성에 의한 지식 ② 믿음/신념에 의한 지식
③ 직접 경험에 의한 지식 ④ 간접경험에 의한 지식
⑤ 통합적 방법에 의한 지식

18. 대학에서 전공과 복수전공의 여부를 알기 위하여 각각 전공에 1과 2, 복수전공에 2를 부여하여 측정했다면 척도는?
① 서열 ② 등간
③ 명목 ④ 비율

19. 대학생의 복지의식을 조사하기 위하여 측정항목을 40개 만들고 항목을 반으로 나누어 측정한 다음 양측 항목의 측정 결과를 가지고 검증하는 신뢰도는?
① 재검사법 ② 동형검사법
③ 반분법 ④ 상호관찰법
⑤ 알파계수

20. 대상, 사건, 어떤 규칙에 숫자를 부여하는 것은?
① 측정 ② 가설
③ 수치화 ④ 정의
⑤ 변수

난수표

85387	51571	57714	00512	61319	69143	08881	01400	55061	82977
84176	03311	16955	59504	54499	32096	79485	98031	99485	16788
27258	51746	67223	98182	43166	54297	26830	29842	78016	73127
99398	46950	19399	65167	35082	30482	86323	41061	21717	48126
72752	89364	02150	85418	05420	84341	02395	27655	59457	55438
69090	93551	11649	54688	57061	77711	24201	16895	64936	62347
39620	54988	67846	71845	54000	26134	84526	16619	82573	01737
81725	49831	35595	29891	46812	57770	03326	31316	75412	80732
87968	85157	84752	93777	62772	78961	30750	76089	23340	64637
07730	01861	40610	73445	70321	26467	53533	20787	46971	29134
32825	82100	67406	44156	21531	67186	39945	04189	79798	41087
34453	05330	40224	04116	24597	93823	28171	47701	76201	68257
00830	34235	40671	66042	06341	54437	81649	70494	01883	18350
24580	05258	37329	59173	62660	72513	82232	49794	36913	05877
59578	08535	77107	19838	40651	01749	58893	99115	05212	92309
75387	24990	12748	71766	17471	15794	68622	59161	14476	75074
02465	34977	48319	53026	53691	80594	58805	76961	62665	82855
49689	08342	81912	92735	30042	47623	60061	69427	21163	68543
60958	20236	79424	04055	54955	73342	14040	72431	99469	41044
79956	98409	79548	39569	83974	43707	77080	08645	20949	56932
04316	01206	08715	77713	20572	13912	94324	14656	11979	53258
78684	28546	06881	66097	53530	42509	54130	30878	77166	98075
69235	18535	61904	99246	84050	15270	07751	90410	96675	62870
81201	04314	92708	44984	83121	33767	56607	46371	20389	08809
80336	59638	44368	33433	97794	10343	19235	82633	17186	63902
65076	87960	92013	60169	49176	50140	39081	04638	96114	63463
90879	70970	50789	59973	47771	94567	35590	23462	33993	99899
50555	84355	97066	82748	98298	14385	82493	40182	20523	69182
48658	41921	86514	46786	74097	62825	46457	24428	09245	86069
26373	19166	88223	32371	11570	62078	92317	13378	05734	71778
20878	80883	26027	29101	58382	17109	53511	95536	21759	10630
20069	60582	55749	88068	48589	01874	42930	40310	34613	97359
46819	38577	20520	94145	99405	47064	25248	27289	41289	54972
83644	04459	73253	58414	94180	09321	59747	07379	56255	45615
08636	31363	56033	49076	88908	51318	39104	56556	23112	63317
92058	38678	12507	90343	17213	24545	66053	76412	29545	89932
05038	18443	87138	05076	25660	23414	84837	87132	84405	15346
41838	68590	93646	82113	25498	33110	15356	81070	84900	42660
15564	81618	99186	73113	99344	13213	07235	90064	89150	86359
74600	40206	15237	37378	96862	78638	14376	46607	55909	46398
78275	77017	60310	13499	35268	47790	77475	44345	14615	25231
30145	71205	10355	18404	85354	22199	90822	35204	47891	69860
46944	00097	39161	50139	60458	44649	85537	90017	18157	13856
85883	21272	89266	94887	00291	70963	28169	95130	27223	35387
83606	98192	82194	26719	24499	28102	97769	98769	30757	81593
66888	81818	52490	54272	70549	69235	74684	96412	65186	87974
63673	73966	34036	44298	60652	05947	05833	27914	57021	58566
37944	16094	39797	63253	64103	32222	65925	64693	34048	75394
93240	66855	29336	28345	71398	45118	01454	72128	09715	29454
40189	76776	70842	32675	81647	75868	21288	12849	94990	21513

이항분포표

n	x	p									
		.05	.10	.15	.20	.25	.30	.35	.40	.45	.50
1	0	.9500	.9000	.8500	.8000	.7500	.7000	.6500	.6000	.5500	.5000
	1	.0500	.1000	.1500	.2000	.2500	.3000	.3500	.4000	.4500	.5000
2	0	.9025	.8100	.7225	.6400	.5625	.4900	.4225	.3600	.3025	.2500
	1	.0950	.1800	.2550	.3200	.3750	.4200	.4550	.4800	.4950	.5000
	2	.0025	.0100	.0225	.0400	.0625	.0900	.1225	.1600	.2025	.2500
3	0	.8574	.7290	.6141	.5120	.4219	.3430	.2746	.2160	.1664	.1250
	1	.1354	.2430	.3251	.3840	.4219	.4410	.4436	.4320	.4084	.3750
	2	.0071	.0270	.0574	.0960	.1406	.1890	.2389	.2880	.3341	.3750
	3	.0001	.0010	.0034	.0080	.0156	.0270	.0429	.0640	.0911	.1250
4	0	.8145	.6561	.5220	.4096	.3164	.2401	.1785	.1296	.0915	.0625
	1	.1715	.2916	.3685	.4096	.4219	.4116	.3845	.3456	.2995	.2500
	2	.0135	.0486	.0975	.1536	.2109	.2646	.3105	.3456	.3675	.3750
	3	.0005	.0036	.0115	.0256	.0469	.0756	.1115	.1536	.2005	.2500
	4	.0000	.0001	.0005	.0016	.0039	.0081	.0150	.0256	.0410	.0625
5	0	.7738	.5905	.4437	.3277	.2373	.1681	.1160	.0778	.0503	.0312
	1	.2036	.3280	.3915	.4096	.3955	.3602	.3124	.2592	.2059	.1562
	2	.0214	.0729	.1382	.2048	.2637	.3087	.3364	.3456	.3369	.3125
	3	.0011	.0081	.0244	.0512	.0879	.1323	.1811	.2304	.2757	.3125
	4	.0000	.0004	.0022	.0064	.0146	.0284	.0488	.0768	.1128	.1562
	5	.0000	.0000	.0001	.0003	.0010	.0024	.0053	.0102	.0185	.0312
6	0	.7351	.5314	.3771	.2621	.1780	.1176	.0754	.0467	.0277	.0156
	1	.2321	.3543	.3993	.3932	.3560	.3025	.2437	.1866	.1359	.0938
	2	.0305	.0984	.1762	.2458	.2966	.3241	.3280	.3110	.2780	.2344
	3	.0021	.0146	.0415	.0819	.1318	.1852	.2355	.2765	.3032	.3125
	4	.0001	.0012	.0055	.0154	.0330	.0595	.0951	.1382	.1861	.2344
	5	.0000	.0001	.0004	.0015	.0044	.0102	.0205	.0369	.0609	.0938
	6	.0000	.0000	.0000	.0001	.0002	.0007	.0018	.0041	.0083	.0156
7	0	.6983	.4783	.3206	.2097	.1335	.0824	.0490	.0280	.0152	.0078
	1	.2573	.3720	.3960	.3670	.3115	.2471	.1848	.1306	.0872	.0547
	2	.0406	.1240	.2097	.2753	.3115	.3177	.2985	.2613	.2140	.1641
	3	.0036	.0230	.0617	.1147	.1730	.2269	.2679	.2903	.2918	.2734
	4	.0002	.0026	.0109	.0287	.0577	.0972	.1442	.1935	.2388	.2734
	5	.0000	.0002	.0012	.0043	.0115	.0250	.0466	.0774	.1172	.1641
	6	.0000	.0000	.0001	.0004	.0013	.0036	.0084	.0172	.0320	.0547
	7	.0000	.0000	.0000	.0000	.0001	.0002	.0006	.0016	.0037	.0078
8	0	.6634	.4305	.2725	.1678	.1001	.0576	.0319	.0168	.0084	.0039
	1	.2793	.3826	.3847	.3355	.2670	.1977	.1373	.0896	.0548	.0312
	2	.0515	.1488	.2376	.2936	.3115	.2965	.2587	.2090	.1569	.1094
	3	.0054	.0331	.0839	.1468	.2076	.2541	.2786	.2787	.2568	.2188
	4	.0004	.0046	.0185	.0459	.0865	.1361	.1875	.2322	.2627	.2734

n	x	.05	.10	.15	.20	.25	.30	.35	.40	.45	.50
	5	.0000	.0004	.0026	.0092	.0231	.0467	.0808	.1239	.1719	.2188
	6	.0000	.0000	.0002	.0011	.0038	.0100	.0217	.0413	.0703	.1094
	7	.0000	.0000	.0000	.0001	.0004	.0012	.0033	.0079	.0164	.0312
	8	.0000	.0000	.0000	.0000	.0000	.0001	.0002	.0007	.0017	.0039
9	0	.6302	.3874	.2316	.1342	.0751	.0404	.0207	.0101	.0046	.0020
	1	.2985	.3874	.3679	.3020	.2253	.1556	.1004	.0605	.0339	.0176
	2	.0629	.1722	.2597	.3020	.3003	.2668	.2162	.1612	.1110	.0703
	3	.0077	.0446	.1069	.1762	.2336	.2668	.2716	.2508	.2119	.1641
	4	.0006	.0074	.0283	.0661	.1168	.1715	.2194	.2508	.2600	.2461
	5	.0000	.0008	.0050	.0165	.0389	.0735	.1181	.1672	.2128	.2461
	6	.0000	.0001	.0006	.0028	.0087	.0210	.0424	.0743	.1160	.1641
	7	.0000	.0000	.0000	.0003	.0012	.0039	.0098	.0212	.0407	.0703
	8	.0000	.0000	.0000	.0000	.0001	.0004	.0013	.0035	.0083	.0176
	9	.0000	.0000	.0000	.0000	.0000	.0000	.0001	.0003	.0008	.0020
10	0	.5987	.3487	.1969	.1074	.0563	.0282	.0135	.0060	.0025	.0010
	1	.3151	.3874	.3474	.2684	.1877	.1211	.0725	.0403	.0207	.0098
	2	.0746	.1937	.2759	.3020	.2816	.2335	.1757	.1209	.0763	.0439
	3	.0105	.0574	.1298	.2013	.2503	.2668	.2522	.2150	.1665	.1172
	4	.0010	.0112	.0401	.0881	.1460	.2001	.2377	.2508	.2384	.2051
	5	.0001	.0015	.0085	.0264	.0584	.1029	.1536	.2007	.2340	.2461
	6	.0000	.0001	.0012	.0055	.0162	.0368	.0689	.1115	.1596	.2051
	7	.0000	.0000	.0001	.0008	.0031	.0090	.0212	.0425	.0746	.1172
	8	.0000	.0000	.0000	.0001	.0004	.0014	.0043	.0106	.0226	.0439
	9	.0000	.0000	.0000	.0000	.0000	.0001	.0005	.0016	.0042	.0098
	10	.0000	.0000	.0000	.0000	.0000	.0000	.0000	.0001	.0003	.0010
11	0	.5688	.3138	.1673	.0859	.0422	.0198	.0088	.0036	.0014	.0005
	1	.3293	.3835	.3248	.2362	.1549	.0932	.0518	.0266	.0125	.0054
	2	.0867	.2131	.2866	.2953	.2581	.1998	.1395	.0887	.0513	.0269
	3	.0137	.0710	.1517	.2215	.2581	.2568	.2254	.1774	.1259	.0806
	4	.0014	.0158	.0536	.1107	.1721	.2201	.2428	.2365	.2060	.1611
	5	.0001	.0025	.0132	.0388	.0803	.1321	.1830	.2207	.2360	.2256
	6	.0000	.0003	.0023	.0097	.0268	.0566	.0985	.1471	.1931	.2256
	7	.0000	.0000	.0003	.0017	.0064	.0173	.0379	.0701	.1128	.1611
	8	.0000	.0000	.0000	.0002	.0011	.0037	.0102	.0234	.0462	.0806
	9	.0000	.0000	.0000	.0000	.0001	.0005	.0018	.0052	.0126	.0269
	10	.0000	.0000	.0000	.0000	.0000	.0000	.0002	.0007	.0021	.0054
	11	.0000	.0000	.0000	.0000	.0000	.0000	.0000	.0000	.0002	.0005
12	0	.5404	.2824	.1422	.0687	.0317	.0138	.0057	.0022	.0008	.0002
	1	.3413	.3766	.3012	.2062	.1267	.0712	.0368	.0174	.0075	.0029
	2	.0988	.2301	.2924	.2835	.2323	.1678	.1088	.0639	.0339	.0161
	3	.0173	.0852	.1720	.2362	.2581	.2397	.1954	.1419	.0923	.0537
	4	.0021	.0213	.0683	.1329	.1936	.2311	.2367	.2128	.1700	.1208
	5	.0002	.0038	.0193	.0532	.1032	.1585	.2039	.2270	.2225	.1934
	6	.0000	.0005	.0040	.0155	.0401	.0792	.1281	.1766	.2124	.2256
	7	.0000	.0000	.0006	.0033	.0115	.0291	.0591	.1009	.1489	.1934
	8	.0000	.0000	.0001	.0005	.0024	.0078	.0199	.0420	.0762	.1208
	9	.0000	.0000	.0000	.0001	.0004	.0015	.0048	.0125	.0277	.0537
	10	.0000	.0000	.0000	.0000	.0000	.0002	.0008	.0025	.0068	.0161
	11	.0000	.0000	.0000	.0000	.0000	.0000	.0001	.0003	.0010	.0029
	12	.0000	.0000	.0000	.0000	.0000	.0000	.0000	.0000	.0001	.0002
13	0	.5133	.2542	.1209	.0550	.0238	.0097	.0037	.0013	.0004	.0001
	1	.3512	.3672	.2774	.1787	.1029	.0540	.0259	.0113	.0045	.0016
	2	.1109	.2448	.2937	.2680	.2059	.1388	.0836	.0453	.0220	.0095
	3	.0214	.0997	.1900	.2457	.2517	.2181	.1651	.1107	.0660	.0349
	4	.0028	.0277	.0838	.1535	.2097	.2337	.2222	.1845	.1350	.0873

n	x	p .05	.10	.15	.20	.25	.30	.35	.40	.45	.50
	5	.0003	.0055	.0266	.0691	.1258	.1803	.2154	.2214	.1989	.1571
	6	.0000	.0008	.0063	.0230	.0559	.1030	.1546	.1968	.2169	.2095
	7	.0000	.0001	.0011	.0058	.0186	.0442	.0833	.1312	.1775	.2095
	8	.0000	.0000	.0001	.0011	.0047	.0142	.0336	.0656	.1089	.1571
	9	.0000	.0000	.0000	.0001	.0009	.0034	.0101	.0243	.0495	.0873
	10	.0000	.0000	.0000	.0000	.0001	.0006	.0022	.0065	.0162	.0349
	11	.0000	.0000	.0000	.0000	.0000	.0001	.0003	.0012	.0036	.0095
	12	.0000	.0000	.0000	.0000	.0000	.0000	.0000	.0001	.0005	.0016
	13	.0000	.0000	.0000	.0000	.0000	.0000	.0000	.0000	.0000	.0001
14	0	.4877	.2288	.1028	.0440	.0178	.0068	.0024	.0008	.0002	.0001
	1	.3593	.3559	.2539	.1539	.0832	.0407	.0181	.0073	.0027	.0009
	2	.1229	.2570	.2912	.2501	.1802	.1134	.0634	.0317	.0141	.0056
	3	.0259	.1142	.2056	.2501	.2402	.1943	.1366	.0845	.0462	.0222
	4	.0037	.0348	.0998	.1720	.2202	.2290	.2022	.1549	.1040	.0611
	5	.0004	.0078	.0352	.0860	.1468	.1963	.2178	.2066	.1701	.1222
	6	.0000	.0013	.0093	.0322	.0734	.1262	.1759	.2066	.2088	.1833
	7	.0000	.0002	.0019	.0092	.0280	.0618	.1082	.1574	.1952	.2095
	8	.0000	.0000	.0003	.0020	.0082	.0232	.0510	.0918	.1398	.1833
	9	.0000	.0000	.0000	.0003	.0018	.0066	.0183	.0408	.0762	.1222
	10	.0000	.0000	.0000	.0000	.0003	.0014	.0049	.0136	.0312	.0611
	11	.0000	.0000	.0000	.0000	.0000	.0002	.0010	.0033	.0093	.0222
	12	.0000	.0000	.0000	.0000	.0000	.0000	.0001	.0005	.0019	.0056
	13	.0000	.0000	.0000	.0000	.0000	.0000	.0000	.0001	.0002	.0009
	14	.0000	.0000	.0000	.0000	.0000	.0000	.0000	.0000	.0000	.0001
15	0	.4633	.2059	.0874	.0352	.0134	.0047	.0016	.0005	.0001	.0000
	1	.3658	.3432	.2312	.1319	.0668	.0305	.0126	.0047	.0016	.0005
	2	.1348	.2669	.2856	.2309	.1559	.0916	.0476	.0219	.0090	.0032
	3	.0307	.1285	.2184	.2501	.2252	.1700	.1110	.0634	.0318	.0139
	4	.0049	.0428	.1156	.1876	.2252	.2186	.1792	.1268	.0780	.0417
	5	.0006	.0105	.0449	.1032	.1651	.2061	.2123	.1859	.1404	.0916
	6	.0000	.0019	.0132	.0430	.0917	.1472	.1906	.2066	.1914	.1527
	7	.0000	.0003	.0030	.0138	.0393	.0811	.1319	.1771	.2013	.1964
	8	.0000	.0000	.0005	.0035	.0131	.0348	.0710	.1181	.1647	.1964
	9	.0000	.0000	.0001	.0007	.0034	.0116	.0298	.0612	.1048	.1527
	10	.0000	.0000	.0000	.0001	.0007	.0030	.0096	.0245	.0515	.0916
	11	.0000	.0000	.0000	.0000	.0001	.0006	.0024	.0074	.0191	.0417
	12	.0000	.0000	.0000	.0000	.0000	.0001	.0004	.0016	.0052	.0139
	13	.0000	.0000	.0000	.0000	.0000	.0000	.0001	.0003	.0010	.0032
	14	.0000	.0000	.0000	.0000	.0000	.0000	.0000	.0000	.0001	.0005
	15	.0000	.0000	.0000	.0000	.0000	.0000	.0000	.0000	.0000	.0000
16	0	.4401	.1853	.0743	.0281	.0100	.0033	.0010	.0003	.0001	.0000
	1	.3706	.3294	.2097	.1126	.0535	.0228	.0087	.0030	.0009	.0002
	2	.1463	.2745	.2775	.2111	.1336	.0732	.0353	.0150	.0056	.0018
	3	.0359	.1423	.2285	.2463	.2079	.1465	.0888	.0468	.0215	.0085
	4	.0061	.0514	.1311	.2001	.2552	.2040	.1553	.1014	.0572	.0278
	5	.0008	.0137	.0555	.1201	.1802	.2099	.2008	.1623	.1123	.0667
	6	.0001	.0028	.0180	.0550	.1101	.1649	.1982	.1983	.1684	.1222
	7	.0000	.0004	.0045	.0197	.0524	.1010	.1524	.1889	.1969	.1746
	8	.0000	.0001	.0009	.0055	.0197	.0487	.0923	.1417	.1812	.1964
	9	.0000	.0000	.0001	.0012	.0058	.0185	.0442	.0840	.1318	.1746
	10	.0000	.0000	.0000	.0002	.0014	.0056	.0167	.0392	.0755	.1222
	11	.0000	.0000	.0000	.0000	.0002	.0013	.0049	.0142	.0337	.0667
	12	.0000	.0000	.0000	.0000	.0000	.0002	.0011	.0040	.0115	.0278
	13	.0000	.0000	.0000	.0000	.0000	.0000	.0002	.0008	.0029	.0085
	14	.0000	.0000	.0000	.0000	.0000	.0000	.0000	.0001	.0005	.0018
	15	.0000	.0000	.0000	.0000	.0000	.0000	.0000	.0000	.0001	.0002

n	x	.05	.10	.15	.20	.25	.30	.35	.40	.45	.50
	16	.0000	.0000	.0000	.0000	.0000	.0000	.0000	.0000	.0000	.0000
17	0	.4181	.1668	.0631	.0225	.0075	.0023	.0007	.0002	.0000	.0000
	1	.3741	.3150	.1893	.0957	.0426	.0169	.0060	.0019	.0005	.0001
	2	.1575	.2800	.2673	.1914	.1136	.0581	.0260	.0102	.0035	.0010
	3	.0415	.1556	.2359	.2393	.1893	.1245	.0701	.0341	.0144	.0052
	4	.0076	.0605	.1457	.2093	.2209	.1868	.1320	.0796	.0411	.0182
	5	.0010	.0175	.0668	.1361	.1914	.2081	.1849	.1379	.0875	.0472
	6	.0001	.0039	.0236	.0680	.1276	.1784	.1991	.1839	.1432	.0944
	7	.0000	.0007	.0065	.0267	.0668	.1201	.1685	.1927	.1841	.1484
	8	.0000	.0001	.0014	.0084	.0279	.0644	.1134	.1606	.1883	.1855
	9	.0000	.0000	.0003	.0021	.0093	.0276	.0611	.1070	.1540	.1855
	10	.0000	.0000	.0000	.0004	.0025	.0095	.0263	.0571	.1008	.1484
	11	.0000	.0000	.0000	.0001	.0005	.0026	.0090	.0242	.0525	.0944
	12	.0000	.0000	.0000	.0000	.0001	.0006	.0024	.0081	.0215	.0472
	13	.0000	.0000	.0000	.0000	.0000	.0001	.0005	.0021	.0068	.0182
	14	.0000	.0000	.0000	.0000	.0000	.0000	.0001	.0004	.0016	.0052
	15	.0000	.0000	.0000	.0000	.0000	.0000	.0000	.0001	.0003	.0010
	16	.0000	.0000	.0000	.0000	.0000	.0000	.0000	.0000	.0000	.0001
	17	.0000	.0000	.0000	.0000	.0000	.0000	.0000	.0000	.0000	.0000
18	0	.3972	.1501	.0536	.0180	.0056	.0016	.0004	.0001	.0000	.0000
	1	.3763	.3002	.1704	.0811	.0338	.0126	.0042	.0012	.0003	.0001
	2	.1683	.2835	.2556	.1723	.0958	.0458	.0190	.0069	.0022	.0006
	3	.0473	.1680	.2406	.2297	.1704	.1046	.0547	.0246	.0095	.0031
	4	.0093	.0700	.1592	.2153	.2130	.1681	.1104	.0614	.0291	.0117
	5	.0014	.0218	.0787	.1507	.1988	.2017	.1664	.1146	.0666	.0327
	6	.0002	.0052	.0301	.0816	.1436	.1873	.1941	.1655	.1181	.0708
	7	.0000	.0010	.0091	.0350	.0820	.1376	.1792	.1892	.1657	.1214
	8	.0000	.0002	.0022	.0120	.0376	.0811	.1327	.1734	.1864	.1669
	9	.0000	.0000	.0004	.0033	.0139	.0386	.0794	.1284	.1694	.1855
	10	.0000	.0000	.0001	.0008	.0042	.0149	.0385	.0771	.1248	.1669
	11	.0000	.0000	.0000	.0001	.0010	.0046	.0151	.0374	.0742	.1214
	12	.0000	.0000	.0000	.0000	.0002	.0012	.0047	.0145	.0354	.0708
	13	.0000	.0000	.0000	.0000	.0000	.0002	.0012	.0044	.0134	.0327
	14	.0000	.0000	.0000	.0000	.0000	.0000	.0002	.0011	.0039	.0117
	15	.0000	.0000	.0000	.0000	.0000	.0000	.0000	.0002	.0009	.0031
	16	.0000	.0000	.0000	.0000	.0000	.0000	.0000	.0000	.0001	.0006
	17	.0000	.0000	.0000	.0000	.0000	.0000	.0000	.0000	.0000	.0001
	18	.0000	.0000	.0000	.0000	.0000	.0000	.0000	.0000	.0000	.0000
19	0	.3774	.1351	.0456	.0144	.0042	.0011	.0003	.0001	.0000	.0000
	1	.3774	.2852	.1529	.0685	.0268	.0093	.0029	.0008	.0002	.0000
	2	.1787	.2852	.2428	.1540	.0803	.0358	.0138	.0046	.0013	.0003
	3	.0533	.1796	.2428	.2182	.1517	.0869	.0422	.0175	.0062	.0018
	4	.0112	.0798	.1714	.2182	.2023	.1419	.0909	.0467	.0203	.0074
	5	.0018	.0266	.0907	.1636	.2023	.1916	.1468	.0933	.0497	.0222
	6	.0002	.0069	.0374	.0955	.1574	.1916	.1844	.1451	.0949	.0518
	7	.0000	.0014	.0122	.0443	.0974	.1525	.1844	.1797	.1443	.0961
	8	.0000	.0002	.0032	.0166	.0487	.0981	.1489	.1797	.1771	.1442
	9	.0000	.0000	.0007	.0051	.0198	.0514	.0980	.1464	.1771	.1762
	10	.0000	.0000	.0001	.0013	.0066	.0220	.0528	.0976	.1449	.1762
	11	.0000	.0000	.0000	.0003	.0018	.0077	.0233	.0532	.0970	.1442
	12	.0000	.0000	.0000	.0000	.0004	.0022	.0083	.0237	.0529	.0961
	13	.0000	.0000	.0000	.0000	.0001	.0005	.0024	.0085	.0233	.0518
	14	.0000	.0000	.0000	.0000	.0000	.0001	.0006	.0024	.0082	.0222
	15	.0000	.0000	.0000	.0000	.0000	.0000	.0001	.0005	.0022	.0074
	16	.0000	.0000	.0000	.0000	.0000	.0000	.0000	.0001	.0005	.0018
	17	.0000	.0000	.0000	.0000	.0000	.0000	.0000	.0000	.0001	.0003

n	x	.05	.10	.15	.20	.25	.30	.35	.40	.45	.50
	18	.0000	.0000	.0000	.0000	.0000	.0000	.0000	.0000	.0000	.0000
	19	.0000	.0000	.0000	.0000	.0000	.0000	.0000	.0000	.0000	.0000
20	0	.3585	.1216	.0388	.0115	.0032	.0008	.0002	.0000	.0000	.0000
	1	.3774	.2702	.1368	.0576	.0211	.0068	.0020	.0005	.0001	.0000
	2	.1887	.2852	.2293	.1369	.0669	.0278	.0100	.0031	.0008	.0002
	3	.0596	.1901	.2428	.2054	.1339	.0716	.0323	.0123	.0040	.0011
	4	.0133	.0898	.1821	.2182	.1897	.1304	.0738	.0350	.0139	.0046
	5	.0022	.0319	.1028	.1746	.2023	.1789	.1272	.0746	.0365	.0148
	6	.0003	.0089	.0454	.1091	.1686	.1916	.1712	.1244	.0746	.0370
	7	.0000	.0020	.0160	.0545	.1124	.1643	.1844	.1659	.1221	.0739
	8	.0000	.0004	.0046	.0222	.0609	.1144	.1614	.1797	.1623	.1201
	9	.0000	.0001	.0011	.0074	.0271	.0654	.1158	.1597	.1771	.1602
	10	.0000	.0000	.0002	.0020	.0099	.0308	.0686	.1171	.1593	.1762
	11	.0000	.0000	.0000	.0005	.0030	.0120	.0336	.0710	.1185	.1602
	12	.0000	.0000	.0000	.0001	.0008	.0039	.0136	.0355	.0727	.1201
	13	.0000	.0000	.0000	.0000	.0002	.0010	.0045	.0146	.0366	.0739
	14	.0000	.0000	.0000	.0000	.0000	.0002	.0012	.0049	.0150	.0370
	15	.0000	.0000	.0000	.0000	.0000	.0000	.0003	.0013	.0049	.0148
	16	.0000	.0000	.0000	.0000	.0000	.0000	.0000	.0003	.0013	.0046
	17	.0000	.0000	.0000	.0000	.0000	.0000	.0000	.0000	.0002	.0011
	18	.0000	.0000	.0000	.0000	.0000	.0000	.0000	.0000	.0000	.0002
	19	.0000	.0000	.0000	.0000	.0000	.0000	.0000	.0000	.0000	.0000
	20	.0000	.0000	.0000	.0000	.0000	.0000	.0000	.0000	.0000	.0000

찾아보기

[ㄱ]

[ㄴ]

[ㄷ], [ㄹ]

[ㅁ]

[ㅎ]

[저자 약력]

• 임병우

영국 University of Kent 사회사업 석사
영국 University of Kent 사회사업 박사
성결대학교 사회복지학부 조교수

〈주요논문〉

임병우(2003), Comparative perspectives on care management in community care for elderly people: focused on USA and UK, 한국노년학(23권 4호)
임병우(2004), 영국의 주요 노인복지정책, 노인복지연구(가을호)
임병우(2005), 재가노인복지사업 이용노인의 프로그램평가분석, 노인복지연구(가을호)
임병우(2006), 재가노인복지에서 케어매니지먼트 실천과정에 관한 탐색적 연구, 노인복지연구(여름호)

• 손용진

남가주대(USC, LA) 노년학 석사
메사추세스주립대 노년학 박사
부산가톨릭대학교 간호대학 노인요양관리학과 조교수

〈주요논문〉

1) 은퇴 및 비은퇴 집단에 있어서 주관적 건강상태에 관한 연구: 건강관련행위와 사회적 관계와의 관련성을 중심으로(노인복지연구, 2005년 겨울호)
2) Life Satisfaction, Socioeconomic Characteristics, and Health-Related Behaviors Among Korean Co-Residence Caregivers (International Journal of Welfare for the Aged, 2004) Yahoo! MailBring photos to life! New PhotoMail makes sharing a breeze.

사회복지조사연구방법론(제2판)

2006년 3월 25일 초판발행
2009년 2월 25일 2판2쇄발행

저 자 임병우 · 손용진
발행인 유 성 렬
발행처 **청목출판사**
서울특별시 영등포구 신길동 233-96
전화 (02) 849-6157(代) · 2820
FAX (02) 849-0817
등록 제318-1994-000090호

파본은 바꾸어 드립니다. 값 17,000원

http : //www.chongmok.co.kr

ISBN 978-89-5565-199-7